번역 쉽지 않다!

저자 • 파울 쿠스마울(Paul Kußmaul)
역자 • 김 남 희

‖ 역자 서문 ‖

이 책은 저자 쿠스마울(1939-)이 1974년부터 2004년까지 30년 동안 발표해온 번역학 소논문을 한 곳에 모아 만든 것이다. 여기에 실린 논문을 읽어가다 보면, 한편으로는 기능주의 학자로서 저자와 다른 한편으로는 서구 번역학계가 지난 30년 동안 *번역, 어떻게 할 것인가*라는 고민을 어떤 방식과 이론을 통해 접근하고, 설명하고 풀어갔는지를 자세히 살펴볼 수 있다. 쿠스마울은 번역학과 인접 학문과의 연계를 꾸준히 추구해왔는데, 이를 언어학 - 그중에서도 특히 텍스트 언어학, 화용론, 의미론 등 -, 문화학 및 심리학 등의 다양한 이론과 모델을 번역의 실제와 이론에 도입하려는 시도에서 확인할 수 있다. 지난 30년 동안 번역과 번역학을 강의하며 했던 수업과 지도 방식 개선을 위한 저자의 고민도 본 논문집에 고스란히 담겨있다.

서구 통번역학의 발전과정을 함께하고 이끌어간 기능주의학파인 저자의 저술을 소개하여, 독일어 원문을 읽을 수 없는 한국의 독자들에게 서구, 그중에서도 특히 독일 통번역(학)계에서 어떤 주제를 어떻게 다루어왔는지를 알리고자 번역을 하게 되었다. 또한 이 번역을 통해 그곳의 발전과정을, 학문으로 서서히 자리 잡아가고 있는 한국의 통번역학의 발전과정과도 비교해 볼 수 있는 좋은 기회를 마련해 보고자 하였다. 한국에서는 1970년대 후반 석사부문에서 통번역교육이 시작된 이래, 이제는 전국의 수많은 대학에 학사, 석사뿐 아니라 박사과정까지 개설되어, 적극적으로 전문 통번역사를 양성할 뿐 아니라, 통번역학 연구자들이 꾸준히 증가하고 있다. 이 책이 실제 통번역사 교육과 연구자들에게 미력하나마 도움이 되었으면 하는 것이 번역의 세 번째 이유이다.

독자들이 예시를 통해 저자의 논리와 설명을 쉽게 이해할 수 있도록, 저자는 영어를 출발어로 하고 독일어를 도착어로 하는 예를 많이 이용하였다. 이 논문집의 한글 번역본에서는 대학에서 번역과 통역을 전공하는 학생들과 통번역(학)에 진지한 관심을 두는 이들을 주요 독자로 상정하였으며, 독자의 독일어 독해능력을 전제하지 않았다. 그러한 이유에서 독일어로 된 예시문을 번역할 때에는, 텍스트가 지나치게 난해하지 않은 정도에서 원문의 구조와 논리전개 순서를 따랐다. 반드시 직역이 필요한 경우에는 일반 괄호 대신 [ ]를 사용하였다. 이러한 번역의 목적을 얼마나 잘 달성하였는지에 대한 평가는 – 언제나 그러하듯 – 독자들의 몫으로 남을 것이다.

좋은 책을 나누고 싶다는 단순한 마음에서 시작했던 번역작업은 책 제목대로 그야말로 쉽지 않았고, 많은 이들의 도움과 지원이 없었다면 더 어려웠을 것이다. 저자인 쿠스마울 선생님을 겔머스하임에서 처음 뵙고 수업을 들었던 것이 벌써 약 10년 전의 일이다. 선생님께서는 수업에서 문학번역의 실제와 이론을 잘 접목하여 학생들에게 쉽게 풀어주셨다.

수업에서는 일방통행식 강의가 아니라 학생들이 의견을 자유롭게 개진하고, 다양한 번역안에 대해 서로 의견을 교환할 수 있도록 유도하셨다. 2009년에 쿠스마울 선생님의 논문집이 출판되고, 번역을 해도 되겠는지 여쭈어봤을 때 너무도 선뜻 허락해 주셨고, 퇴임 후에도 학교 행사에서 뵐 때마다 번역을 지원해주셨으며, 실질적인 도움도 주셔서 이 작업을 끝까지 마칠 수 있었다. 다시 한번 감사드린다. 처음으로 해보는 단행본 번역이라 부족한 것이 특히 더 많다고 생각한다. 이렇게 부족한 번역을 감수해 주신 신형욱 선생님. 이 정도면 뭐…라고 마음이 느슨해질 때마다 선생님께서는 초심을 유지하고 더욱 긴장하는 자세로 학문에 임해야 함을 보여주신다. 항상 감사드린다. 이 논문집에는 앞서 언급한대로 영어 예문이 많이 나온다. 역자가 2011년 외대 통대 박사과정의 강의를 할 때, 통역이론 수업에 참가했던 마승혜 선생님에게 영문감수를 부탁드렸다. 논문준비와 학부수업 등으로 시간 여유가 없었을 텐데도 바로 읽고 많은 도움을 주셨다. 고마운 마음이 크다. 책이 출판될 수 있도록, 출판 수락에서 편집까지 도움을 주신 한국외대출판부와 탁경구 팀장님께도 진심으로 감사의 말씀을 전한다. 번역(학)과 통역(학)에 대한 생각과 고민을 나누고, 작업 중 많은 도움을 준 지인들에게도 이 자리를 빌어 고마움을 전하고 싶다. *Die Betreffenden wissen Bescheid.* 이런 지원과 도움에도 번역이 부족한 것은 전적으로 역자의 모자람 때문일 것이다. 선배들이 만들어 놓고 다져놓은 통역과 번역, 통번역학의 길을 어느새 나 역시 걷고 있다. 같이 이 길을 가는 후학과 동료들이 많이 생기기를 바라며 역자 서문을 마친다.

2012년 봄 독일 만하임에서

김남희

‖ 차 례 ‖

번역
쉽지 않다!

발전에 함께하다[1)]

우리 세대에 대학을 다닌 대부분의 사람들이 그랬을 것처럼 나 역시 대학에서 번역학은 고사하고 언어학도 아닌 문헌학, 즉 영어영문학과 독어독문학을 전공했다.

나는 1959년부터 1965년까지 독일 튜빙엔대학, 뮌헨대학, 영국 뉴캐슬대학에서 수학하였는데, 그 당시에는 아직 번역학이 존재하지 않았고, 설령 있었다 한들, 번역을 문헌학을 위한 교과과정으로만 인식했을 터라, 번역학이 문헌학 전공 교육과정을 위한 번역 연습강좌에 도입될 수 없었을 것이다. 그런 일은 오늘날에도 기대하기 힘들다.

문헌학 전공자로서 필자는 언어학과 관련해서는 필수과목으로 수강

1) 이 논문에서는 그동안 내가 걸어온 번역학의 길을 순차적으로 서술하고 있어, 2004년에 발표되었으나 본 논문집의 첫 논문으로 실린다. 이후의 논문들은 먼저 발표된 순서대로 정리하였음을 밝힌다.

해야 했던 통시적 음성 및 형태론 외에도 현대 언어학이라는 과목이 있다는 말은 들어보았다. 튜빙엔대학에는 영어학과에 한스 마샨트(Hans Marchand), 로만어과에 오이제니오 코세리우(Eugenio Coseriu), 마리오 반드루츠카(Mario Wandruszka) 등 언어학으로 유명한 학자들이 교수로 재직 중이었다. 문학을 전공하던 나는 언어학이 지나치게 추상적이고 기이하다고만 여기고 있었다. 동기들과 나는 마샨트가 도입한 영형태소(Nullmorphem)라는 개념을 이해한다기 보다는, 그저 재미있는 용어라고 생각했다. 언어학에 대한 이러한 인식은 몇 년 지나지 않아 변했다. 1968년 이후로 사람들은 언어학이 사회에 새로운 자극을 줄 수 있을 것이라고 기대했다.

회고해 보면, 나는 현대 언어학이 독일에서 점차 입지를 구축해 온 과정을 함께 겪었다고 말할 수 있으며, 번역학에 관해서는 이 말을 더욱 자신있게 할 수 있다.

1967년부터 1971년까지 영국 브리스톨에서 *베르톨트 브레히트와 르네상스시대의 영국 드라마(Bertolt Brecht und das englische Darama der Renaissance)*라는 박사논문을 쓰면서, 나는 문학 연구가 갖는 의미와 중요성에 대해 종종 고민하였다. 문학을 학문적으로 한 단계 발전시킬 수 있지 않겠냐는 박사 논문 지도교수 베리 니스벳(Barry Nisbet) 교수의 답변이 학문적 입장에서는 충분히 이해가 가는 설명이었지만, 그 대답이 현실에서 나를 완전히 만족시키지는 못했다. 나는 학문에서 실질적인 삶과의 연관이 부족하다고 느꼈던 것이다. 혁명의 물결이 휩쓸던 1968년 유럽대륙에서 대학을 다니던 이는 아마도 다른 해답을 찾았을 테지만, 그 당시 나는 영국에 있었고 그 운동의 여파는 섬나라 영국까지는 미치지 못했다.

어느날 영국 친구인 로드니 샘슨((Rodney Sampson, 지금은 로만어 음

운학 전문가)이 내게 로빈스(R. H. Robins)의 *일반언어학 – 입문적 개관 (General Linguistics. An introductory Survey)*이라는 책을 권하며 "이 책을 읽게되면, 아마도 너무나 당연한 세상의 일들을 이 책이 쓸데없이 복잡하게 설명하고 있다고 생각할 테지만, 그래도 책을 계속 읽어보게"라고 말했다.

나는 그 책을 계속 읽어가면서 언어학에 관심을 갖기 시작했고, 언어학의 방법론들에 점차 매료되면서 언어학이라는 학문이 현실적인 문제를 해결하는 데 유용하다는 사실을 발견하게 되었다.

1971년, 당시 *마인츠대학 외국학 및 통역연구*소라 불렸던 이곳 겔머스하임에서 강의를 시작했을 때 번역학은 이제 막 첫 발을 내딛고 있었다. 당시 나는 번역학과 관련하여 그 몇 해 전부터 소위 라이프치히 학파에 속하는 알브레히트 노이베르트(Albrecht Neubert), 오토 카데(Otto Kade), 게르트 예거(Gert Jäger) 등이 라이프치히에서 활동하고 있고, 하이델베르크에서는 *번역비평의 가능성과 한계(Möglickeiten und Grenzen der Übersetzungskritik)*의 저자인 카타리나 라이스(Katharina Reiß)가 활동 중이며, 멀리 미국에는 유진 나이다(Eugene A. Nida), 프랑스에는 조르쥬 무넹(George Mounin) 등과 같은 연구자들이 있다는 것을 알게 되었다.

나는 그 당시만 해도 그리 많지 않은 번역학 관련 모든 출판물을 찾아 읽기 시작했다. 언어학은 내가 스스로 계속 공부하고 있었기에 읽고 싶거나 실제 적용 가능성이 있다고 생각되는 것들만을 골라서 읽었다. 그 당시 추앙받던 생성문법(Generative Grammatik)은 외국어교육뿐만 아니라 번역에도 지나치게 체계 중심적으로 보여 가까이할 수 없었다.

그러나 화행론(Sprechakttheorie)의 경우는 달랐다. 거의 대부분의 영문서적에는 이미 이 이론을 통해 얻은 인식들이 반영되었다. 나는 실제로 화행론에 매우 매료되어, 1980년 화행론의 대표적인 학자들의 논문들을 모아 번역하여 *화행론, 독본(Sprechakttheorie, Ein Reader)*이라는 제목으로 출판하기도 하였다. 또한 기술(記述)문체론, 사회언어학 및 의미론 등에서도 실용성을 찾을 수 있다고 생각했다. 겔머스하임의 연구소는 *응용언어학대학*이라는 새로운 단과대학 명칭을 얻게 되었는데, 이는 나의 관심사에 부합하였다.

그 당시 일로 아직도 내가 기억하는 것은 르네 드리방(Rene Dirven)이 트리어대학에서 개최한 콜로키움이다. 이 콜로키움에서는 나는 존 설(John Searle; 내 독본(Reader)에 그의 논문이 실렸음), 윌리엄 라보브(William Labov), 데이빗 크리스탈(David Crystal) 등과 같은 내 관심 영역의 대가들을 직접 만날 수 있었다.

1970년대 내가 당시 런던 컬리지 대학(University College of London)의 센터 *영어 용례 조사연구팀*에서 화행의 언표내적 표지사 관련자료를 모으고 있을 때, 후에 런던 대학의 부총장이 된, 당시 팀장 랜돌프 쿼크(Randolph Quirk) 교수가 진의를 제대로 파악하기 어려운 그의 전형적인 어법으로 "의사소통 쪽으로 완전히 돌아서셨군요"라고 말한 적이 있다. 사실이었다. 나는 언어학의 "의사소통으로의 전환(kommunikative Wende)"에 열성적으로 동참하고 있었다. 아니 그것보다는 처음부터 이 방향으로 가고 있었기 때문에 동참하려고 무엇인가를 따로 할 필요조차 없었다고 말하는 것이 더 옳을 것이다.

내게 번역을 언어학적으로 성찰한다는 것은 처음에는 번역의 문제점들을 언어학적 차원의 기술대상에 편입시키는 것을 의미했다. 이로써 번역의 문제들을 일단 서로 분리해서 독립적으로 관찰하게 되었는데, 이런 방식이 당시에는 일반적으로 행해지던 방식이기도 했다. 당시에는 번역을 할 때 모든 차원에서 – 라이프치히 학파의 표어였던 – 등가성

(Äquivalenz) 또는 불변성(Invarianz)을 찾았고, 이 과정에서 오직 출발텍스트만을 기점으로 삼았다. 라이스의 텍스트유형론(Texttypologie) 덕택에 나는 얼마 안 있어 한 걸음 더 앞으로 나아갈 수 있었다. 라이스는 번역시 필요한 단계별 결정들을 텍스트 기능이라는 좀 더 큰 맥락으로 끌어올릴 수 있는 틀을 제공하기는 하였으나, 출발텍스트를 중심으로 한다는 데에는 변함이 없었다.

이 시기에 독일 번역학의 대가인 볼프람 빌스(Wolfram Wilss)가 자르브뤼켄에서 두 번의 콜로키움을 주최하였는데, 그중 저명한 유진 나이다가 연사로 초대되었던 1973년의 콜로키움에 대한 기억이 아직도 생생하다. 나이다는 그 당시 이미 유명한 성경번역 전문가였을 뿐만 아니라, 자르브뤼켄에서 내가 경험했던 바와 같이 청중을 매료시키는 연설가였다. 한 동료가 평한 것처럼 그의 강연은 마치 감동적인 설교와도 같았다. 나이다가 보여준 열의와 구조의미론에 바탕을 둔 견고한 이론적 토대는 모두 인상적이었다. "형식적 등가(formale Äquivalenz)"와 "동태적 등가(dynamische Äquivalenz)"라는 나이다의 기본 개념들은 내가 그 당시 – 우선은 어렴풋하게 - 느끼고 있었던 공백을 채워주었다. 이 개념들이 도착문화의 특성을 고려하면서 번역할 수 있는 가능성을 제시해주는 것처럼 보였기 때문이다.

당시에 적어도 겔머스하임에서는 나와 몇몇 동료들이 피상적이나마 번역을 할 때 도착문화에 좀 더 많은 비중을 두어야 한다는 생각을 하고 있었다. 이 생각은, 내 기억이 맞다면, 1977년 여름학기 강의에서 처음 구체적으로 표명되었다. 한스 요세프 페어메어(Hans J. Vermeer)가 통번역학에 대해서 강의하고, 나는 동료인 지그리드 쿱쉬-로제라이트(Sigrid Kupsch-Losereit), 그리고 한스 회니히(Hans Hönig)와 함께 그 강의에 참석하였다. 처음에는 전통적인 방식으로 연사인 페어메어가 원고를 읽고, 학생들과 우리는 경청을 하는 강의로 시작하였다. 그러나 얼마 가지 않아 우리 세 사람과 페어메어 사이의 토론이 활발히 진행되면서, 강의 시간이 모두 토론에 할애된 적이 종종 있었다. 그래서 페어메어 교수가 읽지 못한 강의원고는 어떻게 될까가 궁금하기도 했다. 페어메어의 강의가 읽어내리는 것만이 아니라 활발한 토론이 같이 진행되었기 때문에, 이러한 방식을 통해 많은 지적 자극을 받았다. 학생들이 토론에 얼마나 적극적으로 참여했고, 어떤 생각을 했는지, 또 얼마나 많은 학생들이 끝까지 경청했지는 더 이상 기억이 나지 않는다. 또한 페어메어가 원고의 내용을 강의에 실제로 얼마나 사용할 수 있었는지도 확인할 수 없었다. 그러나 이 강의가 번역학에 아주 중요한 결과를 남겼다고는 말할 수 있을 것이다. 1978년 학술지 *레벤데 슈프라헤(Lebende Sprache)*에 페어메어는 "통번역학 일반 이론을 위한 틀(Ein Rahmen für eine allgemeine Translationstheorie)"이라는 논문을 발표했는데, 이 논문이 스코포스이론(Skopostheorie)의 초석이 되었다.

이 논문의 핵심 논제는 번역의 목표와 목적은 도착어 독자의 요구와 기대에 따라 결정된다는 점이다. 페어메어는 이러한 목적을 스코포스(Skopos)라 칭하였고, 이른바 "원작에 대한 충실성(Treue gegenüber dem Original)", 즉 등가성은 스코포스의 하위개념이 되었다. 우리는 이제서야 번역이론이 비로소 제대로 서는 것 같은 해방감을 느꼈다(물론 당시 일부 학자들은 되려 잘못 세웠다고 말했다). 한스 회니이와 내가 집필하여 1982년에 펴낸 *번역의 전략(Strategie der Übersetzung)*이라는 책을 작업할 당시, 페어메어의 기본 생각들은 우리에게 아주 중요한 토대가 되었다. 그러나 당시에 스코포스는 일반적으로 아직 핵심적인 개념으로 발전되지는 못했었다. 번역을 통한 의사소통이라는 생각을 우리는 기능 동일(Funktionskonstanz)과 기능변화(Funktionsänderung)라는 개념들로 표현하였다.

페어메어는 1983년 자르브뤼켄의 콜로키움에서 겔머스하임의 기능주의학자(Germersheimer Funktionalisten)라는 명칭을 썼다. 지그리드 쿱쉬-로제라이트, 한스 회니히 그리고 나, 이렇게 우리 셋이 그 그룹에 속하는 첫 세대였고, 우리는 그 명칭을 반겼다. 그 후 겔머스하임의 기능주의 대열에 다른 동료들도 합류하였지만, 그렇다고 겔머스하임 동료들의 대다수가 기능주의자라고 말할 수는 없다. 아직도 여전히 등가성원리를 옹호하는 사람들이 있기 때문이다.

말하자면, 나는 "기능주의자"였으며, 그 이름에 부합하고자 노력하였다. 1980년대 중반부터 여러 나라에서 독일 학술교류처(DAAD) 지원으로 단기 강사직을 수행한 바 있는데, 언젠가 칼-하인츠 슈톨(Karl-Heinz Stoll)이라는 동료가 재미있게 표현한 것처럼 그때마다 "올바른 번역의 복음을 전파"하기 위해 많은 노력을 하였다.

페어메어가 강연 여행 중 한 번은 번역작업에서 언어학, 예를 들면 의미론에 그다지 큰 비중을 두지 않는 이유가 무엇이냐는 질문을 받았다고 한다. 이에 대해서 그는 "날 수 있는데 굳이 걸어야 할 필요는 없지 않습니까?"라고 대답했다고 한다. 분명히 재치있는 대답이었지만, 실제 번역수업과 관련해서는 내게는 그때나 지금이나 만족스러운 대답은 아니다. 실제 수업에서는 태산을 넘은 후인 평지에서 오히려 차분하게 할 일이 더 많다. 지금까지 번역지도의 경험에 비추어보면, 학생들의 가장 흔한 오류는 의미차원에서 발생하고, 이로 인해서 뜻을 크게 왜곡시키는 경우가 생긴다. 1980년대 말부터 나는 이러한 이유에서 스코포스 이론의 틀 속에서 의미론과 관련한 구체적인 연구가 필요하다는 생각을 하게 되었다.

한스 회니히와 내가 *번역의 전략(Strategie der Übersetzung)*이라는 책에서 설정했던 "필연적 세분화 정도의 원칙(Maxime vom notwendigen

Differenzierungsgrad)"을 나는 의미 문제에 적용시켰다. 나이다의 영향으로 처음엔 적극적으로 받아들였던 구조의미론(Strukturelle Semantik)은 설명모델로는 충분하지 않음이 내게 점점 더 분명해졌다. 번역을 가르치는 우리에게는 이해과정, 즉 번역자를 포함시키는 의미론이 필요했는데, 그것을 원형의미론(Prototypensemantik)과 찰스 필모어(Charles Fillmore)의 장면과 틀 모델(scenes and frames-Modell)에서 발견하였다. 나는 약 10년 전부터 이 모델들을 사용하여 학생과 전문번역사들의 번역 과정을 녹취하여 분석하고 있다. 나는 그 내용을 *번역사 교육(Training the Translator)*이라는 책에서 여러 장에 걸쳐 다루었다.

이와 관련해서 나는 번역학에서 많은 호응을 얻으며 자주 언급되었으나 실제 정확한 연구가 진행되지 않던 주제인 번역에서의 창의성(Kreativität beim Übersetzen)에 관심을 가지게 되었다. 그후로 이 주제는 나의 주요 관심분야가 되었다. 나는 이 분야를 연구하는 데 창의성연구와 인지언어학을 접목시키는 학제 간 연구 방법을 사용하였으며, 연구결과를 *창의적 번역(Kreatives Übersetzen)*이라는 책에 기술하였다.

지금까지 번역학과 관련한 나의 활동에 대하여 서술해보았다. 이러한 활동은 외딴 다락방에서 조용히 이루어지는 것이 아니다. 다른 동료들과 대화를 나누고 정보를 교환하는 과정이나, 특히 학술대회 등을 통해 이루어진다. 이와 관련해서 1989년부터 마리 스넬-혼비(Mary Snell-Hornby)가 주최했던 빈의 통번역학술대회를 언급하고자 한다. 이 학술대회를 통해 마리 스넬-혼비가 있는 빈과 독일(예: 크리스티안네 노르트, Christiane Nord)뿐 아니라 핀란드(탐레페, 투르크) 등에서도 스코포스이론 및 이와 비슷한 기능주의적인 접근방식이 성과를 맺고 있음을 알 수 있었다. 지금 생각해 보면, 빈 학술대회는 새로운 생각들이 발표되고 토론되는 좋은 장이었다. 지금도 잊을 수 없는 페어메어의 스코포스 이론과 매우 비슷한 경향을 보였던 유스타 홀츠-맨태리(Justa Holz-Mänttäri)의 번역의 행위이론(Handlungstheorie des Übersetzens) 발표, 빈의 이론가들이 소개한 통역 시 뇌생리학적 과정(Gehirnpsysiologische Vorgängen), 멀티미디어 번역과 번역의 교육 등에 대한 좋은 발표들이 많이 있었다. 특히 마리 스넬-혼비는 통번역학에서 적극적으로 학제 간 공동연구를 해야 한다고 강조하였다. 학제 간 연구는 지금까지 언어학과의 긴밀한 연계로 인해 지나치게 폭이 좁아있었던 통번역학을 폭넓게 발전시킬 수 있는 좋은 기회로 인식되었다. 또한 학술 정책적인 측면에서도 새로운 길이 열릴 수 있다고 판단하였다. 통번역학이 하이델베르크대학이나 자르브뤼켄대학과 같이 문헌학에 종속된 상황을 벗어나 독립적인 단과대학이나 연구소로 자리를 잡을 수 있을 것이라 기대했다. 물론 이러한 기대가 모두 충족되진 않았다.

학술대회의 매력이 학술적인 강연만이 아니라 동료들과의 친목을 쌓는 데도 있다는 것을 우리는 잘 알고 있고, 또 데이빗 로지(David Lodge)의 소설 *좁은 세상(Small World)*이 출판된 이후로는 많은 사람들이 이 점에 자연스레 수긍한다. 빈 학술대회의 특이점은 이러한 친목의 토대에서 다시 학문적인 아이디어들이 탄생한다는 점이었다. 우리는 "코타쥐"라는 아르데코양식의 호텔에서 여유있게 아침식사를 하며 많은 이야기들을 나누었고, 그러면서 번역학은 신생학문으로서, 앞으로 더 널리 알려져야 한다는 우리의 생각은 점차 구체화되었다. 1992년 빈대학의 번역 및 통역연구소 개설 50주년 기념으로 열린 학술대회에서는 유럽 번역학 학회(European Society for Translation Studies (EST)가 창립되고, 학술대회 참석자들은 원하면 누구나 회원으로 임명되었다. 당시 나는 이 학회의 창립이사로 선출되었고, 이사진들은 유럽의 통번역학자들이 그들의 생각과 아이디어를 교환할 수 있는 장을 마련해 주고자 하였으며,

통번역학이라는 신생학문을 학술대회를 통해 발전시키고 널리 알리고자 하였다. 시간이 지나면서 이사진은 한층 젊어졌고, 그 구성도 달라졌으며, 그 사이 통번역학은 매우 다양한 면모를 갖추면서 정립되었다. 이에는 유럽 번역학 학회와 그 회원들의 공이 컸다고 생각한다. 어느 학문 분야가 실제 자리를 잡았는지는 그 분야의 핸드북이 발간되었는지를 통해서 확인할 수 있는데, 1998년에는 마리 스넬-혼비, 한스 회니히, 파울 쿠스마울, 페터 슈미트(Peter Schmitt)의 공편 *통번역 핸드북(Handbuch Translation)*이 발간되었다.

지금까지 나는 30년이 넘게 번역학의 길을 걸으면서 그 길을 같이 다져왔다. 번역학이 이끄는 대로 가기도 했고, 때로는 번역학이 특정 방향으로 움직이도록 지원하기도 했다. 이 두 역할을 앞으로도 계속할 수 있기를 바란다.

[2004]

번역
쉽지 않다!

번역에서 텍스트유형, 규범일치 및 규범일탈의 의미

1. 번역학의 주요 부분에는 텍스트유형론(Texttyologie)이 있다. 텍스트유형론은 번역 전 출발텍스트의 분석 없이는 출발텍스트를 적합하게 번역하는 것이 불가능하다는 전제에서 출발한다. 번역은 도착텍스트에서 각 텍스트유형의 특성에 맞는 적당한 대응을 찾아야 하고, 출발텍스트의 각 유형에 따라 도착텍스트의 내용, 언어 및 문체 측면과 화행적 특성을 결정하게 될 것이라는 것이다. 이를 통해 번역된 텍스트유형은 출발텍스트의 유형에 상응하게 된다.

1.1 텍스트 분류를 위해서는 텍스트의 내재적인 또는 외적인 특성을 고려하게 된다. 텍스트 외적 특성에 따른 분류의 결과에 의해, 번역을 자연과학, 사회과학, 경제학 분야의 "실용 번역"과 "미학 및 시적 번역, 언어학적, 인류학적 번역" 등으로 구분할 수 있다(Jumpelt 1961, 25-26). 또

는 예술적 산문이나 모든 종류의 시 번역과 같은 "문학번역", 전문분야에 따른 "실용번역"으로 구분될 수도 있다(Kade 1968, 45). 물론 이런 분류에는 출발텍스트의 유형이 무엇인지 알고, 텍스트에 이미 "자연과학적" 또는 "문학적"인 텍스트라는 꼬리표가 달려있다는 것을 전제한다. 개별 텍스트의 유형 또한 언어 외적인 특성에 의해서 범주화된다. 예를 들면 출판 장소 또는 매체에 따른 분류에 따라, 즉 "언론기사 또는 언론논평, 방송녹화, 영화더빙" 등으로 나뉘고, 다뤄진 내용의 분야에 따라 "농업, 임업, 가정경제, 상업기술, 화학산업, 금속학 등으로 나눌 수 있다(Casagrande, Jumpelt 1961, 25에서 재인용). 이런 식의 분류를 계속하다 보면 언어로 표현된 모든 분야마다 각각 텍스트유형을 만들어, 그에 귀속시켜야만 하고, 그러다 보면 텍스트유형의 수는 걷잡을 수 없이 확대될 것이다.

1.2 이러한 문제는 예를 들면 라이스(1971)에 제시된 것과 같은 텍스트 내재적 유형론으로 피해갈 수 있다. 라이스는 뷜러(Bühler)가 제시한 언어의 세 가지 기능을 적용해서 텍스트를 내용강조(inhaltsbetont), 형식강조(formbetont), 호소강조(appellbetont) 텍스트로 나누었으며, 이로써 번역사들에게 현장의 다양한 텍스트를 분석하고 구분할 수 있는 길잡이 도식을 제시했다. 물론 기술, 표현, 호소라는 언어의 3가지 기능이 현실의 개별 텍스트들에서는 서로 중첩된다는 사실을 고려해야 한다. 경우에 따라서 광고텍스트는 언어의 호소기능보다는 언어의 표현기능을 전면에 내세우기도 하고, 시의 장르 중, 발라드에서는 언어의 표현(Ausdrucksfuntkion) 기능과 서술기능(Darstellungsfunktion) 측면이 중요한 역할을 할 수 있다.

1.2.1 내용, 형식 및 호소를 강조하는 텍스트유형들은 기본적으로 연역적 구성물이며 이상적으로 존재하는 유형이다. 라이스가 각각의 텍스트유형 기술에서 현실과의 타협점을 찾고 있는 것을 보면, 그 또한 이러한 문제를 인식하고 있는 듯 하다.: " '내용을 강조한 텍스트'의 모든 하위그룹에는 (…) *주로(vorwiegend, 저자 강조)* (…) 발화된 정보의 전달이 중요하다" (라이스 1971, 37). 형식을 강조한 텍스트유형과 관련해서는 "사실적 내용 요소들에 비해서 형식 요소들이 *우세하게 나타난다* (저자 강조)". 콜러(Koller)도 "출발언어와 특별하게 결합된 언어 및 문체적 표현 수단들을 *상당 정도*(저자 강조) 포함하고 있는 텍스트들이 있다"라며 마찬가지 방법으로 텍스트유형의 전형과 실제 텍스트 사이의 간극을 극복하고자 하였다(Koller 1973, 56).

1.2.2 위의 두 경우 모두 텍스트유형 분류는 정량적 규정에 바탕을 두고 있다. 텍스트는 "dominieren(우세하다)"거나 "vorwiegend(주로)" "in hohem Masse(상당 정도)" 등의 자질(Merkmal)을 통해 그 특성을 얻게 된다. 물론 텍스트를 분석할 때 텍스트의 주된 자질을 인식하는 것으로 중요한 첫발을 내딛게 되지만, 완벽하게 분석하기 위해서는 추가적인 단계들이 필요하다. 그러나 텍스트유형에 따라 나타날 것이라고 기대한 요소가 나타나지 않는 경우에는 어떻게 해야 하는가? 신문 논평기사와 같이 내용이 강조되는 텍스트에 형식이 강조된 요소도 있을 때, 그러한 텍스트의 번역은 어떻게 평가해야 할 것인가? 그 외에도 언급된 기능들 중 어느 하나가 특별히 우세하지 않거나, 내용과 형식이 동등하게 중시되는 텍스트도 있다. 소설에서 묘사와 서술 부분들이 그 예라 할 수 있다. 또한 내용 전달과 호소가 균형을 이루는 텍스트도 있을 수 있다. 이를 테면, 한편으로는 정당의 정치적 목표를 알리면서 동시에 다른 한편으로는 유권

자들에게 자기 정당을 뽑아달라고 호소하는 유세에서 전달과 호소 기능이 균형 잡혀 있을 수 있다. 그렇다면 이런 텍스트는 어떤 유형으로 분류해야 할 것인가? 이런 텍스트를 번역할 때 내용강조, 형식강조 또는 호소강조 중 어떤 요소를 중요하게 다뤄야 할 것인가? 텍스트 속에 텍스트가, 즉 내용강조 텍스트 안에 형식강조 텍스트가 존재하는 것일까? 아니면 텍스트를 작은 단위로 나누어서 분류해야 하는가?

라이스나 콜러처럼 텍스트에 일차적 특질이 있다고 생각하면, 텍스트는 이차적 특질을 가질 수밖에 없다. 즉, 텍스트는 복합체인 것이다. 그래서 나는 번역할 때 텍스트의 이런 복합성을 잘 인식하여 도착언어로 옮기는 것이 중요하다고 생각한다. 지금까지 번역학이 소개한 텍스트유형론이 번역사에게 텍스트의 주된 특성을 인식하게 하여 큰 오역을 막아줄 수 있는 작업가설, 즉 텍스트에 대한 기본 "접근방향"을 설정할 수 있게 해준 것은 사실이지만, 이것은 기본 틀일 뿐이고, 그 틀 안에서 추가로 분석작업이 이루어져야 한다. 텍스트의 복합성은 "텍스트유형"이라는 측면만으로는 완전히 파악될 수 없다. 그보다 더 세분된 분석단위를 찾아보아야 한다.

2. 예를 들면, 카데는 이 세분된 단위들의 중요성을 인식하면서도, 그가 "번역 단위"라고 부르는 조각은 우선적으로 랑그 차원에 자리 잡고 있다. 이러한 단위는 "상응가능성의 관계에 의해 결정되는데, 이는 두 언어 간 잠재적 등가관계의 체제로부터 규칙적으로 도출된다(Kade 1968, 90)". 따라서 카데는 번역단위를 텍스트 유형과 연관짓지도 않는다. 텍스트유형은 언어사용의 범주로서 빠롤의 차원에서 실현되기 때문이다. 또한 카데는 번역 단위 내에서는 오직 "내용불변의 조건(Kade 1968, 90)"만 충족되면 된다고 본다. 즉, 언어의 표현 및 호소 기능은 고려하지

않는다.

3. 한 텍스트를 어떻게 번역 단위로 나눌 수 있으며, 이 단위들의 언어적 복합성을 어떻게 파악할 수 있는지를 예를 들어 설명해보고자 한다. 존 업다이크(John Updike)의 *소설 커플들(Couples)*에는 다음과 같은 단락이 나온다.

> The Hanemas, Piet and Angela, were undressing. Their bedchamber was a low-ceilinged colonial room whose woodwork was painted the shade of off-white commercially called eggshell. A spring midnight pressed on the cold windows. (Updike, John: Couples, New York: Fawcett World Library 1969, 7).
>
> 한네마네 부부, 피트와 안젤라는 옷을 벗고 있었다. 그들의 침실은 식민지풍의 지붕이 낮은 방이었고 그 방의 목조부는 아이보리색으로 업계에서는 무광택이라 불리는 페인트로 칠해졌다. 어느 봄날 자정의 어둠이 쌀쌀한 창문에 밀려들었다.

3.1 처음 두 문장은 특정 상황과 과정에 대한 정보를 제공한다. 여기에 사용된 언어는 사실적이고, 순수한 서술 기능만을 담고 있다. 실제로 사실성을 나타내기 위해서 전문용어, 여기서는 건축분야(colonial room)와 – 말하자면 – 물감업계의 전문용어(eggshell)까지 사용되었다.

반면에 세 번째 문장에서는 은유적인 표현이 사용되었다. 이 문장 역시 '어느 봄날 자정이다'와 '밖의 기온이 싸늘하다'라는 정보를 제공하면서도, 동시에 표현 기능을 지니고 있다. 이 경우에는 표현 방식이 적어도 그 내용 못지 않게 중요한 것이다.

첫 두 문장은 일반적인 방법으로 정보를 전달하고 있다. 이렇듯 사실적인 방식으로 이 집의 건축 및 실내 양식(colonial)을 명확하게 묘사하였고, 이렇듯 사실적인 방식으로 목재 마감처리의 색조(eggshell)를 명확하게 묘사하였다. 이러한 표현 방식은 두 낱말의 특별한 정확성을 뒷받침하는 전문어 규범에 일치한다.

세 번째 문장에서는 이례적인 방법으로 정보를 전달한다. 계절, 시간대 그리고 기온에 대한 정보를 전달하고자 할 때는 일반적으로 위와 같은 이례적인 방식이 아니라, it was a midnight in spring and cold outside(어느 봄날 자정이었고, 밖은 쌀쌀했다)와 같은 방식을 사용한다. 그런데 여기서는 사실관계를 표현하기 위해서 사용한 낱말뿐만 아니라 그 낱말들의 조합도 이례적이다. '봄(날)의 자정(A spring midnight)'이라는 표현은 추상적 개념이지만, 동사 '누르다(press)'는 보통 생물 주어와만 결합된다. 이렇게 특이한 결합으로 'a spring midnight'이 마치 사람처럼 더욱 입체적으로 다가오게 된다. 그래서 이 문장이 시적인 어감[1]을 얻게 되는 것이다. 이 문장은 규범에서 벗어남으로써 이러한 특수 효과를 얻게 되는데, 즉 '일반 사람들(man)'이 사용하는 표현 방식을 채택하지 않고, 작가가 아주 개인적인 방식으로 낱말을 선택하여 결합함으로써 얻게 된 것이다.

위에서 살펴본 텍스트 단락은 두 개의 번역 단위로 구성되어 있다. 첫 두 문장은 그 표현방식이 언어 규범에 따르는 특성을 지니며(규범일치, Normentsprechung), 여기서는 부분적으로 전문어 규범에 일치하는 특징을 지녀 하나의 번역단위를 이룬다. 세 번째 문장은 언어규범에 벗어나는 표현 방식[2]을 특징으로 해(규범일탈, Normabweichung) 별도의 번역

1) 이와 비슷한 표현방식을 에두외르드 뫼리케(Eduard Morike)는 자신의 시 "자정에(Um Mitternacht)"에서 사용하고 있다: "gelassen stieg die Nacht ans Land(무심히 밤은 육지로 오른다),/Lehnt träumend an der Berge Wand….(꿈꾸듯 산을 벽 삼아 기대어)"

2) 이르멘(Irmen)도 "규범일치"과 "규범일탈"과 비슷한 구분을 제안한다. 그는 "객관적", "주관

단위를 이룬다. 라이스의 텍스트유형에 따르면, 예로 제시한 위의 텍스트 단락은 각각 내용과 형식을 강조한 두개의 텍스트 단위로 나뉘어야 할 것이다: 첫 번째 단위는 내용이 강조된 텍스트이고 (문장 1+2), 두 번째는 단위는 형식을 강조한 세 번째 텍스트이다. 이 경우 형식을 강조한 텍스트가 한 문장으로 구성되어 있어, "텍스트"라는 개념이 적절한 표현인가라는 의문이 드는 것은 사실이다.

3.2 이 두 단위를 번역할 때에는 *규범일치*와 *규범일탈*에 유념해야 한다. 첫 번째의 경우에는 우선 전문어 표현에 정확히 일치하는 도착어 표현을 찾아야 한다. 첫째, 도착어에 똑같이 세분된 전문용어의 구분이 있는가를 묻고, 둘째, 이 도착어의 전문용어가 무엇인가를 물어야 한다. 예를 들어, eggshell(달걀껍질색)의 경우 독일어에 그에 상응하는 단어(달걀껍질색, Eierschale)가 있는 것 같다. 그런데, 예를 들어 "weißlich(희끗한)"라는 말로 번역한다면 아주 적합하지는 않을 것이다. 이 일상적 표현이 전문어 규범에 상응하지 못하여 출발어의 전문 용어가 담고 있는 내용을 충분히 제대로 표현하지 못할 것이기 때문이다.

두 번째 경우인 규범일탈의 경우 독특한 낱말 결합으로 유발시킨 파격효과를 번역에서도 재현하도록 노력해야 할 것이다. 문제는 출발언어에서 사용한 낱말과 같은 결합성을 가진 낱말을 도착언어에서 찾아야 한다는 것이다. 즉, 'pressed'라는 말을 번역할 때 독일어에서도 생명체를 가리키는 구체명사와는 결합되면서 추상명사와는 결합되지 않는 동

적" 스타일이라는 개념을 사용하는데, 그 역시 텍스트 타입을 분석단위로 두고 "전문서, 문예기사, 경소설, 보도문" 등은 객관적 스타일 "시, 철학 및 종교텍스트"는 주관적인 스타일로 나눈다. 저자가 보기에 이르멘이 객관적인 스타일의 설명에서 사용한 "일반적인(이르멘 1971, 52)"이라는 개념도 더 정확히 기술되어야 한다고 생각하며 "주관적인 스타일"이라는 개념의 경우 심리학적인 측면보다는 언어학적인 기준에서 설명되어야 한다고 생각한다.

사를 찾아야 한다. 예를 들어, "sich pressen(눌리다), (sich) drücken (누르다, 눌리다), sich lehnen(기대다)" 등을 고려해 볼 수 있을 것이다. 그러나 liegen이라는 동사를 사용한 "Eine Frühlingsmitternacht lag hinter den kalten Fensterscheiben(어느 봄날 자정이 차가운 유리창 뒤에 있다)"라는 번역은 지나치게 평이하여 너무 무미건조하게 들릴 것이다. "liegen([누워, 놓여] 있다)"이라는 동사가 얼마든지 비유적 의미로 사용되어 "Stille lag über dem Land; um ihren Mund liegt ein Lächeln; der Nachdruck liegt auf diesem Wort(고요가 땅위에 [누워]있다; 그 여자의 입가에 미소가 [놓여]있다; 이 단어에 강조가 [놓여]있다/힘이 실려있다)" 등과 같이 비유적 의미로 사용된 예들을 들 수 있다[3]. liegen이라는 동사는 추상명사와 조합될 수 있기 때문에, "Frühlingsmitternacht(봄날 자정)"와 liegen의 과거형인 'lag'이 결합되는 데에는 아무런 문제가 없다.

4. 규범일치와 규범일탈이라는 개념은 언어사용층, 방언 또는 사회계층에 따른 언어차이, 전문용어, 특정 화자그룹의 언어습관 등과 관련이 있다. 규범이라는 것은 한 국가 내 언어 사용자들 전부에 해당되는 규범화된 지침으로 이해할 것이 아니다. 오히려 여기서 말하는 규범이란 한 언어권 내에서 각각의 화자그룹이 사용하는 언어를 뜻한다. 각 화자그룹은 특정 규범이 유효하도록 기본 틀을 형성한다. 에드워드 본드(Edward Bond)의 작품인 *구제되다(Saved)*라는 작품에서 등장인물 렌이 팸에게 *Live on your tod(혼자 살아)?*[4]라는 질문을 하는데 이 문장은 런던에서 사용되는 속어에 해당하며, 등장인물들이 사용하는 이러한 속어는 런던 속어 사용자들의 규범에 일치한다. 같은 의미의 문장을 표준영어로 표현

3) 예문 출처: *Duden Stilwörterbuch der deutschen Sprache*, Mannheim 1963.
4) Bond, Edward: *Saved*, London: Methuen ^{2}1969, 11.

하면 Do you live on our own(혼자 살아요)?이 되는데, 팸이나 렌이 이렇게 말을 한다면, 작품에 등장하는 인물들의 사회 환경의 규범에 맞지 않게 될 것이다.

특정 화자그룹 내에서의 규범이란 정상적이며 예상 가능한 것이다. 규범일탈이라 하는 것은 기대하지 못한 것, 뜻밖의 것을 뜻한다. 물론 이들 두 개념 사이에는 정도의 차이가 점진적으로 존재한다. 예를 들어 특정한 물체나 사안을 표기하는 전문용어의 사용자가 더 많아진다면, 그 표현은 더욱더 규범에 일치하게 된다. 반대로 그 사용자의 수가 적을수록 그 표현은 규범에서 벗어나게 된다. 한 단어를 화자 한 명만이 사용하는 경우는 아주 극단적인 예일 것이다. 전문용어를 새로 만들어 내는 경우도 마찬가지일 것이다. 이러한 의미에서 규범일치와 규범일탈은 정량적인 개념이다. 언어 및 표현의 사용빈도를 정확히 파악하려면, 통계적인 방법을 사용해야 할 것이다. 내가 알기로 이와 관해서는 어떤 연구결과도 발표되지 않았다. 그러나 번역의 실제를 위해서 다음과 같은 정도는 말할 수 있겠다: 사용된 단어와 표현이 사전에 나와있다면, 일단 해당 단어와 표현은 규범에 상응한다. 대부분의 사전에는 *콘사이스 옥스포드 사전(Concise Oxford Dictrionary, COD)*에서처럼 일상회화체, 문어체, 고어체, 교회관련, 의학, 지질학, 축구 등 단어와 관련된 해당 분야가 병기되어 있다.

4.1 규범 일치와 일탈과 관련해 두 가지 관계가 큰 의미를 지닌다. 첫째는 사용된 단어와 지칭하는 사물 또는 사안 간의 관계이고, 둘째는 사용된 단어들 사이의 관계이다.

4.1.1 첫 번째 관계는 횡렬적관계(paradigmatische Relation)의 차원

에서 살펴보아야 한다[5]. 사물이나 사안을 표기하는 의미상 친족관계에 있는 단어군 내에서 특정 규범에 일치하는 단어를 하나 또는 여러가지를 선택할 수 있다. 언어 사용자층, 화자그룹, 전문용어 등의 다양함을 포괄하는 개념을 고를때 의사소통상황에 따라 성인남자에 대한 표현을 men(남성), fellow(동료), guy(놈, 녀석), bloke(사람, 녀석), chap(녀석) 등에서 선택할 수 있다. chap(녀석)이라는 단어는 일상회화에서 사용되며 가벼운 대화에서 사용할 수 있는데, 선택된 표현이 이러한 의사소통상황에 상응한다면 이는 규범에 일치하고, 이 단어가 형식적이고 문어적인 맥락에서 사용된다면, 의사소통상황과 일치하지 않으므로, 규범일탈이라고 할 수 있다.

4.1.2 두 번째 관계는 통합관계(syntagmatische Relationen)의 차원에서 살펴보아야 한다. 통사론에서는 사용된 어순이 그 언어의 문법규칙에 맞을 때 규범에 일치한다고 보고, 강조를 위해 일반적인 어순을 어기는 것과 같이 사용된 어순이 문법 규칙을 깰 때 규범일탈이 생긴다.

문법에 맞아도 의미없는 문장이 생성될 수 있다. 연어관계(Kollokation)가 고려되지 않으면 그러하다. 여기서 연어관계라 함은 내용의 측면에 의해 생성된 낱말들이 언어관습에 의거해 특정관계에 따라 결합되어 사용되는 것을 의미한다(Robins [5]1968, 67-70 참조). 연어관계와 관련해 잘 알려진 예로 dark 와 night을 들 수 있다. "'밤(night)의 뜻 중 하나는 '어두운(dark)'이라는 단어와 연어를 형성할 수 있다는 것이고, '어두운'은 당연히 '밤'과 연어가 된다(Firth, Robins [5]1968, 68에서 재인용)". 업다이크의 예문에서 사용된 press(누르다)라는 동사는 구체적인 개념들과 연어로

5) 단어의미의 병렬적 관계에 대해서는 라이온스(Lyons 1971, 428)를 참조.

배치되어야 한다. 연어배치에서 특별한 경우로 인식하는 것이 상용구나 진부한 표현들이다. 상용구란 "통상적 연어로, 한 단어 이상 함께 사용되며, 각각의 단어들을 개별적으로 사용할 때는 상용구의 의미를 바로 유추할 수 없다(예: 'She went for him hammer and tongs, they ran off hell for leather[그녀는 그에게 맹렬히 달려들었다, 그들은 죽어라 도망갔다]')" (Robins [5]1968, 70).

연어관계 여부를 판단하려면 외국어 언어능력이 뛰어나야 하기 때문에, 텍스트를 분석할 때 배치된 연어를 인식하기가 어려울 수 있다. 번역자가 연어임을 알아채지 못하거나 또는 자신의 모국어의 기준에서 연어를 판단하는 등의 이유로 번역자가 출발어의 연어가 특이하다고 판단할 수도 있다. 이러한 경우에는 단어 설명에 맥락이 같이 언급된 사전이 많은 도움이 된다. 영어에서는 *옥스포드 영어사전(Oxford English Dictionaries)*이 그러하고, *웹스터사전(Wesbster)*이나 *바리히 독일어 사전(Wahrig Deutsches Wörterbuch)*은 덜하다. 어휘학자는 일반적으로 사용되는 표현들을 수용하기 때문에, 이상하다고 생각했던 구절이 사전에 나온다면, 해당 구절이 어떤 식으로든 어떤 특정한 의사소통상황에서는 언제나 규범에 일치한다고 판단할 수 있다(Wahrig 1973, 125 참조).

연어관계가 유지되면 규범일치에 해당하고, 의도의 여부를 떠나 연어관계를 파괴하면 규범일탈에 해당한다. 규범일탈은 특히 "시적" 표현에서 전형적으로 사용된다. 규범일탈과 관련된 이러한 설명은 시적인 텍스트를 언어학적으로 분석할 때 기본적으로 사용되는 개념인 "시성(詩性, Poetizität)"의 정의에 거의 정확히 상응한다.[6)]

6) 바인리히(Weinrich)가 은유의 효과에 대해 서술한 "결정기대의 무너짐(Enttäuschung der Determinationserwartung)" (1967,6) 및 할리데이(Halliday)의 " 창의적인 작가는 [한 언어] 패턴에서 허용하는 불규칙적인 것을 찾아내어 잘 활용한다(1964,5)" 참조.

5. 규범일치와 규범일탈이라는 관점에서 분석된 번역단위는 그 단위의 규모가 다양한 차원일 수 있다 – 물론 이 내용은 지금까지 언급한 내용에 함의되어 있었다. 한 어순이 특정 언어규범에 일치하거나 또는 일탈하는 만큼의 길이가 하나의 번역단위가 된다. 번역단위의 최소단위는 단일어이고, 최대단위는 텍스트까지도 될 수 있다. 각 단계의 차이에 대해서는 다음과 같이 간단히 서술하겠다.

5.1 단일어에서는 그 단어가 표현하는 사물 또는 사안과의 관계가 중요하다. 해당 단어가 어떤 특정한 커뮤니케이션 상황에서 일반적으로 사용되면, 이는 규범일치에 해당한다. 번역의 과제는 의사소통상황을 분석하여 도착언어에서 비슷한 의사소통상황에서 사용되는 단어를 찾는 것이다. 이미 이 과정에서부터 번역사는 번역가능성의 한계에 부딪힐 수 있다. 에드워드 본드의 *구제되다*에서 인용한 예를 살펴보면 독일어에는 해당하는 소통 상황에 상응하는 표현을 찾을 수 없다. 독일어에는 런던토박이들의 영어 코크니(Londoner cockney)와 같은 표현값을 갖는 방언이 없기 때문이다.[7] 또한 그 밖에도 내가 아는 한 독일어에는 "allein(혼자)"라는 단어에 대한 속어는 없다. 그러한 의미에서 "Wohnst du allein hier?(혼자 살아 여기?)"[8]라는 클라우스 라이헤르트(Klaus Reichert)의 번역은 부분적으로만 적합할 수밖에 없었다.

한 단어가 어떤 의사소통의 경우에도 관습적으로 사용되지 않는 경우, 즉 신조어가 사용되면, 규범일탈이 생긴다. *리더스 다이제스트(Reader's Digest)*에서는 신조어를 통해 생기는 재미있는 효과를 종종 살

7) 이 문제에 관해서는 독일어판Edward Bond *Gerettet*. Die Hochzeit des Papstes. Zwei Stücke. Frankfurt am Main: Suhrkamp 1971, 15 에서 "역자서문(Vormerkung des Übersetzers, Klaus Reichert)" 참조.

8) Edward Bond: *Gerettet*, a.a.O., 19.

펴볼 수 있는데, 이와 관련한 예를 살펴보겠다.

> A man seeking a licence to operate a pub in the Irish village of Taughmaconell told the court the area was underpubulated.
>
> 아일랜드의 마을 토마코넬에 술집(pub)을 열기위해 주류판매허가권을 구하는 한 남자가 법정에서 그 지역은 술집밀도가 낮다고(underpubulated) 말했다.

> A Seattle man created a new and useful word - catmatic. It's the opposite of dogmatic. A catmatic person is one who pussyfoots around. (Reader's Digest, September 1973, 134)
>
> 시에틀에 사는 한 사람이 catmatic(고양이적인)이라는 쓸만한 신조어를 만들었다. 이 단어는 독단적인(dogmatic)의 반대말이다. 고양이적인 사람은 지나치게 조심스러운 사람을 뜻한다.

그러나 위 단어들도 완전한 신조어는 아니며, 사용 언어 내에 이미 존재하는 단어와 유사하게 만듦으로써 재미있는 효과가 유발되었다. 이런 단어들이 합성어인가 또는 파생어인가라는 토론에는 이견이 있을 수 있다. 이런 번역 즉, 한 언어의 신조어를 다른 언어로 번역해야 하는 사람은, 조어에 창조적이어야 하고 또 그를 통해 유사한 효과를 이끌어 낼 수 있어야 한다.

5.2 그 다음 번역 단위인 합성어와 파생어의 차원에서는, 단일어와 같이 사물이나 사안과의 관계를 고려해야 한다. 또한 다른 한편으로는 단어 간의 연어관계도 중요하다. 영어의 'black coffee'는 독일어로는 'schwarzer Kaffee[검은 커피]'라는 표현에 상응하지만, 영어의 'white coffee'는 독일어의 'Milchkaffee[우유커피]'에 상응한다. 'weißer

Kaffee[흰 커피]'는 독일어의 언어규범에 맞지 않고, 설령 사용한다 하더라도 사람들은 이해하지 못할 것이다. 연어 규범에 맞게 번역하려면, 출발어에서는 합성어였으나, 도착어에서 단어군으로 번역하거나, 출발어의 단어군을 도착어에서는 합성어로 표현해야 한다. 이는 규범일치의 예이다. 규범일탈은 six o'clockish(여섯시 경), twentyish(이십대 즈음)와 같은 예에서 찾아볼 수 있다. 이들은 whitish(하얀 편), longish(긴 편), shortish(작은 편) 등에 빗대어 만들어졌으며, 대부분은 익살스럽게 사용된다.

5.3 합성어, 단어조합 및 관용구 등을 구분하는 경계는 모호하다. 단어조합이나 관용구는 의미상으로나 문법적으로 하나의 단어와 같은 특성을 지닌다(Leisi [5]1969, 102-118). 이럴때 번역에서 연어를 그대로 유지하여 옮기면, 번역문제가 생긴다. 영어에서 비교에 사용되는 구 as dull as ditchwater(구정물같이 우중충한), as dead as a doornail(완전히 죽은), as bold as brass (뻔뻔한, 철판을 깐) 등은 특정한 연어를 사용하는 데, 이렇듯 조합된 단어군의 토대에는 연어가 긴밀히 배치되어, 이 단어군에는 의미상 한 단어와 같은 특성이 부여된다. 이러한 경우에는 번역도 출발어의 규범일치를 유지하기 위해서 연어에 따라 결정해야 할 것이다. 단어조합에 사용된 개별 단어의 뜻을 그대로 번역하는 경우를 독일어 번역에서도 사실상 종종 살펴볼 수 있다. 위의 문구도 그대로 번역하면 매우 이상한 번역이 될 것이다.[9] 위와 같은 영어의 전형적인 표현들은 독일어에서 "stinklangweilig(굉장히 따분한, [냄새나게 따분한])", mausetot(완

9) 찰스 디킨즈(Charles Dickens, *A Christmas Carol*, London: Everyman 1969, 9)의 "Old Marley was as dead as a door-nail" 독일어 번역본 Weihnachtsgeschichten, Klagenfurt: Kaiser, o.J., 7: "Der alte Marley war so tot wie ein Türnagel[늙은 메리는 거의 문고리처럼 죽은거나 마찬가지였다.]" 을 참조.

전히 죽은, [쥐죽은], tollkühn(아주 저돌적인[미친듯 대담한])" 등으로 표현된다. 영어와 독일어 간 부분적으로나마 일치되는 body의 경우는, 같은 직업활동을 하는 사람들을 표현하는 단어와 조합하여 사용할 수 있다. 예를 들면 *body of teachers, body of lecturers, body of scholors*(선생님들, 강사들, 학자들) 등이 있는데, 영어에는 조합가능성이 더 다양하나 독일어에서는 강사들이라는 뜻으로 "Lehrkörper(교강사진[교수몸통])"이라는 단어만 사용된다.

5.4 규범일치의 측면에서 볼 때, 정해진 단어조합과 자유로운 단어 연결의 경계 또한 모호하다. 단어가 자유롭게 연결된 경우에는 단어의 조합이 정해진 경우와는 반대로 다양한 조합이 가능하다. 그래서 퍼어스(Firth)의 예를 다시 살펴보면, 독일어에서는 "Die Nacht war dunkel/schwarz/finster[밤이 어두웠다/검었다/캄캄했다]" 등의 다양한 연결이 가능하다. 그렇다 하더라도 "Die Nacht war weiß[밤이 하얬다]"는 일반적이지 않다. 단어연결이 자유롭게 되어도, 그러한 연결에 제약을 가하는 특정한 연어규칙이 있다. "Die Nacht war weiß"와 같은 규범일탈은 그래도 "시적인" 언어에서는 게오르그 트라클(Georg Trakl)의 시 "Föhn(푄)"에서 Leise kommt die weisse Nacht gezogen…[조용히 하얀 밤이 서서히 밀려와][10]처럼 사용할 수 있다.

5.5 통사부문의 규범일치와 규범일탈에 대해서는 이미 위에서 언급한 바 있다. 한 가지 추가할 것은 여기에도 의사소통상황에 따라 다양한 규범이 존재한다는 점이다. 예를 들면 독일 일상회화에서는 병렬문이 주

---

10) Georg Trakl: *Gedichte*, hrsg.v. Hans Szklenar. Frankfurt am Main: Fischer 1964, 64.

로 사용되고, 생략도 흔히 일어나는데, 이런 문장들은 도착어의 일상어 문장타입에 맞게 번역되어야 할 것이다. 통사에서 규범일탈은 "시적인" 언어에서도 찾아볼 수 있는데, 예를 들면 이 경우에는 종종 단어배열순서, 시간, 격을 나누거나 시제 구성을 바꾸는 등 (Schmidt 1968, 295) 일반적인 통사규칙을 깨는 것이 특징적이다.

5.6 한 텍스트에서 언어 표현의 모든 부분, 즉 단어선택, 단어조합의 모든 방식, 통사 등 – 텍스트 전체가 규범에 일치하거나 또는 전체가 규범에서 일탈하는가에 따라서, 전체 텍스트도 하나의 번역단위를 이룰 수 있다. 전 텍스트에 걸친 규범일치는 전문 학술 텍스트에서 찾아볼 수 있고, 규범에서 완전히 벗어나는 텍스트는 아마도 시에서 찾을 수 있을 것이다. 출발텍스트의 일부 요소가 도착텍스트 내에 동일한 위치에서 표현되지 못하더라도, 전체 텍스트가 하나의 번역 단위를 이룰 수 있다. 위에서 언급한 에드워드 본드의 *구제되다*의 예에서 본 *on your tod*에서는 이에 상응하는 독일어 속어를 찾을 수 없지만, 번역을 할 때 동일한 텍스트의 다른 위치에서 속어표현을 사용함으로써 영어텍스트의 전체효과를 유지할 수 있다.

6. 지금까지 우리는 마치 규범일치와 규범일탈사이에 경계구분이 뚜렷한 듯이 논의를 하였다. 실제로는 구체적인 텍스트 부분에서 이러한 구분이 항상 가능한 것은 아니다. 때로는 부분적으로만 규범에 일치하거나 또는 부분적으로만 일탈하는 단어 합성과 같은 혼합형도 찾아볼 수 있다. 스스로 화를 자초하다의 뜻인 은유적인 영어 표현인 *To stick one's neck out[목을 밖으로 내밀다]*는 독일어에서 'sich exponieren(위험에 노출시키다)'로 표현될 수 있다. 은유적인 표현에 좀 더 구체적인 표현

을 첨가하여, *it […] means sticking my neck so that my academic colleques can hack at it[그 뜻은 스스로 화를 자초해서 내 학계 동료들이 공격할 수 있게 하는 것을 뜻한다]* [11]라고 쓰게되면, 이는 일반적인 어법이 아니라, 특정 화자가 쓰는 개인표현법이 된다. 두 가지 표현 모두 특정맥락에서 보자면 규범에 맞는다. *To stick one's neck out* (위험을 자초하다)는 은유적인 표현으로 자주 사용되고, *to hack at* [공격하다, 찍어내다]은 말 그대로 일상적으로 사용되는데, 이 둘을 연결함으로써 규범에서 벗어나는 표현이 생기게 된다.

일반적이라면 같이 쓰이지 않았을 표현들을 나열한 것이 위의 예라면, 다음 예에서는 다양한 규범에 일치하는 요소들이 서로 맞물려 있는 예를 살펴볼 수 있다. *That takes the biscuit(짜증난다, 최악이다)*는 영어의 일상 구어 규범에 일치한다. *Solitary, unique, recherché*(고독한, 독특한, 엄선된)와 같은 단어들은 영어의 문어식 표현이다. 제임스 조이스(James Joyce) 소설의 등장인물이 *That takes the solitary, unique, and if I may so call it, recherché biscuit*와 같은 문장을 말하는데[12] 이는 보통은 서로 통합될 수 없는 규범들이 섞인 것이고, 이것을 통해 스타일의 파괴가 일어난다. 별다른 의미 없는 전형성에 형용사들을 더하여 그 뜻을 상승시켰다. 이는 깜짝 효과를 얻고자 하려는 화자의 의도에 따라 이루어진 것이다. 위와 같은 혼합형을 서술할 때 앞에서 언급했던 연어라는 개념도 폭넓게 이해할 수 있을 것이고 이 표현에 사용된 각각의 요소들을 하나로 연결할 때 연어의 원칙에는 상응하지 않는다고 말할 수 있다.

이러한 표현을 번역할 때는 위와 같이 조합된 요인들에 맞는 출발어 규범이 무엇인지를 결정해야 한다. 그러고 나서 도착어에서는 출발어 조

---

11) Ronald Frankenberg (1966): *Communities in Britain*, Marnondsworth: Penguin, 11.

12) James Joyce: *Dubliners*, Harmondsworth: Penguin Books ^{3}1962, 48.

합과 같거나 최소한 유사한 규범에 해당하는 표현을 찾아야 할 것이다. 물론 이때 그 요소들의 조합이 반드시 놀라운 효과를 유발할 뿐 아니라, – 종종 위트있는 – 주로 허를 찌르는 효과도 함께 들어있어야 하기 때문에, 이는 쉬운 일이 아니다.

7. 지금까지 언급한 것을 종합하면 개별적 번역단위는 단순어에서, 합성어, 파생어, 단어조합, 관용어, 자유로운 단어연결, 문장, 텍스트에 이르기까지 다양하다. 요약하자면, 각 번역단위를 위해서는 언어 규범의 맥락에서 보았을 때 다음과 같은 조합들이 가능하다. (1) 번역단위는 한 언어공동체의 규범에 일치한다. (2) 번역단위는 그 언어공동체 내 특정한 의사소통상황의 규범에 일치한다. (3) 번역단위는 언어공동체의 규범에서 일탈하고, 이로써 의사소통상황의 규범에서도 일탈한다. (4) 번역단위는 언어공동체의 규범에서는 일탈하지 않으나 의사소통상황의 규범에서는 일탈한다. (5) 번역단위는 둘 이상의 규범을 혼합하기도 한다.

[1974]

번역
쉽지 않다!

독일어 및 영어로 작성된 인문학 논문을 통해서 본 텍스트 종류에 따른 의사소통 관습 - 독일어-영어 번역기술(技術)을 위하여

1. 이론 및 방법론 서언

1.1 문학관련 연구논문의 첫 장에는 다음과 같은 문장이 쓰일 수 있을 것이다.

(1) Die vorliegende Arbeit behandelt vor allem das Spätwerk des Dichters. (이 논문에서는 주로 시인의 후기작품을 다룬다.)

이 문장을 아래와 같이 달리 표현해 볼 수도 있다.

(2) Es wird hier vor allem das Spätwerk des Dichters behandelt. (여기서는 주로 시인의 후기 작품이 다뤄진다.)

(3) Wir behandeln hier vor allem das Spätwerk des Dichters.

(우리는 여기서 주로 시인의 후기작품을 다룬다.)

(4) Ich behandele hier vor allem das Spätwerk des Dichters.

(나는 여기서 주로 시인의 후기작품을 다룬다.)

위의 네 문장 모두 전달하는 정보는 동일하나 표현방식은 상이하다. (1)과 (2)에서는 이 문장의 저자가 드러나지 않으며 (3)에서 우리(wir)는 맥락에 따라서 저자와 독자를 함께 묶어, 대화를 하는 듯 이해할 수도 있으며 (4)에서는 저자가 분명히 드러난다. 위의 네 문장에서는 특정한 정보를 저자나 화자가 독자나 청자에게 어떻게 전달할 수 있는가와 관련된 다양한 표현 방법이 나타난다. 발신자(Sender), 사물(Sache)과 수신자(Empfänger)라는 언어의 삼각관계로 인해 이러한 대안, 즉 다양한 표현들이 가능하다. 이러한 삼각관계에서 발신자, 사물, 수신자가 언어의 의사소통기능에 따라 더 많이 또는 적게 드러날 수 있다(Bühler 1965, 28 참조).[1)]

1.2 "나", "너/당신" 또는 사물이나 대화의 파트너가 전면으로 부각되어야 하는지, 또는 문체가 "사적"이거나 또는 "사무적"이어야 하는지 등 의사소통 상황에서 어떠한 점이 구체적으로 드러나야 하는가는 교과서에서 좋은 문체가 무엇인가에 라는 문제를 다룰 때마다 다뤄졌다. (Reiners 1959, 370ff.; Seibicke 1969, 11 ff.). 한 세대 전만 하더라도 편지

---

1) 문학에서는 서술시점, 서술상황, 관점(*point of view*)라는 개념으로 사용되는데 이런 삼각관계는 서술자/발신자, 작품/사물, 독자/수신자 등으로 오래전부터 해석의 원칙으로서 사용되었다. 대표적으로는 렘머트(Lämmert, 1955)와 슈탄첼(Stanzel, 1955)을 들 수 있다.

의 첫머리를 "나"로 시작하지 않는 것이 일반적이었으나 지금은 – 적어도 사적인 편지를 쓸 때 – 편지의 시작을 "나"로 해서 쓰는 것이 이제는 가능한 듯하다(Seibike 1969, 13). 이에 반해 학술담론에서는 "나"라는 단어에 대한 반감이 지금도 여전히 퍼져 있는 듯하다(Seibike 1969, 16f.). 이런 문제들이 문체관련 서적에서 언급된다는 사실은 특정 텍스트종류에는 분명히 그와 관련된 정해진 규범이 존재한다는 것을 환기한다. 위에서 언급한 예시문들이 논문이라는 텍스트종류에서는 모두 동일하게 적절한 것은 아닐 것이라고 추측해 볼 수 있겠다. 그중 특히 예시문 (4)는 실제 사용될지 의문이다.

1.3 독일 인문학 텍스트에서는 비인칭 대명사(man, 일반적 사람)을 주어로 하는 구조는 자주 사용되고, 1인칭 주어 Ich(나)-구조가 덜 사용된다거나, 영어에서는 그 반대라던가라는 식의 서술만으로는 부족한 점이 많다. 이는 너무 일반적이며 부정확하기 때문이다. "Ich glaube, dass…(나는… 라고 믿는다)"라는 표현 유형이 본고에서 연구한 독일어 텍스트에 실제로 사용되었는데, 위의 말대로라면 이례적이라고 해야 할 것이다. 그러나 독일어로 쓰인 인문학 텍스트를 조사해 보면, 1인칭 단수 ich(나)가 denken(생각한다)와 meinen(뜻한다) 등의 동사와 함께 사용되는 것이 결코 매우 이례적인 현상만은 아니라는 것을 확인할 수 있다(아래참조).

따라서 이러한 서술들을 구체화할 필요가 있다. 구체화는 어떻게 이루어져야 하는가? 인문학 텍스트를 읽다보면 여기서 연구한 많은 구조들이 특정한 기능을 지닌 언표(Äußerung)에서 나타남을 확인할 수 있다: 독일어 텍스트에서는 Ich-구조가 주로 추측화행의 맥락에서 사용되지만, 영어텍스트에서는 도입부의 예시처럼 주로 통고화행에서 쓰인다는 점이다. 이 내용을 좀더 세분화 하는데 화행론의 언표 분류 유형이 좋은 기반을 제공한다. 이와 관련해서는 설이 그의 저서 *언화 행위(Speech Acts)*에서 규정적 규칙(regulative rules)으로 언급한 것 외에도 언어적 규범인 X를 해라(DO X) 또는 Y이면 X를 해라(IF Y do X)로 설명될 수 있다(Searle 1969, 33 f.).

1.4 이 논문에서는 영어와 독일어로 된 학술텍스트를 조사하고자 한다. 이 조사에서는 비교문체론의 방법을 적용하였는데, 그렇다면 그 이유는 무엇인가? 첫째로는 각 언어분야의 특징을 더 쉽게 파악하게 하기 위한 발견적 원리에 이바지하기 위함이고, 둘째로는 외국어능력을 습득하는 데 실용적인 효용을 주기 위해서이다. 서로 다른 두 언어에서 특정 규범이 상이하게 사용될 때 그 차이를 인지하는 사람만이 외국어를 상황에 맞게 적절하게 사용할 수 있을 것이다.

1.5 우리 연구의 목표는 의사소통행위에서 주제화된 언어적 현상들의 조합, 이 논문에서 의사소통규범이라고 표현되는 현상을 화행별로 정리하고 동시에, 화행별 표현을 사용할 때 적용되는 규칙(Regeln)을 보이고자 함이다. 이를 바탕으로 대비와 언어짝을 통해 서술한 텍스트종류의 특성을 찾아낼 수 있고 또, 한 언어 내의 다양한 텍스트종류 간의 차이도 살펴볼 수 있을 것이다. 나는 예시문 (1), (2), (3)은 논문에서 사용되고, (4)는 강연이나 발표문에서 사용될 것이라고 추측한다.

1.6 연구자료는 독일어와 (영국)영어권에서 저술된 문학과 언어학 학술 텍스트이며 독일어와 영어별로 어휘수는 각 6만 개 정도로, 전체 어휘수는 120,000개에 달한다. 15인의 영어 및 독일어 저자별 텍스트 자료를

정리하였으며, 자세한 목록은 논문 마지막의 첨부를 참조하기 바란다. 독일어 텍스트에서는 우리 연구에 필요한 화행(Sprechakt)을 365개, 영어텍스트에서는 362개를 찾았다. 자료가 광범위하지 않아, 이를 통해 얻은 결과로 결론을 도출하는 데에는 어느 정도 무리가 따른다. 그러나 영어와 독일어 텍스트를 연구한 결과를 평가해 보니 두 언어 간 아주 분명한 차이를 확인할 수 있어서, 사용된 텍스트의 규모가 크지 않아도 연구 결론의 수용이 가능하다고 본다.

사용된 빈도가 낮은 외형과 문장구조는 조사에서 백분율로 수치화하지 않았다. 통계학 규칙에서 보았을 때 오차범위가 샘플 규모에 비해 너무 클 것이기 때문이다(Furumkina 1973, 280 ff.). 독일어 텍스트에서는 확인의 화행이 전체 201개 였는데, 이 중 "ich(나)"를 주어로 한 문장은 일곱 문장이 있었고, "wir(우리)"를 주어로 사용한 문장은 73개가 확인되었다. 위에서 언급한 이유에 따라 나(Ich)-구조는 백분율로 환산하지 않았다. 이 텍스트연구는 우선 의사소통 규범상 자주 사용되는 화행의 분포 통계를 보이고자 하는 것이 아니라, 특정 언어의 어떤 텍스트종류에서 어떤 문장구조가 일반적으로 사용되는지에 대한 대략의 기본정보를 제공하고자 하는 데 있다. 다른 구조와 비교하여 그 사용이 현저히 적거나, 아예 사용되지 않은 구조들이 있었기 때문에, 조사대상의 범위가 넓지 않았다 하더라도 유효한 결과를 확인할 수 있었다.

전체적으로 화행의 다섯 가지 맥락에서 의사소통 규범을 조사하였다. 다섯 가지 화행을 사용된 빈도에 따라 열거하면 이는 확인(Feststellung), 통고(Ankündigung), 요구(Aufforderung), 추측(Vermutung) 그리고 역참조(Rückverweis) 화행 순이다.[2)]

2) 언표의 연표내적역할(Illocutionary role)이라는 오스틴(Austin)의 범주를 적용하면, 확인화행, 추측화행, 역참조화행은 평사발화 화행그룹(die Gruppe der expositiven Äußerungen)으로, 요구화행은 행사발화 화행그룹(die Gruppe der exerzitivien Äußerungen) 으로 나눌 수 있다(Austin

2. 연구결과

2.1 독일어 텍스트는 의사소통 과정이 분명히 드러나는 확인화행 210개를 내포하고 있었다. 그중 1인칭 복수(wir)가 주어인 문형[3]이 (타입: "Wir können darin eine Motivation erkennen[우리는 그 안에서 하나의 동기를 인식할 수 있다]") 73개(약 36%), 수동형문장(타입: "Darin wird eine Motivation erkennbar[하나의 동기가 그 안에서 인식될 수 있다]")이 38개(약 19%), 일반 주어로 하는 문장(man-Konstruktion) (타입: "Man kann darin eine Motivation erkennen[그 안에서 하나의 동기를 인식할 수 있다]")이 35개(약 17%), 재귀대명사 문장(Reflexionskonstruktion) (타입: "Darin läßt sich eine Motivation erkennen[그 안에서 하나의 동기가 인식되도록 한다]")이 30개(약 15%) 그리고 부정사문형(Infinitivkonstruktion) (타입: "Darin ist eine Motivation zu erkennen[그 안에서 하나의 동기를 인식할 수 있다]")이 18개(약 9%), 마지막으로 1인칭 단수 주어(Ich-Konstruktion)는 7번만 사용되어 이 문형은 빈도수가 낮아 백분율은 따로 계산하지 않았다. 한 가지 분명한 사실은 이런 문장 구조가 매우 드물게 사용되었다는 것이다.

영어텍스트에서는 전체 160개의 확인문(Festsellung)을 찾아볼 수 있었다. 그중에서 수동형문장(타입: *His later work cannot be seen as typical*[그의 후기작은 전형적이라고 보일 수 없다])이 50개(31%), 1인칭 복수(we)를 주어로 하는 문장이(타입: *We cannot see his later work as typical*[우리는 그의 후기작을 전형적이라고 볼 수 없다]) 45개(28%), 1인칭 단수(I)를

1972, 164 ff. 참조). 예전의 논문을 다시 정리하는 현시점에서는 설(1976)의 분류도 참조하기를 바란다. 그의 범주로는 Reprasentativa, Direktiva 그리고 오스틴처럼 Kommisiva가 해당된다.

3) 본 논문에서는 통사론의 문제를 다루는 것이 아니므로 변형문법에 의거한 문장의 명시적이고 정형화된 서술은 필요하지 않은 것으로 본다.

주어로 하는 문장이 (타입: *I do not see his later work as typical*[나는 그의 후기작을 전형적이라고 보지 않는다]) 38개(약 19%), 일반인을 주어로 하는 문장이 41개(21%)이고 이 중 일부는 수행동사(performative Verben)와 함께 나타난다(타입: *I have stressed, that*…[나는 … 라고 강조했다]). 그리고 one-문형이(타입: *One cannot see his later work as typical*[그의 후기작을 전형적이라고 볼 수 없다].) 24개(약 15%) 사용되었다. 영어 텍스트에서는 재귀대명사 및 부정사문형이 부재하는데, 이는 독일어와 유사한 구조를 영어문법에서 허용하지 않기 때문이다.

비교의 수월함을 위해 백분율로 계산한 결과를 아래와 같이 나타내었다:

확인화행(Festsellungen)		
	독일어 텍스트	영어 텍스트
1인칭 복수 문형	36%	28%
수동문형	19%	31%
일반-문형(Man)	17%	15%
재귀대명사문형	15%	-
부정사 문형	9%	-
1인칭 단수 문형	(-)%	26%

독일어 및 영어 텍스트를 비교해보면 영어텍스트에서는 1인칭 단수 문형이 상대적으로 자주 나타남을 볼 수 있다. 이런 문형을 사용하면 논문의 저자가 드러나게 되고, 주관적이고 친근한 표현효과를 갖는다. 반면 독일어에서는 1인칭 단수 주어를 사용한 문장이 매우 드물었다. 영어 텍스트에서는 저자와 독자 간의 대화를 암시하는 듯한 1인칭 복수Wir-Konstruktion(우리-구조)가 추가됨을 통해 친밀한 효과를 갖는 확인의 문장구조가 더 강력하게 드러난다. 영어텍스트에서는 54%에 해당하는 친

밀형 문장구조가 사용되었으나, 반면에 독일어 문장의 경우에는 친밀감의 효과를 갖는 문장구조인 Wir-Konstruktion(우리 구조)가 36%만 사용되었다. 그 외의 독일어 확인구문에서는 인칭대명사가 빠진 확인구조가 사용되어, 객관성과 비인칭성을 강조한다.

독일어와 영어 인문학 논문에는 분명히 서로 다른 규범이 존재한다. 확인화용에서 드러나는 친밀성의 뉘앙스는 독일어권보다는 앵글로색슨권에서 더 일반적으로 사용되는 것으로 보인다. 저자가 자신의 글에서 확인의 주어로, 주체로서 드러나도록 표현하는 것은 독일어권에서는 명백히 비규범적이나, 반면에 앵글로색슨 언어권에서는 일반적으로 사용되는 것으로 보인다.

2.2. 통고화행은 독일어 텍스트에서 60회가 사용되었다. 그중 논문이 문장의 주체로 사용되는 문장구조는(타입: 주어 = 통고: “Das vorliegende Buch/Kapitel/die vorliegende Untersuchung usw. will zeigen… [이 책은/장은/이 연구는… 보이고자 한다]”) 33번 사용되었으며(55%), 수동문형의 경우(타입: “Es wird/soll gezeigt werden…[…이 보여질 것이다]” 23회(35%), 우리-구조(타입: “Wie wir es sehen werden… [우리가 보게되듯이…]”)는 단지 4회만이 사용되어 백분율로 환산하지 않았다.

영어텍스트에서는 통고화행이 104회 사용되었다. 그중에 63개(약 61%)가 1인칭단수-구조(타입: *I shall here deal with*…[나는 여기서… 다루고자 한다]), 논문이 주어로 사용된 문장은 22회(21%), (타입: *This essay/book/chapter/ etc. shall deal with*…[이 에세이/책/장은… 다룰 것이다]), 1인칭복수구조(타입: *we shall here deal with*…[우리는 여기서 … 다룰 것이다]) 전체 18회(17%) 사용되었고, 수동구조는 사용되지 않았다. 위의 내용을 표로 정리하면 다음과 같다:

통고화행(Ankündigungen)		
	독일어 텍스트	영어 텍스트
주어 = 논문	55%	21%
수동문형	38%	-
1인칭 복수 문형	(-) %	17%
1인칭 단수 문형		61%

앞서의 확인화행에서 관찰한 것과 동일한 결과가 나왔다. 특히 통고문의 경우 1인칭 구조(1인칭 복수 및 1인칭 단수 구문)를 합하면 78%가 되는데, 이를 통해 영문에서는 저자, 또는 저자와 독자가 정면에 드러나는 반면에 독일어의 경우에는 1인칭 표현이 일반적이지 않고, 다루는 대상이 주요하다는 것을 확인할 수 있다. 설의 공식을 빌려 If Y, do X(Y이면, X를 하라)라는 타입의 규정적인 규칙을 만들어 보면 다음과 같다: 독일어로 쓰인 인문과학논문에서 통고화행을 완성하려면, 인칭 대명사(Personalpronomina)를 주어로 사용한 문장구조를 사용하면 안 된다. 영어로 저술된 인문과학 논문에서 통고화행을 완성하기 위해서는 수동구문(Passivkonstruktion)을 사용하면 안 된다.

2.3 통고와 역참조 간에는 상호 보완적인 관계가 존재하므로 통고화행에 이어 역참조화행에 관한 조사 결과를 살펴보고자 한다. 다만 이 조사에서 사용된 텍스트에서는 역참조화행을 기술하는 것이 그리 적합하지 않은데, 그 이유는 이 논문들의 대부분이 짧은 편이어서 저자들이 독자가 논문의 마지막 부분에서도 여전히 논문의 첫머리에서 언급된 내용을 기억하고 있다고 당연히 전제하기 때문이다. 조사자료 중 장편논문의 경우에는 역참조가 사용될 것이라고 예상되는 논문의 말미 단락을 선택

하여 살펴보았다.

역참조에 관한 조사결과는 자료는 적은 편이어도 통고에서 관찰된 결과와 비슷하여, 그 결과를 신뢰할 수 있다. 독일어 텍스트에서는 15번의 역참조 구조가 사용되었으며 그중, 주제 = 논문 언급 구조(타입: "Der dritte Teil der Untersuchung hat gezeigt….[연구의 세 번째 부분은…를 보여주었다]")가 11회 사용되어 73%를 나타내었으며, 1인칭 복수 구조 Wir가 2번(타입: "Wir hatten im dritten Teil der Untersuchung gesehen…[우리는 연구의 세 번째 부분에서… 를 보았다]"), 수동문형은 한 번 사용되었다(타입: "Wie im dritten Teil gezeigt wurde…[세 번째 연구부분에서 보인 것과 같이…]"). 영어텍스트의 경우에 역참조 구조가 비슷한 수치인 15회 사용되었으며 그중 10개(67%)는 1인칭 단수 구조이며, 1인칭 복수 구조는 4회, 논문이 주어가 되는 구조는 1회 사용되었다. 인칭-비인칭 특성과 관련해서는 다음과 같은 수치를 볼 수 있다.

역참조화행(Rückverweise)		
	독일어 텍스트	영어 텍스트
1인칭 구조(단수/복수)	27%	93%
비인칭 구조(주어 = 논문)	73%	(7%)

2.4 요구화행은 독일어 텍스트에서 56회 사용되었다. 그중 비인칭 주어구문(Es-Konstruktion) (타입: "Es ist dabei zu beachten/dabei ist zu beachten…[그 과정에서…는 주목할 만하다.]")가 20회(36%), 수동구문(Passiv-Konstruktion) (타입: "Dabei muss beachtet werden…[그 과정에서…는 주목되어야 한다]")가 13회(23%), 일반인 주어 및 명령형 문형(man-Konstruktion & Imperativ Konstruktion) (타입: "Man beachte dabei…[그 과정에서….를 주목하라]")가 13회(23%), 1인칭복수(Wir-Konstruktion) (타입: "Wir wollen dabei beachten…[우리는 그 과정에서…를 주목하고자 한다]")가 10회(18%) 사용되었다.

영어텍스트에서는 전체 32회의 요구화행이 사용되었다. 그중 1인칭 복수 구조(we-Konstruktion) (타입: *Let us consider*…[…고려하자])가 13회(41%), 수동구문(타입: …*should be considered*…[….가 고려되어야 한다])이 9회(28%), "순수" 명령형구조(타입: "Consider…[고려하라]")가 8회(25%), 비인칭 주어(one-Konstruktion) (타입: One schould consider…[고려해야 한다])가 2회 사용되었다. 비인칭 주어 구문은 단 2회만 사용되어 백분율로 환산하지 않았다. 결과를 도표로 표시하면 다음과 같다:

요구화행(Aufforderung)		
	독일어 텍스트	영어 텍스트
비인칭 주어 문형(es)	36%	(-)
수동문형	23%	28%
일반인-문형(man)	23%	(-)
1인칭 복수	18%	41%
명령형	-	25%

여기서 최소한 규정적 규칙 한 가지를 도출해 낼 수 있다: 독일어 인문학 논문에서 요구화행의 경우 "순수" 명령형구조는 일반적이지 않다는 점이다. (반면 비슷한 텍스트 유형이기는 하나 구어텍스트인 발표문이나 강연문의 경우에는, "Denken Sie an die Darstellung dieses Themas bei Shakespeare[세익스피어에서 이런 주제의 표현을 생각해 보세요!]"라는 식의 순수 명령형 구조가 사용된다). 영어 인문학 텍스트에서는 비인칭 대명사의 구조는 피하고, 대신 인칭대명사의 구조(we/us)와 명령형의 경

우 직접화법(direkte Anrede)이 더 자주 사용됨을 확인할 수 있다. 독일어 텍스트의 경우 요구화행에서도 저자와 독자가 배경 뒤로 사라지는 것을 확인할 수 있다.

2.5 추측화행의 경우 발신자-대상-수신자라는 관계의 세 요소가 모두 드러나지는 않으나, 의사소통과정에서 발신자와 대상간의 분명한 관련은 잘 드러난다.

독일어 텍스트에서 추측구문은 총 33회 나타나는 데, 화법동사(Modalverb)가 쓰인 문장은(타입: "…dürfte typisch sein[…이 아마도 전형적일 것이다]")은 17회(51%)사용되었고, 화법부사(Modaladverb)가 사용된 문장은(타입: "…ist wahrscheinlich/vermutlich usw. typisch[…는 아마도/추측컨데… 전형적이다]")은 10회(31%) 사용되었으며, 1인칭 단수 주어와 생각하다류의 동사의 조합이 사용된 문장(타입: "… ist, wie ich glaube, typisch[…는 내가 생각하기에 전형적이다]")은 6회(18%)가 사용되었다.

영어 텍스트에서 사용된 추측구문을 분석하면 다음과 같다: 화법동사가 사용된 문장은(타입: *There may be more than one conclusion*…[하나 이상의 결론이 있을 것이다.])은 30회(59%) 사용되었고, 1인칭 단수 주어와 생각하다류의 동사가 결합되어 사용된 문장(타입: *There is, I think, more than one conclusion*…[내가 생각하기에, 아마도 한 가지 이상의 결론이 있을 것이다.])은 14회(27%), 화법부사가 사용된 문장은(타입: *There is probably more than one conclusion*…[아마도 한가지 이상의 결론이 있다])은 7회(14%) 사용되었다. 도표로 보면 다음과 같다:

추측화행(Vermutungen)		
	독일어 텍스트	영어 텍스트
화법동사	51%	59%
화법부사	31%	31%
1인칭 주어와 생각하다류 동사의 결합	18%	27%

추측화행은 독일어 및 영어텍스트에서 비인칭 표현이 대다수로 사용된 유일한 화행이나, 인칭의 영향을 나타내는 1인칭 단수 구조도 사용되었으므로 이 경우에는 규정적 규칙을 표현하기 어렵다.

3. 결과 평가

3.1 연구 결과를 관찰해 보면 영어인문학 텍스트의 경우에 추측을 제외한 모든 화행에서 저자가 독자에게 말을 거는 식의 표현이 주로 사용됨을 볼 수 있다. 특히 이는 1인칭 단수 및 복수 구조를 통해 이루어진다. 이와는 반대로 독일어 인문학 텍스트는 저자와 독자가 모두 뒷배경으로 사라지고 사무적인 어조가 강조된다. 이 경우에 어느 구조가 더 많이 사용된다 할 것도 없이 수동, 일반인 주어 또는 재귀대명사 구조 등과 같이 다양한 문장구조가 사용된다. 또한 특정 화행에는 특정 문장구조가 사용됨을 확인할 수 있었다. 독일어의 경우 재귀대명사, 부정사문장구조는 확인화행, 논문을 주어로 삼는 경우는 통고나 역참조화행의 경우였고, 영어 텍스트의 경우에는 1인칭 단수 주어, 특히 논문을 주어로 사용하는 것은 통고화행과 역참조화행에만 사용되는 구조임을 볼 수 있었다.

3.2 이 연구 결과는 인문학 텍스트에만 국한되며 자연과학의 논문에서도 이와 비슷한 규범이 지배적인지에 대해서는 별도의 연구가 필요하다. 또한 구어와 문어 텍스트에서도 위에서 언급한 부문에 대해 차이가 있을 것이라고 생각한다. 학문적 글쓰기와 말하기의 스타일 및 방식을 독일과 영국에서 적용되는 일반적인 학술관련 문화 즉, 사회문화적 틀 안에서 비교를 해 볼 수도 있을 것이다. 예를 들자면 영국인의 경우에는 학술 강연을 할 때 적어도 농담을 하나 이상은 한다는 사실이 잘 알려져 있다. 독일인의 경우 영어권 인문학 강연 및 논문 텍스트에 사적인 표현방식이나 또는, 이 연구에서는 조사되지는 않았지만 사적인 견해 등이 많이 사용되는 것에 놀라는 사람도 있을 것이다. 역으로 비슷한 주제의 경우, 독일어로 발표되는 강연이나 논문은 영국사람들이 보기에는 "건조하다" 또는 "지나치게 학술적이다"라는 부가어로 평가될 수도 있을 것이다. 학문의 연구결과를 발표할 때 독일과 영국에는 아주 상이한 관습과 전통이 존재한다. 이러한 측면에서 언어의 형식차원이 그 내용과 일치하는지, 독일 인문학 텍스트에서 드러나는 사실적 표현이 실제로 사고의 객관성 및 실재성에 일치하는지, 또는 영어 텍스트에서 사용되는 1인칭 어법이 실제로 개인적인 견해를 드러내고 있는지, 아니면 I find, I suggest [···라 생각하다, 제안하다] 등과 같은 표현 뒤에 객관적으로 보장된 확인이 숨어 있는지 등을 연구해 보는 것도 매우 흥미로울 듯싶다. 본고에서 물론 이러한 질문들에 대한 대답을 제시할 수는 없다.

4. 적용

4.1 본고에 서술된 의사소통규범의 대비분석은 외국어 교육 시 중급 이상의 단계에서 특정 종류의 텍스트를 직접 써야 하는 단계 즉, 우리의

예를 들면 외국어로 논문을 써야 하는 경우에 잘 적용될 수 있다. 특정언어의 특성 및 규정에 잘 따르고, 기이한 효과를 피하려면 자신의 모국어권에서 사용되는 규범을 외국어텍스트에 그대로 전이하지 않도록 신경을 써야 할 것이다. 따라서 *it must be considered*[고려되어야만 한다]라는 표현이 아닌 *let us consider/consider*[고려하자]라는 표현을 사용해야 할 것이다. 영어텍스트를 쓸 때 어려워도 1인칭 단수를 주어로 하는 것을 꺼려서는 안 될 것이다. 영어모국어자가 독일어로 텍스트를 쓸 경우, ich(나)를 사용하지 않도록 많은 노력을 해야 할 것이다.

4.2 분석의 결과를 적용할 만한 분야를 하나 더 언급하자면, 번역분야가 있다. 번역에서는 어휘, 문장, 숙어 등의 상응을 찾는 것 외에도 텍스트종류(Textsorte)에서 특정 화행과 관련한 어떤 규범이 가장 일반적인가라는 측면도 중요하다. 인문학 텍스트의 경우 *I shall in this chapter deal with*…(나는 이 장에서 …를 다루겠다)라는 통고화행의 경우 *Das vorliegende Kapitel behandelt*…(이 장에서는 …를 다룬다)로, 또는 *Notice that it is sufficient to assume*…(…가 충분히 추측할 만하다는 것을 인지하라)이라는 요구화행의 경우에는 *Man beachte/dabei ist zu beachten, dass die Annahme genügt*…(…라는 가정이 충분하다는 사실을 고려해야 한다) 등으로 번역이 될 수 있다. 이러한 번역은 텍스트의 종류와 특정상황의 표현방식을 살필 수 있는 좋은 연습이 될 것이다. 다양한 텍스트종류별 의사소통 규범들을 모아 이를 번역맥락에 주안을 두는 번역연습의 한 부분으로 적용할 수 있을 것이다.

4.3 이러한 방식의 대비분석은 특정한 규범을 인식하고 그에 따르는 것뿐만 아니라 그런 규범을 비판적으로 살피는 데에도 장점이 있다. 일

정한 텍스트종류에서 독일어와 영어의 의사소통표본을 대비해 보면, 우선 표본의 규범성을 인지할 수 있기 때문이다. 둘 또는 그 이상의 언어권이 가지는 규범을 비교하면 각각의 규범이 가지는 적합성을 더욱 쉽게 확인할 수 있다. 이를 통해 내용 없이 공허한 규범을 찾아낼 수도 있고, 그러한 규범을 다른 언어에서 찾아볼 수 있는 더 나은 규범으로 대체할 수 도 있다. 독일어 텍스트에서 쉽게 접하게 되는 지나치게 사무적이고 딱딱한 어조가 영어텍스트의 문체처럼 바뀔 수 있을 것이다.[4] 이는 특히 번역사에게는 새로운 기회를 뜻한다. 번역사는 독일어의 단조로운 언어사용을 앵글로색슨어의 신선한 바람으로 생동감있게 표현할 수 있는 기회를 얻는다.

4.4 이 논문에서는 대비를 통해 특정 텍스트종류 내에 적용되는 의사소통관습(Kommunikationskonvention)을 보이고자 하였다. 이러한 방법을 종류가 다른 텍스트로도 확대하여 연구해 볼 수 있을 것이다. 이 연구에서 살펴본 분야에 나타난 독일어와 영어 간의 상이한 현상들을 독일어와 영자 신문기사, 사설, 평론 또는 사용설명서에서도 찾아볼 수 있을 것이다. 한 가지 예를 들어본다면 요구화행과 관련해서, 독일어 사용설명서에서는*Geräte einschalten*(기기 켜기)와 같은 부정사구문이 사용되고, 영어 사용설명서에서는 *Switch on unit(기기를 켜시오)*의 예처럼 명령형 구문이 사용될 것이다. 다른 언어에서 어떤 규범들이 적용되고 있는지를 비교·확인할 때마다 자신의 모국어 규범을 비판적으로 관찰하게 될 것이다. 이상적인 경우에는 서로 상이한 언어들 간의 수정(Korrektiv)으로 더

4) 영어권 언어사용분야의 이런 생동감있는 영향은 랄프 다렌도르프경(Sir Ralf Dahrendorf)의 스타일에서 찾아볼 수 있다. (*Die angewandte Aufklärung. Gesellschaft und Soziologie in Amerka*, Frankfurt am Main: Fischer 1968)

이상 사용하지 않거나 껍데기만 남아있는 규범은 버리고 새로운 표현형식을 찾는 계기를 마련해 줄 것이다.

연구대상 자료

독일어논문

Blanke, Gustav H. (1973): *Einführung in die semantische Analyse*, München: Hueber, 9–16, 170–173.

De Boor, Helmut (1962): "Dietmar von Eist, Friedrich von Hausen". In: Wiese, Benno von (Hrsg.) (1962): *Die deutsche Lyrik* I, Düsseldorf: Bagel, 30–42.

Hönig, Hans G. (1971): *Studien zur englischen Short Story am Ende des 19. Jahrhunderts*, Göppingen: Kümmerle, 1–10, 174–180.

Leisi, Ernst ([5]1969): *Das heutige Englisch, Heidelberg*: C. Winter, 9–25.

Mohr, Wolfgang (1962): "Wolfram von Eschenbach". In: Wiese, Benno von (Hrsg.) (1962): *Die deutsche Lyrik* I, Düsseldorf: Bagel, 78–89.

Neumann, Friedrich (1962): "Walther von der Vogelweide". In: Wiese, Benno von (Hrsg.) (1962): Die deutsche Lyrik I, Düsseldorf: Bagel, 56–70.

Oppel, Horst (1950): *Die Kunst des Erzählens im englischen Roman des 19. Jahrhunderts*, Bielefeld: Eilers, 11–15, 68–77.

Reiß, Katharina (1971): "Möglichkeiten und Grenzen der Übersetzungskritik",

München: Hueber, 9–16, 112–115.

Schmidt, Siegfried J. (1973): *Texttheorie*, München: Fink, 9–14, 158–164.

Schöne, Albrecht (1962): “Clemens Brentano”. In: Wiese, Benno von (Hrsg.) (1962): *Die deutsche Lyrik* I, Düsseldorf: Bagel, 11–18.

Ulshöfer Robert (1962): “Friedrich Gottlieb Klopstock”. In: Wiese, Benno von (Hrsg.) (1962): *Die deutsche Lyrik* I, Düsseldorf: Bagel, 168-181.

Wandruszka, Mario (1971): *Interlinguistik; Umrisse einer neuen Sprachwissenschaft*, München: Pieper, 14–30.

Wienold, Götz (1972): “Empirie in der Erforschung literarischer Kommunikation”. In: Ihwe, Jens (Hrsg.) (1972): *Literaturwissenschaft und Linguistik, Bd. 1*, Frankfurt am Main: Athenäum Fischer Taschenbuch Verlag, 311–322.

Wiese, Benno von: (1962): “Schiller”. In: Wiese, Benno von (Hrsg.) (1962): Die deutsche Lyrik I, Düsseldorf: Bagel, 318–333.

Wunderlich, Dieter (1972): “Terminologie des Strukturbegriffs”. In: Ihwe, Jens (Hrsg.) (1972): *Literaturwissenschaft und Linguistik, Bd. 1*, Frankfurt am Main: Athenäum Fischer Taschenbuch Verlag, 17–21, 58–65.

영어논문

Brown, Douglas ([8]1972): “From the Heart of Darkness to Nostromo”. In: Ford, Boris (Hrsg.) ([8]1972): *The Pelican Guide to English Literature 7*, Harmondsworth: Penguin Books, 119–129.

Frankenberg, Ronald ([3]1969): *Communities in Britain*, Harmondsworth: Penguin Books, 11–21.

Fry, Dennis Butler ([2]1971): “Speech Reception and Perception”. In: Lyons, John (Hrsg.) ([2]1971): *New Horizons in Linguistics*, Harmondsworth: Penguin Books, 29–42, 49–52.

Gifford, Henry ([8]1972): “Henry James: The Drama of Discrimination”. In: Ford, Boris (Hrsg.) ([8]1972): *The Pelican Guide to English Literature 7*, Harmondsworth: Penguin Books, 103–113.

Halliday, Michael A. K. ([2]1971): “Language Structure and Language Function”.

In: Lyons, John (Hrsg.) ([2]1971): *New Horizons in Linguistics*, Harmondsworth: Penguin Books, 141–151.

Hoggart, Richard ([8]1972): "Mass Communications in Britain". In: Ford, Boris (Hrsg.) ([8]1972): *The Pelican Guide to English Literature 7*, Harmondsworth: Penguin Books, 442–446, 452–457.

Holloway, John ([8]1972): "The Literary Scene". In: Ford, Boris (Hrsg.) ([8]1972): *The Pelican Guide to English Literature 7*, Harmondsworth: Penguin Books, 51–61.

Kettle, Arnold ([8]1972): "The Consistency of James Joyce". In: Ford, Boris (Hrsg.) ([8]1972): *The Pelican Guide to English Literature 7*, Harmondsworth: Penguin Books, 301–311.

Labov, William (1972): "The Logic of Non-standard English". In: Giglioli, Pier Paolo (Hrsg.) (1972): *Language and Social Context*, Harmondsworth: Penguin Books, 179–184, 209–214.

Laver, John ([2]1971): "The Production of Speech". In: Lyons, John (Hrsg.) ([2]1971): *New Horizons in Linguistics*, Harmondsworth: Penguin Books, 53–64, 72–75.

Palmer, Frank R. ([3]1968): *A Linguistic Study of the English Verb*, London: Longmans, 1–8, 180–182.

Potter, Simeon ([5]1968): *Language in the Modern World*, Harmondsworth: Penguin Books, 9–21, 181–187.

Searle, John R. ([4]1972): *Speech Acts*, Cambridge: Cambridge Univ. Press, 3–15, 121–127.

Tillyard, Eustace M. W. ([4]1968): *The Elizabethan World Picture*, Harmondsworth: Penguin Books, 114–129.

Tomlinson, Charles ([8]1972): "Poetry Today". In: Ford, Boris (Hrsg.) ([8]1972): *The Pelican Guide to English Literature 7*, Harmondsworth: Penguin Books, 458–474.

[1978]

번역 쉽지 않다!

1984 - 마침내 통속에서 예술로[1)]

윈스턴 스미스는 오세아니안이라는 전제주의 일당독재국에서 살고 있다. 그는 39세로 소위 그의 "beste[n] Jahre[n](전성기)"를 살고 있지만 "gebrechliche Gestalt(약체)"인 편이다(Wag, 5). 놀랍게도 젊고 매력적인 아가씨 줄리아가 그런 윈스턴과 사랑에 빠진다. 아마도 줄리아는 자신보다 훨씬 원숙한 남성에게 빠지나 보다. 어찌 되었든 줄리아는 당돌하면서도 예의에 벗어나지 않는 호칭을 곁들여 "Ich liebe Sie(당신을 사랑합니다)"라고 쓴 쪽지를 윈스턴에게 비밀스럽게 건넨다. 그리고 그들은 "Stelldichein(밀회)"를 약속한다(Wag, 101). 소설을 계속 읽어가다 보면,

1) 1983년 여름학기 마인츠대학 응용언어학(겔머스하임) 세미나에 참석해 바겐자일(Wagenseil)의 번역을 같이 비평하고 분석한 학생들에 이 자리를 빌어 그들의 훌륭한 비평, 참여 와 자극에 감사의 뜻을 표한다. 본 번역비평은 일반교양인을 위하여 저술했으나, 그렇다고 학술적 근간을 배재하고 쓴 글은 아님을 밝혀둔다. 이론적 기반과 관련해서는 회니히/쿠스마울(1982)을 참조하기 바란다.

마치 희극 오페라를 보는 것 같다. 둘은 숲에서 만난다. 귀족이나 의사가 등장하는 로맨스 소설에서나 볼 수 있는 자연경관 서술은 벌어지는 일과 잘 맞아 떨어진다: “Die Luft berührte die Haut wie ein Kuss(공기가 키스처럼 피부에 와닿았다). Es war der zweite Tag des Monats Mai(그날은 오월의 둘째 날이었다). Von irgendwo tiefer im Herzen des Waldes schlug das Gurren der Rigeltauben weich und verschwommen an sein Ohr(깊은 숲의 심장 어디에선가 산비둘기의 구구거리는 소리가 그의 귀에 부드럽게 치더니 서서히 사라졌다).”(Wag, 109). 이 둘은 처음엔 당연히 존대말을 써가며 공손하게 대화를 나누다가, 진도가 빨라지면서 윈스턴이 줄리아의 “üppigen roten Mund(풍만한 붉은 입술, Wag, 111)”에 키스를 하였다. 계속되는 상황묘사에서 “dann verlangsamte sich das Auf und Ab ihrer Brust zu normalen Rythmus(그리고 나서 그녀의 가슴이 올랐다 내렸다 하는 속도가 정상리듬으로 돌아왔다, Wag, 117)”라는 식의 “풍만한” 문구가 쓰이는 것은 그리 놀랄 일도 아니다. 그럼에도, 윈스턴이 줄리아의 jügendliche[r] Frische(소녀적 청순함)뿐 아니라, 그녀의 “Verderbheit(타락성, Wag 116)”에도 매혹을 느꼈다는 대목은 놀랍다. 윈스턴은 지나친 청교도적 교육에 대한 일종의 반작용으로 죄와 패륜을 병적으로 선호하는가? “ich hasse die Unschuld, ich hasse das Bravsein!(나는 순수가 싫어, 나는 순진한 것도 싫어, Wag, 116)”라는 표현들을 보면 그럴것 같기도 하다. 연인들의 포옹이 “Kampf(투쟁, Wag, 117)”이라는 대목은 놀람을 넘어서 혼란스럽기까지 하다. 포옹할 때 “verderbte(타락한)” 줄리아가 그래도 정숙하게 거부했던 것인지, 아니면 윈스턴이 “gebrechliche[r] Gestalt(약체)”라 줄리아가 생각을 고쳐먹었다는 뜻일까? 그렇다면 “gebrechliche(약한)” 윈스턴이 그런 투쟁에서 어떻게 이길 수 있었단 말인가?

독자는 사랑에 관한 대목 외에 다른 대목에서도 혼란스러울 것이다. 윈스턴의 이웃은 목과 허리에 “Fettfolstern(지방덩어리 쿠션)”을 단 “dickbäuchiger mittelgroßer Mann(배불뚝이에 보통키의 남자)”으로 서술되어 있다. 하지만 몇 줄 더 읽다보면 “seine ganze Erscheinung war die eines hoch aufgeschossenen Knaben(그의 외형은 마치 꺽다리 소년같았다, Wag, 53)”으로 서술된다. 이 소설에서는 마치 모순이 원칙처럼 사용되고 있는 것 같다. 윈스턴은 한편으로 독재당을 반대한다. 그가 일기를 쓰고 줄리아를 사랑하는 것은 봉기의 표현이고, 또 이를 위해서라면 피할 수 없는 고문과 죽음까지도 감수하고자 한다. 그런데 다른 한편으로는 최대한 “sich unversehrt zu bewahren(아무런 피해 없이 스스로를 보전하는 것, Wag, 28)”이 중요하다고 한다. 이렇게 되면 독자는, 위스턴은 투쟁가인가 아니면 독재당을 단지 “ein Schnippchen schlagen(속여넘기려는 것일까? Wag, 153)”라는 의구심을 가질 수밖에 없다

독재당도 그렇다. 독재당의 통치하에서 자유와 개인 및 개성은 더이상 존재하지 않는다. 인간은 총체적인 감시를 당하는데, 개인을 억압하는 방법이 매우 기이하다. 정당원들은 모두 “Trainingsanzüge(트레이닝복, Wag, 5)”를 입어야 한다 – 아마 국가가 국민들이 조깅도 하고 몸관리도 잘 하라는 친국민정책을 펼치나 보다. “Der große Bruder sieht dich an(큰형이 너를 바라본다.(Wag. 5)”라는 문장이 쓰인 그림- 바겐자일의 번역에는 문장대신 서명(Unterschrift)라고 오역되어 있는데 - 이 여기저기에 걸렸있고, 그런 큰형의 그림을 통해 시민들은 항상 감시당하고 있음을 상기한다. 그런데 바라본다(ansehen)라는 동사는 “Die Tiere sehen dich an(동물들이 너를 바라본다)”라는 문장에서처럼 따스한 느낌을 주기도 하고, 엄한 아버지의 느낌을 줄 수는 있어도, 위협적인 분위기를 표현하지는 않는다.

어찌보면 윈스턴과 줄리아가 후회하며 독재자의 품으로 돌아가는 것이 당연한 것일 수도 있겠다. 그들에게 체포는 무서운 일이겠지만, "Es war soweit, endlich war es soweit!(때가 된 것이다. 마침내 때가 되었다!, Wag, 204)"라고 하는 표현에서 윈스턴과 줄리아는 조금의 안도감마저 느끼는 듯하다. 애정부의 고문실에서 윈스턴의 재교육이 시작되는데, 이런 재교육은 '2+2=4'라는 수학규칙을 무효화하고, 답이 5라고 학습해야만 하는 상황을 통해 명확히 드러난다. 결국 윈스턴은 망가지고, 더 이상의 사고를 하지 않으며 독재당의 이념을 그대로 인정한다. 그런데 그의 행동에 모순되는 점이 있다. 그는 "behutsam daran, seinen Geist wieder zu üben(조심스럽게 자신의 사고를 다시 연습하기, Wag, 254)" 시작했다. 즉 정당의 사고(2+2=5)가 아닌 건전한 상식을 가진 사람의 사고 즉 "Zwei und zwei ist vier(2+2=4, Wag 256)"라는 반 이데올로기적 사고를 하려고 노력했다. 어떻게 이해해야 할지 모르겠지만, 동시에 당의 사고원칙인 "Zwiegedanken(갈리는 사고, Wag, 27)"를 연습해, "in dem einen Augenblick mit der geschliffenen Logik vorzugehen und im nächsten die gröbsten logischen Fehler zu übersehen(한 순간엔 잘 다듬어진 논리적 사고를 하고, 그 다음 순간에는 중대한 논리적 오류조차 간과해 버린다, Wag, 256)"는 것이다.

위에 언급한 내용들은 오웰(Orwell)의 유명한 소설 *1984*의 독일어 번역본을 읽었을 독자들이 1984년 이전까지 받았던 인상들이었다. 번역이 이러했는데도 이 소설이 독일에서 유명해질 수 있었다는 사실은 정말 놀랍다. 이 책의 출판사인 울스타인사가 쿠르트 바겐자일(Kurt Wagenseil)의 번역을 1982년에 문고판으로 십팔만 부나 더 찍어냈다는 사실은 더욱 놀랍다. 그래도 울스타인출판사에서 이 어처구니 없는 상황을 인식했던지, 1984년 초에 미하엘 발터(Michael Walter)가 번역한 *1984*를 새로

출판하였다. 그렇다면 새 옷을 입은 오웰의 소설은 어떤 모습일까?

윈스턴 스미스는 오세아니안의 평범한 국민으로 외모는 그다지 눈에 띄지 않는 "eine schmächtige Gestalt(홀쭉한 체형, Walt 7)"이나, 전체주의 국가에 대해 모반을 일으킨다. 모반은 그가 일기를 쓰는 것과 줄리아에 대한 그의 사랑이라는 방식으로 외형적으로 표현된다. 둘의 사랑은 독재당의 사슬에서 스스로를 해방하는 하나의 행위이다. 서로 연락을 하는 것조차 어려운 상황 때문에 격식을 차리지 않는 것은 전혀 문제가 되지 않는다. 줄리아가 위스턴에게 비밀스레 전하는 쪽지에는 "Ich liebe dich(사랑해, Walt, 110)"라고 써있다. 이 둘의 사랑은 "Bravsein(순진함)"에 대한 저항이 아니라 말도 안되는 당의 "Tugendhaftigkeit(미덕스러움, Walt 127)"에 대한 반발이며, 이는 "Verderbheit(타락성)"에서 연유하는 것이 아니라 일종의 "Korruption(부패행위, Walt 127)"인 것이다. 연인들의 포옹은 "Kampf(투쟁)"이 아닌 "Schlacht(전투)"를 의미하고, 이 전투에서 적은 바로 당이다.

발터의 번역에는 등장인물의 외형이나 서사구조상의 모순이 없다. 윈스턴은 자신의 명을 보전하려는 것이 아니라 당의 이념인 "Doppeldenk(이중사고)" 대신 "bei gesundem Verstand zu bleiben(건전한 이성을 보전하려는, Walt 32)" 것이다. 또 연인들이 당을 "ein Schnippchen zu schlagen(속여넘기려는 것)"이 아니라, 그들의 인간적 존재를 통해 독재당을 "besiegen(이겨내고자, Walt, 167)" 하는 것이다.

당은 공포와 획일화로 지배한다. 플랭카드에는 "Der große Bruder sieht dich(큰형이 보고 있다)"라는 문구가 써있고, 모든 당원들은 똑같이 "blauen Overall(파란색 잡업복, Walt, 7)"을 입고 있다.

체포를 통해 일종의 안도를 얻는 것이 아니라, 체포가 주인공의 뼈에 사무치게 된다. "Jetzt war es also soweit(이제 이걸로 끝이군, Walt, 222)".

이는 종말의 시작인 것이다.

윈스턴의 재교육은 전면적이었다. 고문으로 망가지고, “zielstrebig an seiner Umschulung(재교육에 열심, Walt 279)”이었으며 전혀 “seinen Geist wiederzuüben(다시 자신의 사고를 연습하려)” 하지 않았다. 당이 원하는 대로 사고하였으며 이는 “zwei und zwei ist vier(이 더하기 이는 사)”가 아닌 “zwei und zwei ist fünf(이 더하기 이는 오, Walt, 279)”라고 적어내리는 것을 통해 상징적으로 잘 드러난다.

미하엘 발터는 바겐자일에게는 큰 문제였던 그 어떤 함정에도 빠지지 않았다. 이런 점들을 번역의 다른 부분 여기저기에서 찾아 제시할 수 있으며 두 번역 중 어느 것이 원작에 더 가까운지에 대해서는 질문할 필요도 없다. 발터의 번역을 통해 독자는 첫 번역이 나온지 35년 만에 사실이나 서술구조만을 갖추어 원본의 여운을 희미하게만 보였던 번역이 아닌 진짜 오웰을 읽게 된다.

오웰은 독특한 방식으로 그의 소설에서 정치적 참여를 서사적 기법과 잘 연결하고 있다. 사랑이야기와 전제주의 국가에 대한 비판은 서로 밀접하게 연관되었다. 독재당은 성행위를 막아 히스테리, 전쟁에 대한 열병, 지도자에 대한 우상숭배를 불러일으킴으로써 국민의 감정을 통제한다. 줄리아와 윈스턴은 그들의 사랑 속에서 성적 성취를 이루고, 이를 통해 의식적으로 당의 이념에 반한다. 이념과 도덕에 대한 줄리아의 이러한 해석을 통해 사랑하는 연인의 저항이 구체화된다. 저항 효과를 위해 중요한 것은 단어의 선택이다. 이와 관련된 바겐자일과 발터의 번역을 살펴보겠다:

Beim Liebesspiel verbraucht man Energie, und hinterher fühlt man sich glücklick und pfeift auf alles andere. Das können sie nicht ertragen. Sie wollen, dass man ständig zum Platzen mit Energie geladen ist. Dies ganze Auf- und Abmarschieren, Hurra-Brüllen und Fahnenschwenken ist weiter nichts als sauer gewordene Sinnlichkeit. Wenn man innerlich glücklich ist, kann man weder über den Großen Bruder noch den Drei-Jahres-Plan, die Zwei-Minuten-Hass-Sendung und den ganzen übrigen Schwindel in Begeisterung geraten! (Wag, 123/124)

사랑행위를 할 때 에너지를 소모하게 되고, 그 뒤에는 행복을 느껴 다른 것 따위는 아무 상관도 없다는 태도를 취한다. 그들은 그것을 참을 수 없다. 그들은 항상 터질 것처럼 에너지가 충전되기를 원한다. 위, 아래로의 진군과 환호성지르기, 깃발을 흔들기 등은 관능이 화로 분출되는 것일 뿐이다. 인간이 내적으로 행복하면 큰 형이나 3개년 계획, 이 분 동안 지속되는 증오의 방송 또는 다른 어떤 식의 사기 등에도 환호하며 빠지게 되지 않는다.

Beim Liebesspiel verbrauchst du Energie; und hinterher fühlst du dich glücklich, und alles andere ist dir egal. Das können sie nicht dulden. Sie wollen, dass man ständig vor Energie platzt. Dies ganze Herummarschieren, Jubeln und Fahnenschwenken ist nichts weiter als sexuelle Frustration. Wenn man glücklich ist, warum sollten einen dann der Große Bruder und die Dreijahresplänen und der Zwei-Minuten-Hass und ihr ganzer anderer verdammter Dreck noch groß aufregen? (Walt, 135)

사랑행위를 할 때 에너지를 소모하고, 그 뒤엔 행복을 느끼고, 다른 건 아무런 상관이 없게 되지. 그것을 그들은 허용할 수 없어. 그들은 항상 사람들이 에너지가 가득 차 터질 것 같기를 원해. 이리저리 진군하고, 환호하고, 깃발을 흔들어 대고 하는 일들이 사실은 성적인 절망감에서 나오는 행위와 다를 바가 없어. 인간이 행복하다면 큰 형, 3개년 계획, 2분 간의 증오 시간, 그 외 다른 모든 빌어먹을 쓰레기 같은 것들이 무슨 상관이겠어?

두 번역에서 말하고자 하는 바는 동일하다. 중요한 것은 표현의 방식이다. "Herummarschieren(이리저리 진군)" 또는 "sexuelle Frustration(성적인 절망감)" 그 외에도 "ihr ganzer anderer verdammter Dreck(다른 모든 빌어먹을 쓰레기)" 등은 줄리아의 분개를 반영하고 있다. 그렇다고 해서 줄리아가 사용하는 표현이 지나치게 저급하지도 않다. 줄리아의 어투나 표현법은 "Ihre derbe Ausdrucksweise verbluffte ihn(그녀의 상스러운 표현에 그는 놀랐다, Walt, 124)"라는 서술과도 잘 맞는다. 줄리아가 격식에 매이지 않은 어법 "du(반말)"을 사용하는 것도 상황에 더 잘 맞는다.

전체적으로 발터의 번역은 바겐자일의 번역보다 언어적으로 훨씬 더 세심하다. 술집(1부, 8장)에서 런던 근교 사투리를 쓰는 어느 노인과 대화를 나누는 재미있는 장면 번역에, 바겐자일은 작위적인 문어체와 일반 상용어(Umgangssprache)를 이상하게 섞어 놓았고, 발터는 실제 사용하는 독일어 구어체를 적용했다. 설명할 필요 없이 예시를 살펴보자:

> "Zylinder!" rief er aus. "Komisch, dass Sie das erwähnen. Dasselbe fiel mir erst gestern ein, ich weiß nicht, warum. Ich dachte nur eben, dass ich seit Jahren keinen Zylinder mehr gesehen hab." (Wag, 84)
> "실크해트!"라고 그는 외쳤다. "선생께서 그것을 언급하시니 기이하군요. 어제서야 저도 같은 생각을 했습니다. 왜 그런지는 모르겠습니다만, 그러니까 저는 수 년 동안 실크해트를 본 적이 없구나라는 생각만 했었지요."
>
> "Zylinder!" sagte er. "Komisch, dass Sie davon anfang'. Hab' erst gestern dran denken müssen, keine Ahnung wieso. Hab' nur eben so gedacht: Hast auch schon seit ‚ner Ewigkeit kein' Zylinder mehr gesehen." (Walt, 93)
> "실크해트!"라고 그는 말했다. "선생께서 그 말을 꺼내시니 기이하군

요. 왠지는 몰라도 나도 어제서야 그 생각이 났는데. 진짜 오랫동안 실크해트 구경을 못했잖아? 그런 생각이 들더라구요."

발터의 번역이 때로는 지나친 면도 있다. 원본에서 윈스턴은 문체상 무난한 영어를 사용하지만, 그래도 윈스턴의 말투는 소설에 등장하는 다른 인물들과는 분명한 차이가 있다. 발터의 번역에서 윈스턴의 말투는 대화상대가 누구냐에 따라 바뀐다. 윈스턴이 이웃 파슨과 나눈 대화를 보면 알 수 있다. 윈스턴이:

I think he was a little upset at not going to the execution.
[내 생각엔 그가 처형장에 가지 않은 것 때문에 조금은 화가 난 것 같던데요. Orwell, 49]

라고 말하는 것을 발터는 10대 청소년들의 언어(Jargon)를 사용하여 번역했다:

Ich glaube, der war bloß sauer, weil er nicht zur Hinrichtung durfte
[내 생각엔 그가 처형장에 못가서 열 좀 받았던 것 같던데요. Walt, 61]

뿐만 아니라, 그런 식의 표현은 윈스턴의 일기에서도 나타난다. 원본에서는:

When I saw her in the light she was quite an old woman
(불빛에서 그녀를 보았을 때, 그녀는 꽤 나이들어 보였다. Orwell, 58)

이것이 발터의 번역에는:

Bei Licht besehen war sie eine verdammt alte Frau
(불빛에서 봤을 때 그 여자는 엄청 나이든 여자였다, Walt, 72)

그러나 이런 식의 사소한 오류는 매우 드물고, 전체적으로도 큰 비중을 차지하지 않는다. 대화 장면들은 생동감있고, 원작자 오웰의 장면전개 능력은 번역에서도 전달된다.

하지만 세심한 뉘앙스 차이가 전달되어야 할 경우에는 발터 역시 어려움을 보였다. 특히 이는 고서적방 주인인 차링턴의 말투를 번역하는 데서 확실히 드러난다. 차링턴은 고등교육을 받은 점잖은 중산층의 영어 표현을 하는데, 이는 독일어 번역에서 그다지 많이 드러나지 않았다. 예를 한 가지 들어보겠다. 아래 원본에서는 매우 조심스런 어법으로 고객에게 제안을 한다:

There´s another room upstairs that you might care to look at
(위층에 아마 둘러보고 싶을지도 모르는 방이 하나 더 있습니다. Orwell, 80)

그러나 번역에서는 단도직입적이고 자유롭게 표현되었다:

Oben ist noch ein Zimmer, das Sie sich gern mal anschauen können
(위에도 방이 하나 더 있는데, 원하면 보실 수 있습니다. Walt, 99)

이 작품을 번역하는 모든 번역자들에게 새 말(Newspeak)의 번역은 분명히 큰 도전일 것이다. 바겐자일은 새 말을 기이하게 번역했고, 그는 이로써 자신의 번역에 정점을 찍었다. 그는 완곡어법으로 사용된 joycamp(forced-labour camp) (Orwell, 247)를 "Lustlager(쾌락캠프, Wag, 277)"로 번역했다. 반면 발터의 번역을 보면 "Freudenlager(기쁨캠프, Walt, 307)"로 되어있어 바로 부적절한 연상을 하게 되지는 않는다. 특히 발터의 새 말을 살펴보면 일정한 규칙을 살펴볼 수 있는데, 이는 매우 긍정적으로 평가할 만한 점이다. "Neusprech(새 말, Walt, 303)", "Quacksprech(꽥꽥말, Walt, 58)" "Deldenk(죄사고, Walt, 308)" "Altdenk(구(舊)사고, Walt, 303)", "Gutdenk(선(善)사고, Walt, 307)" 등에서 살펴볼 수 있다. 물론 "Deldenk(죄사고)"라는 표현은 원어 crimethink(Orwell, 245)에서 처럼 그 뜻이 분명히 드러나지는 않는다. 바겐자일의 번역에는 "Undenk(비사고, Walt, 308)"라고 되어있는데, 이도 별반 다르지 않다. 메타언어 표현에서는 발터도 어려움을 보인다. 새 말에서는 단어를 명사이면서 동사로도 사용할 수 있어, 형태소적인 측면에서 언어가 매우 단순화된다. 이러한 단어에 -full이나 -wise와 같은 어미를 붙이면 형용사와 부사가 만들어진다. 예를 들어 발터는 원본의 speedfull과 speedwise(Orwell, 243)를 각각 형용사로는 "raschvoll(신속가득한)"로 부사로는 "raschweise(신속방식으로)"로 번역하였다(Walt, 305). 그러나 "rasch(신속한)"는 명사가 아닌 형용사이다. 원본에서는 어간으로 speed가 사용되었다." eilevoll(서두름가득한)"과 "eileweise(서두름방식으로)"로 번역했더라면 형태소 측면에서 적절했을 것이다.

이러한 예들은 비중이 그리 크지 않은 소소한 예들이다. 중요한 것은 부록에만 나오는 것이 아니라 소설 본문에 나오는 새 말-단어들이다. 마지막으로 발터의 번역에서 다시 한번 잘 된 번역의 예를 살펴보면, doublethink를 "Doppeldenk(이중사고, Walt, 13)"라고 번역함으로써 그 뜻을 제대로 전달하고 있다. 이 예처럼 형식적으로 가장 근접한 단어로 바꾸는 것이 때로는 최고의 번역이 되기도 하는데, 훌륭한 번역사라면 이런 경우에는 주저 없이 그런 선택을 해야만 한다.

<인용문헌>

- George Orwell: *Nineteen eighty-four*, Harmondsworth 1962 (first publ. 1949). 논문에 "Orwell"로 표기.
- George Orwell: *1984*, aus dem Englischen von Kurt Wagenseil. Frankfurt am Main, Berlin, Wien: Ullstein, 1976. 논문에 "Wag"으로 표기.
- George Orwell: *1984*, übersetzt von Michael Walter. Frankfurt am Main, Berlin, Wien: Ullstein, 1984. 논문에 "Walt"로 표기.

[1984]

번역
쉽지 않다!

일반 통·번역 이론 기초

(카타리나 라이스/한스 페어메어, 1984) 서평[1)]

이 책은 기대해도 좋다. 오늘날 가장 저명한 통번역학자 두 명이 통번역에 관해 지금까지 그들이 수년간 발전시켰고, 다양한 논문을 통해 발표한 내용과 생각을 한 권의 책으로 모았다. 카타리나 라이스는 번역과 관련된 텍스트 유형과 기능적 번역비평을 연구하는 대표적 학자이다. 한스 페어메어는 *통번역사 회보(Mitteilungsblatt)*를 읽는 독자라면 잘 알고 있겠지만 번역과정을 문화 전달이라는 차원에서 기술하는 논문들을 많이 발표해왔다.

두 저자의 기존 저술을 잘 알고 있는 사람이라면 어떤 장을 누가 집필했는지 바로 알 수 있으리라 생각한다. 처음에 소개되는 기본이론은 한스 페어메어가 저술했으며, 두 번째로 나오는 특별이론 부분은 카타리나

1) (역주) 한글 번역판: 안인경 외. 일반 통번역 이론 기초. 2010. 서울: 외대출판사

라이스가 저술했다. 독립적으로 각자의 이론을 개발한 이 두 통번역학자들이 이론적으로 근접하게 되었다는 것은 쉽게 만날 수 있는 행운이 아니다.

페어메어의 통번역 개념에서 핵심키워드는 "정보제공(Informationsangebot)"이다. 텍스트의 번역 목적은 처음부터 미리 정해진 것이 아니고, 텍스트 그 자체에서 바로 유도해 낼 수 있는 것도 아니며, 번역의 목적은 도착어 독자의 기대와 요구에 의해 결정된다. 이러한 생각은 책 전체에서 일관되게 살펴볼 수 있으며, 저자의 용어를 빌어 표현하자면 독자의 기대와 요구가 "응집성(Kohärenz)"의 근간을 이룬다. 텍스트의 내용을 주어진 것으로 생각하고, 번역을 두 단계의 의사소통과정으로 단순화하여 기술하는 모델과 같은 경직된 견해는 이로써 끝이 났다. 번역에 대한 새로운 견해와 그에 따른 새로운 기술(記述) 역시, 그 본질상 역동적이다:

> 텍스트가 본질적으로 실용텍스트*이다*, 또는 선동용 연설문*이다* 처럼 본질이 정해진 것이 아니라, 이러저러한 텍스트로 발신, 수신, 번역, 통역되기 때문에, 어떤 텍스트인가에 대한 결정은 통번역의 목적(스코포스)에 따라 결정된다고 역동적으로 표현하겠다(9쪽).

두 저자는 문학에서의 전환(*읽는 행위*, *Der Akt des Lesens*, 볼프강 이저, Wolfang Iser 1984)을 번역학을 위해 완성시켰다. 이는 이미 오래 전에 예정된 일이었다.

텍스트는 하나의 정보제공이고 번역자는 번역의 목적에 따라 그 정보제공을 이용한다. 책에서 적절한 예들이 잘 제시되었으나, 그래도 책을 읽으면서 번역에서 제공되는 것이 항상 정보인가하는 의구심이 들었다. 그보다는 "기능제공"이라 언급하는 편이 더 적절하지 않을까라는 생각이 든다. 일반적으로 정보라는 것은 인지가 가능하다. 책에서 제시한 예문에서는 텍스트의 다른 측면, 즉 호소(appellativ)나 표현(expressiv) 적인 텍스트의 기능도 중요하다(206f. 참조). 이 책에서 예로 든 키케로(Cicero)의 연설문을 키케로가 뛰어난 연설가였음을 알리기 위한 목적으로 번역을 한다면, 번역은 그가 실제 훌륭한 연설가였는지에 대한 정보를 제공하는 것이 아니라, 수사적 방식을 통해서 그의 연설능력을 분명히 드러내는 것이다. 키케로는 번역텍스트에서 "내 연설은 뛰어나다"라고 말하지는 않지만, 독자는 좋은 연설을 통해 그의 능력을 인식하게 된다. 이는 인지를 통해서가 아니라, 감정을 자극하는 언어사용에 따른 것이다.

이 책의 두 번째 부분에는 라이스의 텍스트유형에 관한 내용이 간결하게 요약되어있다. 라이스의 텍스트 유형론은 1970년대 초 처음 발표된 이후, 집중적이고도 성과가 많았던 토론을 불러일으켰다. 이 책에서 선보인 내용에는 지금까지 비판을 많이 받았던 점들을 개선하고 재작업하여, 이제는 모든 면에서 검증된 모델이 생성되었다고 할 수 있겠다.

텍스트종류에 관한 장에서는 전형적인 특성을 살펴볼 수 있다. 이 장에서는 규범이라는 개념을 통해서 이와 관련된 언어학의 분야가 번역에 얼마나 중요한가를 잘 드러내고 있다.

이 책의 첫 번째 부분에서 소개된 주장들이 지나치게 급진적이라고 생각하는 사람이 있다면, "등가성과 적합성(Adäquatheit)" 장에서는 그러한 점이 상쇄될 것이다. 여기서는 도착텍스트의 기능이 출발텍스트의 기능과 다르게 변경되면, 번역의 목적에 따라 적합성의 여부가 상대적일 수 있다는 점을 언급하고는 있으나, 대부분은 출발텍스트와 도착텍스트의 기능을 동일하게 두고 있으며, 이러한 기능의 동일성은 여전히 연구의 주요 관심분야를 차지한다.

이 책은 다양한 독자층에 다가갈 수 있으리라 생각한다. 한편으로는 진보적인 기본이론을 통해 새로운 사고의 길을 가고자 하는 이들을 사로잡을 수 있을 것이다. 동시에 특별이론은 번역학의 전통에 그 뿌리를 단단히 내려, 보수적인 독자에게도 만족을 줄 수 있을 것이다.

마지막으로, 번역학 관련 서적에서는 아직까지 정착되지 못한 좋은 특성인 담론적 스타일과 유럽어권의 다양한 예시문을 충분히 제시함으로써 책을 쉽게 읽을 수 있게 했다는 것을 장점으로 언급하며 이 서평을 마친다.

번역 - 결정의 과정. 번역지도에서 오류분석의 역할

■ 현장번역사 대 이론가

1984년 5월 18일 겔머스하임에 있는 마인츠대학의 응용언어학 단과대학에서는 "번역사와 통역사의 직업현장"이라는 주제로 페널토론이 열렸다. 여기에는 대기업의 통번역서비스 담당 부서장들과 유럽공동체, 독일정부 및 국제기업의 번역부서장, 상공회의소 대표자 및 독일 통번역사 협회 대표 등이 참가했다. 토론 중에 전문기술관련 능력, 외국어 및 모국어능력 등은 자주 언급되었으나, 번역능력(Übersetzungskompetenz)이라는 말은 나오지 않았다. 번역능력이란 무엇인가를 밝히고자 하는 것이 번역학인데도, 현역 번역사들은 토론하면서 번역학을 언급할 때면 논쟁적인 어조를 사용하였다. 그들은 번역이론가들이 만드는 모델이나 이론은 불필요하고, 전문지식을 갖추고 언어를 완벽하게 구사하면 누구나 번역을 할 수 있다라는 식의 태도를 보였다.

실제 번역사들의 이런 태도는 직업활동과 번역교육의 현장 모두에서 전형적으로 나타난다. 번역학과 관련한 학술논문이 증가하면 할수록 현역 번역사들은 이론을 더 꺼리는 듯하고, 결국에는 번역과 통역을 통칭한 Translation(통번역)이라는 개념에도 매우 예민하게 반응한다.[1)]

이런 상황에서 현역 번역사들의 이론에 대한 적대성을 한탄하거나, 또는 되려 이론과 실제 간의 긴장상태가 전혀 없고, 그저 다 좋다는 식의 태도는 소용이 없다. 직업과 교육현장 사이에만 이러한 대립이 있는 것이 아니라, 번역사를 양성하는 대학들 즉 서로 다른 교육현장 사이에서도 대립이 존재한다. 어떤 한편에서는 강사들이 번역을 이론적으로 고찰하는가 하면, 다른 한편에서는 다른 사람들이 발표하는 것은 사실상 새로울 것도 없고, 자신들이 실제로 이미 수년 전부터 하던 것이다라고 말하는 강사들도 있다. 이제 번역학은 자기비판적이 되어 현역 번역사가 이론에 대해 갖는 적대성의 이유가 무엇인지를 자문해야 한다. 지금까지 번역학은 부분적으로 놀랄 만큼 다양한 이론을 자체적으로 발전시켰고, 또 일부는 언어학이나 여타 학문분야의 이론 등을 수용하여 이론적 고찰의 수준을 많이 향상시켰으나, 이론을 교육적으로 또 방법론적으로 실천하는 데에는 여전히 부족함이 많다. 학회나 학술논문의 주제로 "교육학적"이라는 수사가 많이 사용되어 실제 상황이 그렇지 않다고 현혹될 수 있겠으나 다루는 내용이 항상 그 주제에 걸맞는 것은 아니다. 어떻게 목표를 달성할 것인지에 대한 방법은 보여주지 않고, 목표만을 명명하는 경우도 종종 있다.[2)] 교육학적이라는 명찰을 달았다고 내용과 실제가 모

---

1) 이러한 태도는 당시 논문을 발표했던 1984년의 상황임을 밝혀둔다.

2) 빌스/토메(Wilss/Thome, 1984)에 실린 논문들이 그러한 예라 할 수 있다. "지금까지의 많은 노력에도 […] 일관되고 명료한 번역교육학적인 컨셉이 개발되어, 이를 번역수업의 실제에 적용시키고 있다고 말하기는 어렵다"라고 빌스는 번역지도에서 불만족스러운 상황에 대해 언급하고 있다. (Wilss/Thome 1984, 1)

두 부합하지는 않는다.

■ 번역교육론

번역교육에서 번역능력(übersetzerische Kompetenz)이나 통번역능력(Translationskompetenz) 등의 개념은 매우 중요한 역할을 차지한다. 번역의 맥락에서 살펴본 "능력(Kompetenz)"이라는 개념에는 오해의 여지가 있다. 여기서 능력이라 함은 촘스키(Chomsky)가 사용하는 것처럼 언어의 실제 사용(Performanz)에 대응하는 일반적인 언어 구사능력으로서의 능력도 아니고 또, 의식적으로 구체화된 것에 대응하는 잠재적이고 무의식적으로 존재하는 능력을 의미하지도 않는다. 여기서 능력이라 함은 모순적이기는 해도 촘스키의 퍼포먼스(Performanz)의 의미로 사용된다. 투리(Toury)는 이러한 오해의 여지를 인식하고 아래와 같이 서술한다:

> 그러나 통번역학 교육에서 추구하는 능력은 추상적이거나 잠재적인 능력을 의미하는 것이 아니다. 되려 실제 수행 능력으로, 실제로 수행한 행위를 고려했을 때에만 그 존재가 결정되는 능력이다. (Toury 1980, 183)

일반적으로도 통번역능력은 이렇듯 조금 수정된 의미에서 이해된다. 통번역능력은 확장되고 개선될 수 있으며(Wilss 1982, 163) 또, 이 점이 교육과정의 강의목표이자 학습목표이다(Koller 1979, 41; Wilss 1977a, 219 참조). 개념 정의로 인해 여타 번역학자들과 생길 수 있는 오해를 예방하고자, 빌스의 정의, 즉 통번역 능력이란 "일반 및 전문 텍스트를 도착어로 적합하게(adäquat) 재생산할 수 있는 능력(Wilss 1977a, 219)"이라는 정의를 사용하고자 한다.

"적합하다"에 대해서는 물론 더 구체적인 언급이 필요하다: 텍스트유형과 규범적 접근법을 따르는 번역학에서는 번역의 기능이 원작의 기능과 동일할 때에 적합하다라고 한다(예 Reiß 1971, 1976, Wilss 1977a, 209ff., 279ff.). 위에서 언급한 모델들에서 기능의 변화는 특수상황으로 인식된다(Reiß 1971, 93; 1976, 23). 그러나 방법론적으로 볼 때 출발텍스트의 기능이 아닌 도착텍스트의 기능을 기준점으로 삼는 것이 더 효율적이라고 생각한다. 출발텍스트의 기능은 도착텍스트의 기능과 동일하거나 또는 상이할 수 있다. 그렇다면 기능의 변환(Funktionsveränderung)이 예외범주가 될 필요가 없다. 도착텍스트의 기능은 도착어 수용자의 기대와 관심에 따라 정해지고, 출발텍스트는 이로써 원칙적으로 "정보제공물(Vermeer, 1983, 90)"이 된다. 따라서 도착어 수용자의 다양한 관심과 요구에 따라, 다양한 방식으로 정보제공물을 사용할 수 있다.[3)]

오해를 피하기 위해 다음을 언급하고자 한다: 도착어기능이 우선적이라 하더라도 번역자는 먼저 출발텍스트의 기능이 무엇인지를 당연히 확인해야 한다. 출발텍스트가 일종의 정보를 제공하는 기능을 가졌다면, 누가 무엇을 누구를 위해 제공한 정보인지를 반드시 먼저 확인해야 한다.

번역능력은 번역의 기능을 인식하고 그 기능에 맞게 번역할 수 있는 능력을 포함하고, 번역교육의 과제는 이러한 능력이 전수될 수 있는 길과 방법을 보여주는 것이다. 이 점이 구체적으로 어떻게 가능한지를 아래의 예를 통해 보이고자 한다. 그 전에 먼저 관찰된 두 가지를 언급하고자 한다.

첫째로, 번역할 때 숙고하게 될 번역텍스트의 부분들과 전체 텍스트의

3) 최근 번역학에서 이러한 인식이 점차 자리를 더 많이 잡아가는 듯 하다. 회니히/쿠스마울(Hönig/Kußmaul 1982, 40), 홀츠-맨태리(Holz-Mänttäri 1984a, 109ff.) 라이스/페어메어(Reiß/Vermeer 1984a, 64)를 참조할 것.

기능 간의 관계에 관한 점이다. 이 관계는 이입(Einbettung)이라고 기술될 수 있다. 각 텍스트 부분은 전체 텍스트의 틀에서 해석을 해야 하며, 또 전체 텍스트의 틀은 특정 상황과 연관되고, 이 상황이라는 것은 문화에 따라 다르다.[4] 텍스트의 기능에 따른다는 것은 특정 텍스트가 어떤 기능을 할 수 있는지를 특정 문화가 결정한다는 것을 의미한다. 계속해서 텍스트의 기능은 텍스트가 생산된 특정 환경을 통해서 결정이 되고, 특정 환경은 텍스트의 구조에 영향을 주며 각 텍스트의 표현에도 영향을 준다. 이러한 위계질서 관계를 간단히 그래프화해서 살펴보면 다음과 같다.

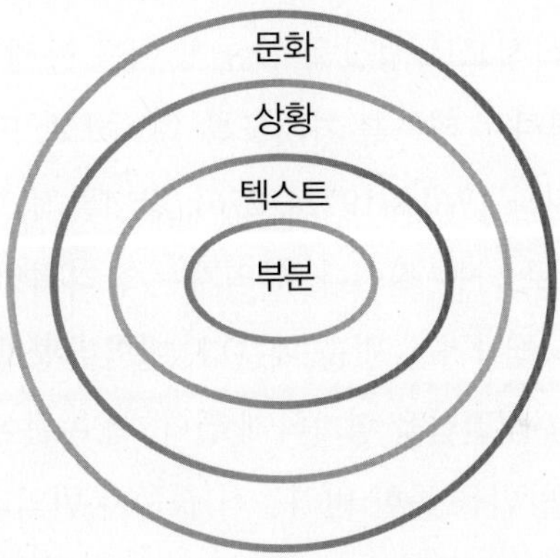

두 번째 언급했던 관찰에 대해 말하자면, 번역사는 결정을 내리기 위해서는 각각의 원의 안에서 바깥쪽으로 나아가야 한다. 이러한 과정에서 개별 텍스트부분이 전체 텍스트 안에서 어떻게 구성되는가 등의 질문을 해야 하고, 당연히 이러한 질문은 다시 개별적으로 구체화되어야 한다. 더욱이 전체텍스트가 각각 의사소통 상황에서 어떠한 기능을 가

4) 여기서 말하는 이입(Einbettung)이란 은유적인 표현으로서 변형생성문법에서 사용되는 개념이 아니다. 이 이입은 홀츠-맨태리(Holz-Mänttäri 1984a, 67)와 노이베르트(Neubert 1984, 64)가 그래프로 구현한 모델에서 살펴볼 수 있다.

지고 있는가, 이러한 상황이 도착문화에 의해 결정되는가라는 질문도 던져야 한다. 번역사는 연쇄적 성찰(Reflexionskette)을 통해 번역결정을 내리게 된다.

■ 오류분석

번역교육의 과제는 이러한 연쇄적 성찰을 의식화하도록 하고, 실례를 들어 선보이고, 이를 습득하도록 하는 것이다. 번역비평이나 오류분석의 수업에서 학생들이 그들의 판단근거를 제시할 때 이러한 방식을 사용할 수 있다. 번역을 할 때 직감으로만 남는 것들은, 비평과 분석을 할 때 반드시 의식적으로 성찰해야 한다. 이를 통해 "번역사가 합리적으로 문제를 해결하는 태도를 가지도록 유도하고, 또한 번역사의 인지능력을 키우게 된다"(Wilss 1977a, 276). 방법론적으로 번역비평과 오류분석은 번역으로 가는 길이다. 번역자는 합리적인 결정과정을 통해 문제의 해결안을 찾아가는 법을 배운다. 번역비평가는 다시금 합리적인 논거를 통해 그 해결안을 평가하게 된다. 이 논문에서 강조하고 있는 오류분석이라는 방법을 통한 번역능력 습득은 번역과정을 심리분석학적으로 분석하려는 오류분석과는 차이를 두고 있다는 점을 다시 한번 분명히 밝히고 싶다. 후자 식 오류분석은 통역학에서의 예와 같이(Seleskovitch 1976, Diehl 1984), 번역 중 번역사의 뇌에서 어떤 일이 일어나는가를 기술하려고 한다. 이럴 때 번역 또는 통역된 텍스트는 이러한 과정을 되돌아 볼 수 있는 정보를 준다. 그러나 우리는 번역의 심리언어학적 원인을 살펴보려는 것이 아니라, 오류가 번역의 의사소통에 끼치게 되는 영향을 기술하려는 것이다. "여기를 왜 이렇게 번역했는가?"라는 질문이 아니라, "이 오류가 텍스트와 번역의 기능을 이해하는 데 어떤 파급효과를 미치는가"라는 질문을 던지는 것이다. 달리 표현하자면 이는 각 텍스트의 부분(Textstelle)이 전체 텍스트에 어떻게 이입되는지, 또 하나의 상황과 한 문화에 어떻게 이입되어 있는지를 보이고자 하는 것이다. 이와 같은 연쇄적 성찰을 통해 번역을 판단하고, 또 이러한 성찰에 근거해 어떤 결정이 더 나은 번역안을 낼 수 있었을지를 분명히 보여줄 수 있을 것이다.

본고에서 우리가 다룬 텍스트와 그 번역 예를 소개할 때, 먼저 그동안 전통적으로 사용되어온 번역오류 평가방식을 소개하고, 이에 대비하여 번역지도를 위한 우리의 오류분석 접근법을 선보이겠다. 전통적 번역오류 평가방식은 교수법적 측면에서 볼 때 문제가 매우 많지만, 여전히 번역사 양성 과정에서 종종 볼 수 있는 현상이다. 이때의 오류분석이란 언어대비적인 측면에서 접근하여 두 언어의 언어체계가 갖는 가능성들을 비교하는 것에 국한되는 것을 뜻한다. 이러한 분석방식에서는 "등가성"이 중요한 역할을 차지한다. 이때 "통합(Konvergenzen)", "분기(Divergenzen)", "어휘 공백(lexikalische Lücken)"이라는 용어를 사용하고, 또 광범위한 언어학적 개념을 사용하여 기술한다. 물론 이 오류분석 방식에서도 모든 번역안은 해당 텍스트 차원에서 평가해야 한다는 사실을 인정을 하긴 하지만, 이는 대략의 윤곽정도만 드러내거나, 연쇄적 성찰은 부족한 편이다.[5] 이같은 전통적이고 비교분석적 오류분석을 커뮤니케이션의 오류분석과 대비하여 살펴보면, 지금까지 오류라고 지적했던 것들이 오류가 아니었음을 알게 되거나, 반대로 작은 오류라고 간주하던 것이 사실은 지금까지 생각했던 것보다 훨씬 비중있는 오류임을 알게 될 것이다.

5) 이에 대한 전형적인 예로는 딜러/코르넬리우스(Diller/Kornelius, 1978)의 저서 중 "번역의 의미론적인 문제(Semantische Probleme der Übersetzung)"를 들 수 있다. 또한 콜러(Koller 1979, 157ff.)나 슈타인(Stein, 1980)의 경우에도 비교분석에 그 주안점을 두고 있다.

■ **예시텍스트**

몇 년 전 *선데이 타임즈 메거진(Sunday Times Magazine)*에 토리노에서 발견된 시신을 싼 수의포(Grabtuch)에 관한 책의 출판예정본이 실렸다. 얼마 지나지 않아 몇몇 부분이 축약된 이 텍스트의 번역문이 독일 시사잡지 *차이트마가진(Zeitmagazine)*에 게재되었다. 번역문 기사의 첫머리에는 이 천이 중세시대에 발견되었다는 짤막한 보고가 실렸고, 다음으로는 수의포의 모양 및 수의포에 인체의 형상이 눌린 모습이 서술되었으며 그 뒤로 예수의 시신을 싼 수의포의 진위여부와 관련된 논쟁들이 자세히 실렸다.

이 텍스트의 주 기능은 정보전달이다. 이 텍스트는 수의포의 진위에 관한 증거를 제시함으로 독자가 자신의 종교를 기독교로 개종하도록 유도하지는 않는다. 이 텍스트의 독자층은 해당 주제에 대한 사전지식이 없는 사람들이고, 독자가 역사적 배경지식이 없으리라 가정하였기 때문에 배경지식이 텍스트에서 전달되었다. 원작의 기능은 번역에서도 어려움 없이 유지될 수 있었다. 문화적인 측면에서도 독일 독자나 영국 독자에게 비슷한 정도로 알려진 사실이기 때문에 원문과 번역문의 차이도 크지 않았다. 이 외에 신문을 구독하는 독자의 사회계층적인 측면을 살펴보면, 두 신문의 독자층이 고등교육을 받은 중산층이라는 이상적인 유사성을 가졌다는 가정이 가능하다.

이 외에도 이 텍스트에서는 현역 번역사들이 자주 요구하는 전문지식능력(Sachkompetenz)에 대해서는 크게 고려하지 않아도 된다는 점을 추가로 언급하고자 한다. 번역자가 굳이 신학자, 역사학자 또는 고고학자가 아니어도 이 텍스트를 이해하고 번역할 수 있기 때문이다. 모국어와 외국어의 언어능력이 번역자에게 매우 중요한 능력임은 당연한 사실이나, 텍스트를 살펴보면 알겠지만 이 텍스트의 역자는 외국어나 모국어의 능력이 부족하지 않고, 혹여 모자란 점이 있다 하더라도 크게 부족하지는 않음을 확인할 수 있다. 그렇기 때문에 번역능력이 부족해 이와 관련해 개선의 여지가 많다는 것이 더욱 분명히 드러난다. 예시 텍스트의 첫 부분을 살펴보겠다:

MYSTERY OF THE SHROUD

The Knight whose secret died on the battlefield

In one sense it may have been the English who began the whole mystery of the Shroud.

When on September 19, 1356, English troops had nearly won the battle of Poitierts, and were within feet of capturing the French King they found confronting the Geoffrey the Charny, standard-bearer of France. It was only after a fierce skirmish that they managed to fell him with a lance thrust.

What they could not know was that by killing this obscure knight that day they had severed perhaps for ever the possibility of information on how he had acquired the 14 ft. length of linen subsequently found in his possession, the cloth now known as the Turin Shroud. Nothing was said about the Shroud in Geoffrey's lifetime, but shortly after his death his impecunious widow, and subsequently her son, began to exhibit it. They met a storm of opposition from their local bishops.

As one expressed it: "··· this could not be the real Shroud of our Lord having the Saviour's likeness thus imprinted upon it, since the holy Gospel made no mention of such imprint, while, if it had been true, it was quite unlikely that the holy Evangelists would have omitted to record it, or that the fact should have remained hidden until our present time."

The Sunday Times Magazine, 26 March, 1978

수의의 미스터리

전쟁터에서 비밀과 함께 전사한 기사(騎士)

어떤 의미에서 수의와 관련된 전체 미스터리를 영국인들이 시작했을 수 있다.

1356년 9월 19일, 영국군이 푸아티에의 전투를 거의 승리했고, 프랑스 국왕을 거의 잡을 수 있을 때 즈음, 그들은 프랑스 편의 기수 죠프리 드 샤니와 맞딱뜨렸다. 격렬한 싸움 뒤, 영국군이 긴 창으로 죠프리 드 샤니를 척살하였다.

영국인들이 알 수 없었던 것은 그들이 그날 이 신원미상의 기사를 죽임으로 해서, 후에 죠프리 드 샤니의 유품에서 발견된 토리노의 수의로 알려진 14피트 길이의 모시천을 그가 어떻게 입수했는지에 대한 정보를 얻을 수 있는 가능성을 영원히 단절시켜버렸다는 것이다. 죠프리의 생전에는 그 수의에 대해 일언반구도 없었지만, 그의 죽음 직후 가난한 그의 과부, 그리고 후에는 그의 아들이 그 수의를 전시하기 시작했다. 그들은 지역 주교들로부터 거센 항의를 받았다.

어떤 주교가 다음과 같이 말했다. "… 구세주와 유사한 모습이 수위 위에 찍혀있다 해도 우리 주의 진짜 수의일 리는 없을 것인데, 이는 복음서에 수의에 찍힌 모양에 대한 언급이 없었기 때문이고, 만약 그것이 진짜였더라면, 성 전도사들이 이에 대한 기록를 생략했을 리도 없고, 또는 현재까지 그런 사실이 가리워져있을 리도 없었을 것이다."

선데이 타임즈 메거진, 1978년 3월 26일자

Eine Spur von der Dornenkrone?

Als englische Truppen am 19. September 1356 beinahe die Schlacht von Poitiers gewonnen hatten und im Begriff waren, den französischen König gefangen zu nehmen, standen sie dem französischen Fahnenträger Geoffrey de Charny gegenüber. Erst nach einem wilden Kampf konnten sie ihn mit einer Lanze töten. Sie wussten nicht, dass sie damit auch die letzte Möglichkeit ausgeschaltet hatten, Auskunft darüber zu bekommen, woher er das 4,20m lange Stück Leinen hatte, das er bei sich trugt, heute als Turiner Leichentuch bekannt. Zu Geoffreys Lebzeiten wurde nichts über das Leichentuch gesagt. Kurz nach seinem Tode aber begann seine arme Witwe und später der Sohn das Tuch öffentlich auszustellen. Sie lösten einen Sturm der Entrüstung bei ihren lokalen Bischöfen aus.

Einer drückte sich so aus: "… das konnte nicht das echte Leichentuch unseres Herrn mit seinem Ebenbild sein, da im heiligen Evangelium eine solche Abbildung nicht erwähnt wird. Wenn sie echt wäre, hätte der Evangelist gewiss nicht versäumt, sie zu erwähnen oder er hätte darauf hingewiesen, dass sie bis in unsere Zeit geheim gehalten werden sollte."

Zeitmagazin, 21. April 1978

면류관의 흔적?

영국 군대가 1356년 9월 19일 푸아티에의 전투를 거의 다 이기고, 프랑스의 왕을 생포할 뻔 했을 때, 그들은 프랑스측 기수 제프리 드 샤니와 대적했다. 영국군은 격렬한 투쟁 끝에 제프리 드 샤니를 척살할 수 있었다. 이로써 그들은 제프리 드 샤니가 소지한 4.2미터나 되는 모시천, 오늘날 토리노의 수의로 알려진 그 천을 어디서 얻었는지에 대한 정보를 얻을 수 있는 마지막 기회를 단절시켰음을 알지 못했다. 제프리의 생전에는 수의에 대해 언급된 바가 없다. 그의 죽음 이후에 불쌍한 그의 과부와, 그 뒤로는 그 아들이 천을 공개 전시하기 시작했다. 그들은 이로써 지역 주교들의 격분의 폭풍을 야기했다.

어떤 주교는 이렇게 표현했다: 성 복음서에는 그런 그림이 언급되지 않았기 때문에, 주님의 초상이 찍힌 진짜 수의포일 리가 없다. 만약에 그 천이 진짜라면 복음서 전도사가 언급했거나, 또는 전도사가 그 내용이 우리시대 까지도 비밀로 유지되어야만 한다고 언급했을 것이다.

차이트마가진, 1978년 4월 21일자

Skirmish(소규모 접전 5번째 줄)

Skirmish(7번째 줄)는 독일어로는 Kampf(투쟁, 4번째 줄)로 번역이 되었는데 앞서 비판했던 대비 오류분석을 적용해 판단하면, 다음과 같이 주장할 수 있다: 영영사전에서 skirmisch라는 단어를 찾아보면 다음과 같은 정의가 나온다.

A fight between small groups of soldiers, ships etc. *at a distance from the*

main forces and not part of a large battle, lDoCE.
(본진에서 떨어져 나온 군인 그룹이나 선대 사이에 벌어지는 전투로서, 큰 전투의 일부가 아닌 전투)[6]

Skirmish의 주요 자질, 즉 주력부대가 아닌 본진에서 떨어져 나온(*at a distance from the main forces*)의 의미와 작은 군인그룹들끼리(*between the small groups of soldiers*)의 의미가 번역에는 드러나지 않았다. 주요 전투에서 벗어난 투쟁이라는 뜻으로 "Scharmützel(소규모 접전)"이나 "Gefecht(싸움)" 등의 번역이 더 나았을 것이다. 아마도 역자는 battle, fight, skirmish 간의 차이를 몰랐던 듯하다. 독일어로 Kampf(투쟁)라는 단어는 영어의 fight에 해당한다. 이 텍스트의 역자는 어휘실력을 더 높여야 할 것이다.

반면에 의사소통지향적 오류분석 및 번역비평에서 살펴보면 이와는 아주 다른 질문을 던지게 된다. 즉, skrimish라는 단어의 어떤 측면이 이 텍스트에서 중요한가, 텍스트에서 미리 표현되었거나 암시된 측면은 무엇인가 등이다.

여기서 중요한 것은 프랑스측 기수가 저항을 했고 그로 인해 그가 사망했다는 사실이다. 이는 두 가지 언어적 장치를 통해서 구체화된다. 첫째로는 fierce(격렬한)라는 어휘가 사용된 것이다. 둘째로는 it – that 강조구문이 사용되어 it was··· that···을 통해 이 문장의 레마 after a fierce skirmish에 대비되는 초점이 맞춰졌다. 이로써 전달되는 내용은 프랑스의 기수가 승산이 없음을 알고도 항복하지 않고 치열하게 저항했다는 점

6) 롱맨 현대 영어사전(*Longman Dictionary of Contemporary English, LDoCE*)은 우선적으로 영어 학습자를 위한 사전이나 단어에 대한 설명이 쉬우면서도 뜻을 명확히 정의하고 있어 지금까지 번역수업에서 아주 유용하게 사용되었다.

이며, 그 와중에 그는 전사했다는 것이다.

제프리 드 샤니라는 인물과 그가 저항한 장면이 강조되는 것은 맥락에서 보았을 때 중요한데, 그 이유는 다음 단락을 읽으면 알 수 있는 것처럼, 그의 전사를 통해 수의포 출처에 대한 정보가 암흑 속에 묻히게 되기 때문이다. 수의포의 진위 여부와 관련하여 그 수의포의 미스테리한 출처는 이 텍스트의 주요 주제 중 하나이다. 텍스트의 응집성은 드 샤니의 저항을 강조함으로써 더 강해지고, 이는 번역에서도 분명하고 정확하게 표현되었다. 번역문에서는 *erst*(우선)이라는 표현으로 초점을 맞추었고, 어휘 차원에서 *wilden*(격렬한)을 통하여 내용을 구체화하였다. 따라서 *skirmish*를 *Kampf*로 한 번역은 충분히 정확하다고 할 수 있다. 물론 *Gefecht*(전투)라는 단어도 가능하지만, 그렇다고 해서 *Kampf*(투쟁)라고 번역한 것이 오류는 아니다.

또한 *skirmish*에 포함된 구체적인 자질이 이미 맥락 안에 암시되어, 이를 지적하는 일은 거의 불필요하다고 판단된다. 프랑스 쪽에서는 한 명의 투쟁자만 있는 상황이 언급되어있기 때문에 작은 병사그룹 간(*Between small groups of soldiers*)이라는 특성은 이 투쟁이 본진에서 떨어져(*at a distance from the main forces*) 벌어지고 있다고 전제해야 한다. 그렇지 않다면 기수인 드 샤니를 위한 지원군이 도착했을 것이다.

그렇다면 우리는 여기서 잠시, 앞서 설명한 두 가지의 오류분석의 원칙들이 어떤 논거에 의해 제시되는가에 대해 자문해 볼 수 있다. 처음에 소개된 오류분석은 본질적으로 비교를 통한 대비이며, 언어체계 측면에서만 논거가 제시된다. 그러한 과정에서 어휘의 등가성과 낱말영역(Wortfeld) 차원에서의 여타 토론들을 최대한 배려했다는 점에 주목해야 한다. 이러한 방식의 오류분석은 번역연습을 외국어 습득의 차원에서 이용할 때에는 충분히 유용하다고 할 수 있겠으나 번역사 양성에 있어서는 도움보다 해가 된다.

그 이유는 비교대비 방식이 학생들이 번역을 할 때 좀 더 큰 맥락에서 결정을 내리도록 하는 것을 방해하기 때문이다. 즉, 이 방식은 전략을 세우는 것을 막는다. 전략적 번역능력은 두 번째로 언급한 의사소통식의 오류분석 방법에서 논거를 제시하는 연습을 통해서 배양되어야 한다. 이러한 논거제시방식의 기본원칙은 개별 텍스트의 부분을 전체 텍스트의 맥락에 이입시켜야 한다는 것을 인식하는 것이다. 번역자는 성찰을 할 때 이입을 통해 단계적으로 방향을 잡는다. 우리가 선보인 예에서는 투쟁과 기수의 죽음이 수의포의 역사에 큰 영향을 끼쳤다는 사실이 중요한데, 이 점이 텍스트의 주제이다. 이것으로 우리의 연쇄적 성찰은 끝나게 된다. 위의 예는 텍스트를 상황과 문화적 맥락으로 이입하는 것에는 그리 적절하지 않다. 텍스트의 내적 맥락을 인식하기 위해서는 텍스트언어학적 지식이 물론 매우 유용한데, 이는 번역을 위한 텍스트 분석연습을 통해 전달될 수 있다(Thiel 1974, Wilss 1977b, Bühler 1984 및 Hönig 1986 참조할 것). 영어텍스트의 6/7줄의 초점 맞추기(Fokussierung)도 텍스트언어학적 지식을 통해서 쉽게 알아낼 수 있다.

성찰은 번역자가 번역결정을 내리는 데 도움이 된다. 번역결정에서 텍스트의 부분 부분을 얼마나 세분화하여 전달하여야 하는가가 중요한 문제로 떠오른다. 물론 비교대비를 통한 오류비교분석에서도 이러한 문제를 인식하기도 하였다. 이 문제에 대한 답은 – 바로 이 점이 본고에서 제시하는 새로운 관점이라 할 수 있는데 – 가능한 정확하면서 가능한 세분화하여라는 식의 대답이 아니라, 필요한 만큼 정확하고 세분화하여 번역하기이다. 우리는 앞의 예를 통해 어휘적 측면에서는 표면적으로 "부정확한" 번역으로 보일지라도, 그 번역안이 충분하다는 것을 텍스트의 이입을 통하여 보여주었다. 번역자는 번역결정에 적용하게 될 기준을 이입과 그에 따른 연쇄적 성찰을 통해 이끌어 내게 되는데, 이때 그 기준을 우리는 필연적 세분화 정도의 원칙(*Maxime vom notwendigen Differenzierungsgrad*)이라고 칭하고자 한다(Hönig/Kußmaul 1982, 58ff. 참조).

Obscure knight(신원미상의 기사 8번째 줄)

비교대비 오류분석에서는 *skirmish*를 독일어 *투쟁(Kampf)*으로 번역한 것을 어휘의 부정확성으로 지적하였다. *[B]y Killing this obscure knight that day*(그날 이 신원미상의 기사를 죽여서, 8번째 줄)는 독일어로 *damit*(*이로써, 5번째 줄*)로 번역이 되었으며, 비교대비 오류분석의 관점에서 보자면 이는 원본의 생략으로 간주될 것이다. 전통적인 비평가나 시험을 채점하는 강사들은 그들의 논거를 다음과 같이 제시한다: 역자는 *obscure*와 *knight*가 무슨 뜻인지 몰라, 여기 나오는 단어 4개(*killing, obscure*, *knight*, *that day*)를 모두 번역에서 생략하는 쉬운 방법을 택했고, 이러한 이유로 오류는 전체 네 개이다.

위와 같은 판단을 내리는 이유는 이 부분이 전체 텍스트에서 어떤 역할을 차지하는가를 보지 못하기 때문이다. *Killing, knight, that day*와 같은 단어들은 불필요하다. 이 단어들은 새로운 정보를 전달하는 것이 아니라 이전 단락의 테마를 다시 한번 언급하고 있을 뿐이다. 새로운 정보, 즉 이 문장에서 레마는 *they had severed*… 로 시작된다. 번역은 이 문장의 테마-레마-구조의 측면에서 해야 하는데, 이 관점에서 보면 독일어 번역은 매우 경제적이고 좋은 번역안이라 할 수 있다. *Damit(이로써)*은 *by killing this* … *knight that day(그 기사를 그날 죽임으로)* 만큼의 테마 정보를 전달하고 있다. 번역자가 취한 원칙을 다음과 같이 일반화 해볼 수 있다: 해당하는 텍스트부분이 이미 알려진 정보를 다시 한번 언급하는 테마적 성격을 지니면, 이러한 "압축 번역안"은 언제나 가능하다는 원칙이다. 위의 번역안을 살펴보면, 번역자가 우리가 이해하고 정의하는 번역 능력을 가지고 있다는 인상을 받게 된다.

위에서 언급한 테마 단어 그룹 중에는 새로운 정보, 즉 레마 성격을 지닌 단어가 포함되어 있는데, 그것은 *obscure(신원미상의)*이다. 연속적 성찰안에 다른 실질적 번역 평가 기준들을 포함시켜 논거가 분명한 번역 평가를 할 수 있는데, 이것을 *obscure*라는 단어를 통해 살펴볼 수 있다. *obscure*라는 단어는 프랑스 기수인 드 샤니가 영국인들에게는 별의미 없고 중요하지 않은 사람이었음을 표현하고 있다. 시간이 지나서야 사람들은 드 샤니가 수의포의 소유자로서 중요한 의미를 가졌음을 인식하게 된다. 만약 영국인들이 전투 중에 그 기수가 누구였는지 알았더라면 그를 살해하지는 않았을 것이다. 작가는 이 부분에서 제프리 드 샤니를 영국인의 관점에서 보고 있고, *what they could not know(그들이 알 수 없었던 것)*이라면서 앞서 말한 것을 다시 한번 반복한다. 즉, 영국인들은 이 기사(騎士)가 토리노 수의포의 역사에서 얼마나 중요한 역할을 하는지를 전혀 예상치 못했다는 것이다. 이렇듯 작가는 관점을 영국인의 시각으로 제한하여, 영국인들의 무지를 강조하고 또 그들의 행위를 양해한다. 물론 이러한 양해는 번역텍스트보다는 출발텍스트에서 더 잘 드러나는 것이 사실이다.

이러한 양해 기능은 당연히 문화적 맥락에서 살펴봐야 한다. 영문 텍스트는 영국인이 써서 영국에서 출판되었으며, 영국의 독자들은 이러한 수의포의 유래를 밝혀내지 못하는 데 아무런 책임이 없음을 불만 없이 받아들일 것이다. 이 부분의 주기능은 정보전달이 아니라 의례적인 기능, 즉 텍스트 전달자와 수용자 사이에 "좋은 대화분위기"를 조성하는 것이다. 그러나 이 기능은 영국독자와만 관련이 있다. 번역 텍스트는 독일문화에서 수용되므로, 번역자는 영국인들의 감정에 굳이 신경을 써야 할 필요가 없는 것이다.

텍스트의 부분을 전체로 이입했는지 살피고 특히, 도착텍스트의 텍스트부분을 전체로 이입하였는지와 연쇄적 성찰을 멈추지 않고 지속하면, 앞에 선보인 번역이 필연적 세분화를 하고 있음이 분명히 드러난다.

Possession(소유품 10/11번째 줄)

지금까지 분석한 내용 중 특히 바로 위의 분석을 통해 번역자에게 통번역능력(Translationskompetenz)이 있음을 보여주었다. 이번에는 이러한 능력이 때로는 발휘되지 못한 예를 보이고자 한다. *[S]ubsequently found in his possession*(나중에 그의 소유품에서 발견)의 번역 즉, *das er bei sich trug(그가 소지했던 것)* 부분에 관한 것이다. 비교대비적 측면에서 오류를 분석한다면 *subsequently*(나중에)가 생략되었다고 비판할 것이고, *possession*이 "소유"이지, 그가 소지했던 사실을 의미하는 것은 아니라는 점을 확인할 것이다. 혹은 의미론적인 관점에서 소유하다*(besitzen)*와 소지하다*(bei sich tragen)*를 동음관계이거나 의미가 겹치는 것이라고 평가할 수도 있다. 비교대비의 측면에서 번역시험 평가를 할 때 일반적으로 오류를 합산해서 평가하는 경향이 있다. 이 부분에서는 앞에서 보인 예에서 보다 적은 두 개의 오류만을 지적할 것이다.

그러나 이 부분의 번역은 의사소통의 측면에서 살펴보았을 때, 완전히 잘못되었으며 번역자의 통번역능력이 심각할 정도로 부족하다는 것을 증명하고 있다. 번역자는 이 부분에서 논리와 명백성에 반하는 표현을 하였으며 전체 맥락도 전혀 고려하지 않았다. 이 텍스트는 번역으로 인해 말이 안되는 텍스트가 되었다. 독자는 아마도 여러가지 질문을 던질 것이다. 제프리 드 샤니가 마로 된 4.2미터의 큰 천을 어떻게 소지할 수 있는가? 더군다나 그는 투쟁 중에 있지 않았는가? 그는 그 천으로 무엇을 하려 했을까? 그가 죽었을 때 그 천에 자신의 시신을 쌓도록, 혹시 자신의 죽음을 미리 예견한 것이었을까? 잘못된 번역으로 인한 여파는 커진다. 단락의 내용이 잘못 전달된 것뿐 아니라, 이로 인해 수의포에 관련된 이야기도 매우 불명확해진다. 제프리 드 샤니가 수의포를 소지했더라면, 그가 사망했을 때 그 포는 영국인의 손에 넘어갔을 것이고 제프리의 부인은 그 수의포를 사람들에게 공개적으로 보여줄 수 없었을 것이다.

여기서는 텍스트의 내용만 잘못 전달된 것이 아니라, 그 형식적 구조도 잘못되었다. 번역자는 텍스트의 중심이 제프리 드 샤니를 중심에 둔 장면묘사에서 수의포가 중심을 이루는 사실보고로 이동한 것을 인식하지 못했다. 번역텍스트의 독자는 여전히 전투장면 속에 있으나, 원본에서는 중심이 이미 오래전 다시 문명의 일상으로 돌아와 있는 것이다. 잘못된 번역의 여파는 계속 커진다. 필연적 세분화가 되지 않았음은 굳이 말할 필요도 없다. "…*dass man später in seinem Besitz / in seiner Hinterlassenschaft fand*(*사람들이 후에 그의 소지품에서…/유품에서 발견한…*)" 라는 번역이 더 적합했을 것이다.

impecunious(가난한, 12번째 줄)

비교분석 차원에서 *impecunious*(12번째 줄)를 *arm*(가난한, 불쌍한, 9번째 줄)이라고 번역한 것을 평가한다면, 아마도 문체의 적정성 여부에 대한 질문을 하게 될 것이다. 이 단어를 *현대 롱맨 영어사전(LDoCE)*에서 찾아보면 친근, 종종 농담이나 완곡한 어투로 사용(fml, sometimes used humor or euph)한다는 특성이 있다. 독일어 arm(가난한, 불쌍한)이라는 단어는 중립적인 단어이다. 그렇다면 문체상 mittellos(빈곤한)이라는 단어가 더 적절하지 않을까?

그러나 이 부분에서 중요한 것이 문체와 함의(Konnotation)일까? 독일어 arm이라는 단어에는 어떠한 명시적 의미(Denotation)가 있는가? arm과 mittellos 두 단어 모두 돈이 없음을 표현하지만, 그 뜻이 *seine arme Witwe(그 불쌍한 과부)*라는 표현에서는 구체화되지 않았다. 앞부분에서 제프리 드 샤니가 사망하였다는 것이 기술되었으므로, 독자들은 이 단어를 *가난한* 이라기 보다는 "*불쌍한*"이라고 이해할 것이다.

그렇다면 이 오류는 어떤 여파를 불러오는가? 의사소통의 측면에서 살펴보았을 때, 이는 오류인가? 이 텍스트 자체에서 *arm(가난한, 불쌍한)*이라는 단어가 "*bedauernswert(불쌍한)*"라고 읽히는 것이 더 적절하지는 않을까? 이 부분이 전체 텍스트의 형식 구조에 어떻게 이입되는지를 고려해야만 한다. Arm(= bedauernswert(불쌍한))이라는 표현은 감정에 호소하며, 과부에 대한 동정을 표현한다. 그렇다면 이 텍스트는 제프리가 "소지한*(bei sich trug)*" 수의포의 예에서처럼 인물의 일대기나 일화를 모아놓은 차원에만 머무를 것이다. 그러나 이 부분에서도 이야기의 중심은 제프리나 그 가족이 아니라 수의포이다. 이야기의 도입부에서 실제 이야기의 주제, 인물에서 사건으로의 이동은 *arm*이라는 단어를 통해서 분명히 드러나지 못했다. 이 번역은 전체텍스트의 상황이입을 살펴봤을 때도 적절하지 못하다. 작가는 동정심을 가진 서술자의 역할을 하고 있는 것이 아니라 사건을 보고하고 있는 리포터의 역할을 하고 있기 때문이다.[7] *[M]ittellos(빈곤한)*라는 단어를 사용했더라면 이러한 점들이 더 분명히 표현되었을 것이고, 그랬더라면 필연적 세분화에 상응했을 것이다.

의사소통의 맥락에 의해 *impecunious*라는 영어단어가 선택되었다. 출발어텍스트에서는 함의가 아니라 지시적 의미가 중요했다. 독일어의

7) 텍스트 발신자의 상황역할에 관련해서는 하우스(House, 1977, 45) 와 회니히/쿠스마울(Hönig/Kußmaul 1982, 67)을 참조할 것. 번역관련 상황분석과 관련해서는 크리스탈/데이비(Crystal/Davy, 1969)의 모델이 유용하다.

*arm*과 *mittellos*처럼 영어에서도 *poor*와 *impecunious* 간에 동일한 의미론적 대비가 존재한다. *Poor*(1. 가난한, 2. 불쌍한)와 *arm*(1. 가난한, 2. 불쌍한)은 다의어이고, *impecunious*(가난한)와 *mittellos*(가난한)은 단의어이다. 출발어 저자는 텍스트 맥락에서 원하지 않는 다의성을 배제하기 위해 단의어인 *impecunious*를 선택한 것이다.

local bishops(14번째 줄)

저자의 역할은 텍스트의 실용적 차원과 관련이 있다. 이 실용적 차원의 틀에서 다음 예를 평가할 수 있다. *[F]rom their local bishops*(그들 지역의 주교, 14번째 줄)이라는 표현은 *Bei ihren lokalen Bischöfen*(그들의 지역적 주교들, 11번째 줄)이라고 번역되었으나, 일단 잘못된 연어가 사용되었다. 독일어에서는 *von lokaler Bedeutung*(지역적인 의미), 또는 *von lokalem Interesse*(지역적 관심) 등으로 *local*(지역적)이라는 단어를 사용하나 – 이점은 테스트를 통해서 증명되야 한다 – -인간이라는 자질을 지닌 단어들과 조합이 가능하지, 주교(*Bischof*)와 같은 +인간이라는 자질의 단어와 조합될 수는 없다. 연어에 맞게 번역한다면 *bei ihren dortigen Bischöfen*(그 해당 지역의 주교들), 또는 *bei den Bischöfen der umliegenden Diözesen*(그 주변 주교구의 주교들)이 적당할 것이다. 비교대비적 측면에서는 이쯤에서 번역의 평가를 마칠 것이고, 이 오류는 언어간섭(Interferenz)으로 정의되어 도착언어의 규정을 침해한 정도로 분류될 것이다. 또한 의미가 틀렸다거나 또는 텍스트의 의미를 변질시키지 않았다는 이유로, 이 오류는 아마도 "경미한"것으로 치부될 것이다.

의사소통의 오류분석의 차원에서는 규범침해로 인한 실질적인 파장이 얼마나 큰지에 대한 질문을 해야만 한다. 텍스트 발신자는 이 부분에서 언어능력의 부족함을 드러내게 되어 저자로서의 자격을 상실한다. 능력있는 리포터의 역할에는 언어능력도 포함된다. 독자가 언어능력을 기대하고 있는데, 기대가 충족되지 못하면, 이 기자는 독일어도 제대로 구사하지 못하므로, 그가 쓴 기사의 내용도 별 가치가 없을 것이다라는 식의 반응을 불러올 수 있다. 대중을 위한 전문텍스트에서는 모든 언어적 규범이 다 충족되어야 하지만, 구술 인터뷰의 경우에는 규범이 다 충족되어야 하는 것은 아니다라고 텍스트종류와 관련된 논거를 펼 수도 있다. 또는 이 기사는 독일 시사 주간지 차이트(*Zeit*)지에 실렸으니, 선정적인 일간지 빌트차이퉁(*Bildzeitung*)에 실리는 기사보다는 수준이 더 높아야 한다라고 어떤 매체를 사용했는가에 따라 규범의 침해를 궁극적으로 판단할 수도 있다. 이러한 오류는 규범의 침해로 인해 실제 파장이 얼마나 큰지를 알게 된다면, 비교대비분석이나 개별적 부분만을 골라 논쟁거리로 삼는 오류분석에서처럼 경미한 오류로 판단할 문제는 아니다.

■ 기능동일성과 기능변환

예시 텍스트는 전체적으로 정보전달을 주 기능으로 삼고 있다. 이 텍스트에서는 수의포의 진위에 대해 긍정과 부정의 논거를 독자들 앞에 균형 잡힌 방식으로 펼쳐보인다. 이 텍스트는 수의포의 진위를 입증하여 독자들을 기독교로 개종하려는 선교 목적용 텍스트가 아니다. 그렇다 하더라도 그런 효과를 완전히 배제할 수는 없다. 저자의 의도와는 관계 없이 기독교 신자에게는 자신의 신앙을 깊게 하고 비기독교인에게는 신앙에 대해 생각해보게 하는 효과가 생길 수도 있을 것이다. 만약 그렇다면 이것을 텍스트의 이차적 기능이라고 말할 수 있을 것이다(Reiß 1976, 24를 참조할 것). 번역을 할 때 출발텍스트에서는 이차적 기능이었던 것을 도착텍스트에서는 일차적 기능으로 삼을 수도 있다. 이러한 경우라면 수의포 진위에 관한 부정논거는 더 약해지고, 긍정논거가 더 강화되어야 할 것이다.

이러한 맥락에서 예시문의 마지막 단락은 매우 흥미롭다. 이 단락에서는 주교를 인용함으로(15-19번째 줄), 텍스트 안에 텍스트를 삽입한 구조를 지닌다. 주교의 인용문은 불어에서 영어로 번역한 문장인 듯하다. 영어번역에서는 사람들의 분개와 신실한 종교인들의 항의가 분명히 표현되어 있다. 신앙인의 역할이 *our Lord*(우리 주, 15번째 줄), *the Saviour*(구세주, 16번째 줄), *the holy Gospels*(성 복음서, 16번째 줄), *the holy Evangelists*(성 전도사들, 18번째 줄) 등의 단어에서 잘 반영되어있다. 추측건대 불어 원본의 기능을 그대로 유지하여 영어로 번역한 듯하다.

이론적으로 영어에서 독일어로 이 인용문을 번역을 할 때 기능변환을 고려해 볼 수도 있겠다. 신실한 종교인의 고풍스런 말투가 아니라, 신학자가 역사학자가 된 듯 현대적으로 번역하는 것이다. 예를 들어 수의포 진위와 관련된 뜨거운 논쟁이 벌어졌을 때, 인용구의 기능변환을 고려해 볼 수 있겠다. 그 수의포가 진짜라고 주장하는 사람들은 아마도 주교의 논거를 인용하게 될 것이다. 이때에는 "신실한 태도"가 중요하다기 보다는 그 반대일 것이다. 신실한 태도는 논거를 약화시킬 뿐만 아니라, 비판적인 독자와 청중들에게는 이러한 태도가 지나치게 열광적인 종교적 태도로 인식되어 부정적인 인상을 남길 것이기 때문이다.

예시된 번역에서는 신실한 종교인이나 역사신학자의 태도가 일관되게 유지되지 못하였다. *Ebenbild*(초상, 13번째 줄)와 *Abbildung*(그림, 14번째 줄)와 같이 잘못된 개념을 사용한 점에 대해서는 논의하지 않겠다. 예수 및 신약과 관련된 단어에 관한 이야기를 하고자 한다. 번역에서 원래의 기능을 그대로 유지하고, 성난 신자를 그대로 표현하고자 한다면, *unseres Herrn*(우리 하나님, 12/13번째 줄)과 같은 표현이 적절하긴 하나,

그렇다면 *Saviour*(구세주)라는 단어 역시 번역에서 생략되어서는 안되므로, *als unseres Herrn und Heilandes*(우리 주)나 *unseres Erlösers*(구세주)라고 번역했어야 했다. *Heilig*(성스러운)이라는 단어는 신앙심의 표현이나, *im heiligen Evangelium*(성 복음, 13번째 줄)은 종교계에서 사용하는 일반적인 어휘가 아니고, *Evangelien*(복음의 복수)이나 *Schrift*(글) 앞에 *heilig*를 붙인 표현 즉, *die heiligen Evangelien*이나 *heilige Schrift*로 쓰는 것이 일반적이다. 이 외에도 원문에서 *holy Evangelists*(18번째 줄)라고 쓰인 것처럼 번역에서도 *Evangelisten*(복음서 저자들)에 대한 부가어로 *heilig*(성스러운)을 사용하여야만, 그 효과를 불필요하게 절감하지 않을 수 있을 것이다.

그런데 역자가 인용문의 기능을 변환하기로 결정하여, 사학신학자의 입장에서 합리적인 논거를 대는 방식으로 번역하고자 한다면, 이 부분을 번역할 때 위와는 다른 결정을 내려야 한다. *Our Lord*(우리주)와 *Saviour*(구세주)는 모두 *Chirsti*(그리스도)로 번역할 수 있을 것이고, *the holy Gospels*은 *Evangelien*(복음서)으로, *the holy Evangelists*(성 전도사들)는 부가어 없이 *Evangelisten*(복음서 전도사들)으로 번역할 수 있을 것이다.

번역시 인용문에 어떤 기능을 부여할 것인가에 관한 결정을 내릴 때에는 그 부분의 "어투"가 전체 텍스트의 논거와 어떻게 부합하는 가를 반드시 고려해야 한다. 출발텍스트에서는 수의포 진위의 찬반에 관한 의견과 사실 정보를 종합하였다. 출발텍스트의 저자는 자료를 세심히 수집하는 사학자로서의 역할을 하고 있다. 이러한 역할에는 실제 인용문을 포함시키는 것도 해당된다. 여기서 실제라 함은 "원본의 소리(Originalton)"가 그대로 유지되어야 함을 뜻한다. 여기서는 인용문이 사료(史料)로 인식될 수 있어야 한다. 설령 인용된 주교가 사학자로서 발언을 한다 하더라도, 그로인해 인용문이 현대화 되어서는 안 된다. 인용문은 역사적 상황에 맞게 설정되어야 하고 그 시대로부터 해석되어야 한다. 이는 예시번역에서처럼 도착텍스트의 기능을 출발텍스트와 동일하게 하여, 정보전달의 기능을 그대로 유지하는 경우나, 또는 선교를 위해 호소하는 기능으로 도착텍스트의 기능을 변환할 경우에도 모두 지켜야만 한다. 선교용 텍스트의 경우라면 종교관련 어휘가 특히 더 정확히 사용되어야 한다. 번역자는 "신실한 목소리"를 보존하며 그 인용문의 기능을 유지하여 번역해야 한다. 이러한 맥락에서 보았을 때 위의 인용문 번역은 적절하지 못하다.

■ 오류분석과 텍스트언어학

이 외에도 예시문의 다른 오류를 분석하거나, 또는 잘 된 번역의 예 등을 보여줄 수도 있을 것이다. 우리는 초점 맞추기의 맥락에서 의미론적인 문제만을 다루었기 때문에, 오류분석을 할 때 상이한 통사구조나 표현의 언표내행위(Illokution)의 전달에 관한 점을 여기서는 고려하지 않았다. 실제의 오류분석에서는 이러한 문제들에 대한 기술도 같이 포함되어야 하나, 지면 제한상 여기서는 다루지 않겠다.

본고에서 소개한 의사소통 중심의 오류분석에서는 텍스트언어학의 원칙을 적용한다는 점이 분명히 드러났다. 단일 예시문의 분석으로 일반화를 유도할 수는 없으나 텍스트분석의 어떤 측면이 주요한가에 대한 요약은 해볼 수 있다.

의사소통 중심의 오류분석에서는 첫째로, 텍스트의 기능(정보전달, 호소, 오락 및 의례적 기능 등)과 기능의 구체화를 고려하였다. 둘째로, 텍스트종류(통속과학 전문텍스트, 리포트)를 고려하였다. 그 외에도 텍스트 전달자-수용자간의 관계와 관련된 요인들도 오류분석과 관련이 있었다. 셋째로, 텍스트 발신자가 상황에 따라 어떤 상이한 역할을 하는가? 발신자는 이해하기 쉽게 서술하는 서술자로서의 역할을 하는가 또는 사안을 보고하는 리포터의 역할을 하는가? 등의 질문을 던졌다. 넷째로, 텍스트 발신자의 역할은 텍스트가 가진 형식적 내부구조가 장면이나 서술 또는 보고문에 어떤 영향을 끼치는가라는 문제와 연관이 있다. 다섯 번째로, 서술자의 관점도 고려해야 하는데, 이때 텍스트 발신자가 어떤 시각을 가지고 있는지를 살펴야 한다. 전지적 시점에서 서술하는가 아니면 시점을 특정인이나 특정그룹(예시문에서는: 영국군대) 등으로 제한하는가 등은 이미 문학에서 오랫동안 많이 연구되었으며(Stanzel 1955 참조), 전체 텍스트나 또는 텍스트의 상위부분과 관련되는 내용이다. 여섯 번째로, 텍스트의 하위 기본단위에서는 우리가 살펴본 바대로 테마-레마-구조의 측면에서 그 기본단위를 분석할 수 있다. 우리의 예를 통해 테마-레마구조가 텍스트의 부분단위에서 의미상 세분화에 광범위한 영향을 끼친다는 점을 살펴보았다.

텍스트분석은 번역학에서 이미 오래 전부터 중요한 역할을 해왔다. 텍스트 분석에서 어떤 측면이 번역에 관련되는지를 찾아내는 것은 주요한 문제인데, 이러한 문제가 항상 인식되어온 것은 아니다. 그러나 문제는 먼저 이러한 접근법이 경제적인가라는 점이다. 텍스트 분석이 번역과정 시 큰 도움이 된다는 점을 현장의 번역사들에게 보여준다면, 그들은 텍스트 분석을 필요한 도구로 인식하고, 이를 사용하는 데 관심을 갖게 될 것이다. 텍스트학의 분석기준들이 번역의 문제와 처음부터 관련이 있는 것은 아니다. 그렇기 때문에 오류분석은 텍스트의 어떤 측면이 번역에 유용한지를 실증적으로 연구할 수 있는 기회를 마련한다. 번역과 관련된 텍스트분석은 선별적이다.

오류분석을 번역을 위한 텍스트분석의 출발점으로 삼으면, 구체적이고도 개별적인 예를 통해 텍스트 분석이 번역에 어떤 도움을 주는가를 수업에서 학생들에게 보여줄 수 있다. 나는 학생들이 한 학기 내내 텍스트를 분석하고 나서, 그 뒤에야 번역을 하기 시작하는 것이 방법론적으로 그다지 생산적이지 않다고 본다. 내 경험에 의하면 그런 방식은 학생들의 불만만을 키울 뿐이다.

■ 등가성 – 문제있는 개념

"등가성"이나 "불변성" 등과 같은 개념들은 대비언어학과 번역학에서 사용하는 기본개념의 목록에 포함된다. 대비언어학에서처럼 이러한 개념들로 두 가지 언어의 시스템을 랑그(Langue) 차원에서 비교하면 매우 유용할 것이라고 확신한다.[8)] 그러나 번역은 파롤(Parole)과 관련이 있다. 언어의 비교대비를 기준으로 오류분석을 하여 번역을 가르치는 것은 문제를 깊이 있게 보지 못하는 것임을 앞서 예문을 통해 보이고자 하였다.

번역학에서는 얼마 전부터 "등가성"이라는 개념 사용의 주저함이 멈춘 듯하다. 형식논리에서 유래된 등가성 개념은 같은 진실값을 가진 두 개의 진술을 "그 가치의 동등성"을 통해 연결하는 것이다. 그러나 언어 표현의 의사소통기능과 텍스트의 의사소통기능을 함께 고려할 때, 등가성이라는 개념은 문제가 된다. 이러한 이유에서 최근에는 등가성 개념에 의사소통이라는 차원을 추가하려는 시도도 있다. 콜러는 지시적(denotative), 함의적(konnotative), 텍스트 규범적(textnormative), 실증적(pragmatische), 형식적 등가성 등으로 등가성의 개념을 다양화 했다(Koller, 1978, 81). 노이베르트는 등가성이라는 개념에 새로운 내용을 추가하

8) 대비언어학에 사용하는 등가성개념에 관해서는 콜러(1978)을 참조할 것.

여 텍스트구속 등가성(*textbound equivalence*)과 의사소통 등가성(*communication equivalence*) 등의 개념을 사용하고 있다(Neubert, 1984, 68).[9] 라이스와 빌스는 기능적 등가성(*funktionale Äquivalenz*, Reiß 1984a, 87, Wilss, 1977a, 227)이라는 개념을 사용한다. 특이할 만한 점은 노이베르트가 지금까지 등가성 원칙의 예외로 언급되었던 전위(Transposition)와 조정(Modulation)을 기능적 등가성이라고 언급하였다는 점이다(Neubert 1984, 65).

이렇듯 수정된 "등가성"의 의미가 일반적으로 정착될지는 의문의 여지가 있다. 번역학의 사전지식 없이 이 단어를 사용할 경우 대부분의 학생들이 그렇듯이 작은 언어단위에서 등가를 갖는다고 생각할 것이기 때문이다. 번역학에서는 이러한 의미의 등가성을 지나치게 오랫동안 강조해왔다.[10] 그러나 우리와 같이 도착텍스트의 기능을 먼저 고려하면, 더 이상 텍스트구속 등가성이나 기능적 등가성을 언급할 수 없다는 점은 매우 중요하다. 기능적 등가성이라 함은 도착텍스트의 기능과 출발텍스트의 기능이 서로 같다는 것을 전제로 하는데, 두 텍스트의 기능적 등가성을 기본원칙으로 삼을 수는 없기 때문이다. 기능제공으로서의 출발텍스트는 다양한 잠재기능을 가지고 있고, 도착텍스트는 그러한 여러 기능 중 한 가지를 실현한다. 그렇다면 이럴 때 "등가성"이란 무엇을 뜻하는가? 일반적인 정(正)으로 간주되던 출발어와 도착어의 기능 동일성은 더 이상 유효하지 않게 된다. 이와 관련된 예는 앞서 인용구를 통해 보인

9) 노이베르트(Neubert 1986, 주4)는 내가 비판한 등가성개념에대하여 "단어를 있는 그대로 믿는다"며 비판하였다. 물론 단어는 새로운 뜻을 얻을 수 있다: 등가성은 텍스트구속 등가성(*textbound equivalence*)이라고 이해할 수도 있다. 루터도 동의하겠지만 각 단어마다 자신의 역사가 있으며 이러한 이유에서 그 뜻이 어느정도 미리 부여된다. 새로운 의미가 예전의 의미 즉 "등가성"을 대체하게 될지는 의구심이 든다. 설령 그렇다 하더라도 스코포스이론(Vermeer 1983, 1986b)의 측면에서 살펴보자면 등가성 개념은 부차적인 역할을 하게 된다.

10) 특히 이는 카데(Kade 1968, 95ff.) 필리펙(Filipec, 1973, 81ff.), 노이베르트(Neubert 1973) 등 라이프치히학파의 학자들이 주도하였다.

바 있다.

도착어 중심의 접근방식에서 "등가성"이라는 개념을 계속 사용할 경우 이렇듯 혼란만 초래되므로, 더 이상 그 개념을 사용하지 않는 것이 목적에 더 잘 부합된다고 할 수 있다. 페어메어는 등가성을 응집성(Vermeer 1983, 56f., 121, 153f., 163, 174; Vermeer 1984, passim)이라는 개념으로 대체하였는데, 여기서 응집성이란 그 텍스트가 해당 상황에 상응하는 것을 의미한다. 번역과 관련해서는 도착텍스트가 독자들의 기대, 요구와 이해에 상응하는 것을 뜻한다. "응집성"이라는 개념 역시 텍스트 언어학에서 정의되고 사용되어, 사용하기에 부담이 있으나, 텍스트 언어학의 응집성 개념에서는 처음부터 이미 의사소통의 차원을 고려하고 있어(Schmidt 1973, 158) "등가성"의 개념보다 오해의 여지가 적다. 이러한 이유에서 "응집성"이라는 용어를 사용할 것을 제안한다. 등가성 대신 이 용어를 사용하게 될 경우 필연적 세분화정도의 원칙도 더 의미 있게 적용할 수 있다. 즉, 최대한의 등가성이 아닌 도착텍스트와 도착어 상황 간의 응집성의 관점에서 필연적 세분화를 한다는 원칙을 적용할 수 있다.

■ 번역수업을 위한 귀결

번역수업을 하는 사람이면 학생들이 종종 즉흥적으로 좋은 번역안을 내는 경우를 경험했을 것이다. 번역을 직접 하는 사람이면 이상적인 번역안이 쉽게 떠오르는 행복한 경험도 해 보았을 것이다. 이러한 상황이 반복된다면 이 논문에서 선보인 연쇄적 숙고가 굳이 필요할까?

좋은 번역안을 찾아가는 번역과정이 직관적으로 이루어진다는 말은 실제로 설득력이 있다(Wilss 1977a, 248f.; Bühler 1984, 257). 그러나 내가 알기로 이것이 연구된 바는 거의 없으며, 또한 학생들이 가장 이상적인 안을 찾아내는 수업과정을 생각해 보면, 강사가 문제점에 대해 학생들과 사전에 논의를 하고, 문제가 될 여지를 가진 요소도 충분히 논의를 하여, 이상적인 번역안을 결정하는 과정을 향한 길을 닦아 놓았음을 알 수 있다. 그렇기 때문에 번역수업은 인지적이고 합리적으로 전개될 수 있었던 것이다. 어떻게 해결안을 찾을 것인가를 가르치고자 한다면 개별 사안에 대한 해결안을 제시하는 것에만 만족할 것이 아니라, 일반화 할 수 있는 방법론을 전수해야 할 것이다. 본고에서는 오류분석을 통해 그러한 방식을 구체적으로 보이고자 하였다.

이 논문에서는 좋은 번역안과 나쁜 번역안의 예를 통해 그 번역안들은 우연의 산물이었으며, 해당 번역자의 번역능력이 충분하지 못했다는 것을 보여주고자 했다. 합리적인 전략을 전수하게 되면, 나올 수 있는 번역안들을 산정할 수 있게 된다. 그렇게 되면, 번역안은 직관에만 의존하지 않고, 번역은 신빙성을 얻게된다.

이 외에도 의사소통 중심의 오류비교는 오류를 평가하고 그 정도를 측정하는 기준을 제공한다. 오류는 잘못된 번역의 총합에 의해 결정되는 것이 아니라, 오류의 경중은 텍스트 내적 맥락과 텍스트 외적, 실질적인 여건 등과 관련된 부정적 영향의 파급효과에 따라 측정된다. 학생들의 번역안에 대해 강사가 모범답안을 제시하는 것만으로는 수업이 충분하지 않다. 우리는 수업에서 논거를 제시하는 방식을 사용할 것을 강조하며, 위에서 언급한 부정적인 영향으로 인한 단계별 파급효과 등을 수업에서 보여주어야 한다고 본다.

통찰력 전수를 목적으로 하는 번역수업에서는 많은 텍스트를 사용할 수 없다. 인지적, 합리적 번역수업의 목적은 최대한 짧은 시간에 최대한 많은 텍스트를 번역하는 것이 아니라, 하나의 예시텍스트로 어떤 텍스트에나 적용이 가능한 번역전략을 습득하고자 하는 데 그 의의가 있다. 실제 번역현장이 아니기 때문에 수업에서는 시간을 두고 번역을 할 수 있다. 현장 번역사들은 수업에서 번역을 할 때 지나치게 느리다고 비판을 하지만, 이런 주장은 그들이 번역수업의 진정한 이유를 잘못 인식하고 있기 때문이라고 생각한다.

물론 우리가 선보인 방식으로 수업을 진행하고자 할 때에는 텍스트의 선별이 특히 중요하다. 앞의 예에서 선보인 원본텍스트에는 그에 해당하는 번역텍스트가 있었다. 실제로 번역되는 텍스트나, 번역될 가능성이 큰 텍스트를 번역연습에 사용하면, 연습에만 사용되고, 실제로는 번역될 가능성이 없는 텍스트보다 번역과 텍스트에 대한 학생들의 관심을 더 자극하게 된다. 이렇듯 실제에 근접한 텍스트를 사용하면 번역과 관련된 결정이 번역 텍스트의 상황 이입과 번역의뢰에 의해 어떻게 좌우되는지를 구체적으로 보여줄 수 있기 때문에, 그에 따라 전략을 개발할 수 있게 된다. 노련한 번역사라 하더라도 전략 없이 번역을 하면 오류를 범할 수 있다는 것을 보일 수 있고, 번역전략을 적용할 것을 더 잘 권장할 수 있다. 바로 이러한 점이 번역수업에서 찾아볼 수 있는 오류분석의 의의라고 할 수 있다.

번역에 적합한 텍스트를 선정했다 하더라도 '그럼 번역하세요'라는 식으로 접근해서는 안된다. 번역은 되는대로 막연히 하는 것이 아니기 때문이다. 번역을 하기 전에 그 목적이 무엇인지를 알아야 한다. 이는 실제로 수업을 할 때 번역텍스트에 번역목적 등을 구체화해서 명기해야 하는 것을 뜻한다(Holz-Manttari, 1984b, 180ff.). 텍스트의 문화적 이입과 같이 번역기능이 다양할 수 있는 경우에는 번역의 목적을 명시하는 것이 특히 더 중요하다. 앞서 선보인 예시문처럼 텍스트가 특정문화와 관련되지 않은 경우에도 번역자가 텍스트의 기능 중 한 가지 기능을 실현하기로 결정하고, 그 결정에 따라 번역이 끝까지 일관되게 이루어져야 함을 살펴볼 수 있었다. 예문 텍스트의 번역사는 우리가 예시문 내의 인용문 번역을 통해 살펴본 바와 같이 자신의 결정을 끝까지 일관되게 유지하지 않았다. 원문과 번역문이 같이 존재하는 경우에는, 번역문의 기능이 무엇이었는지를 역으로 추리할 수 있다. 그러나 번역수업과 시험에서는 이러한 목적을 사전에 지정해 놓아야 한다. 여기서 선보인 번역이론의 핵심에는 번역의뢰를 통해 번역의 목적과 도착텍스트의 대상 독자를 구체적으로 밝히는 데 있다. 우리가 이 이론을 실제에 적용하려면, 수업의 관행에서 많은 것을 변화시켜야 한다.

(1986)

번역
쉽지 않다!

번역사에게 언어학은 얼마나 필요한가?[1)]

번역사에게 언어학은 얼마나 필요한가라는 질문에는, 언어학적 지식은 번역사에게 많이 필요한데, 특히 대학에서의 번역교육 과정 중에 많이 필요하다라고 쉽고 빠르게 답할 수 있을 것이다. 언어학은 국제 통역번역대학연합(CIUTI) 소속대학의 번역학 및 대부분의 통역 전공수업에서 확실한 자리를 잡았다(예: 마인츠/겔머스하임, 하이델베르크, 자르브뤼켄, 안트워프, 몽, 파리, 에딘버러, 빈, 몬트레알 대학 등). 교과 과정에는 일반언어학 수업이나 사회언어학, 의미론, 심리언어학이나 대비언어학 등과 같이 번역에 필요한 특정 언어학 분야의 수업이 있다.

언어학과 통번역학 수업 중 하나를 선택하게 하는 대학이 있는가 하

1) 본고는 원래 영어로 작성된 논문인데, 이번 논문집을 위해 저자가 직접 독일어로 번역하였다. 본고에서는 독일어 Linguistik과 Sprachwissenschaft를 언어학의 동의어로 사용한다. 논문의 머릿부분에서 기술한 상황은 저자가 이 논문을 발표했던 1986년의 상황임을 밝혀둔다.

면(마인츠/겔머스하임의 경우), 언어학을 첫 두 학기 필수 수업으로 정하고, 그 다음에 통번역학 수업을 하는 대학들도 있다(몬트레알, 파리, 빈의 경우). 언어학은 통번역학에서 중요한 부속분야로 간주되어, 통번역학에 무게중심을 두었다 하더라도 번역사 교육에서는 언어학이 대부분의 경우 매우 중요한 역할을 차지한다.[2)]

그러나 현장 번역사들에게 언어학과 번역학에 대한 의견을 물으면 이와는 아주 상반된 답변을 얻는다. 아래에서 소개하고자 하는 인용문은 에센 소재 루르가스 주식회사(Ruhrgas AG)의 통번역서비스 부서에서 번역사로 일하고 있는 한스-위르겐 슈텔브링크(Hans-Jürgen Stellbrink)의 의견으로, 이는 현장 번역사들의 전형적인 태도라고 볼 수 있다:

> 대부분의 외국어서비스의 업무를 분석해보니 […], 언어학과 대부분의 번역이론이 적어도 우리의 현장 업무와는 무관하다는 사실을 알 수 있었다. […] 언어학과 번역이론을 [번역교육의] 교과에 더 긴밀히 통합하는 것은 이미 크게 벌어진 교육과 현실 간의 간극을 더 넓히는 일이다. (Stellbrink 1983, 20f.)

현업 번역사들과 언어학 및 번역이론에 대한 논의를 하면 그들에게서 비판적이거나 때로는 적대적이기까지 한 태도를 살펴볼 수 있다. 이러한 태도는 번역수업을 하는 강사들에게서까지 찾아볼 수 있는데, 강사들이 번역사 출신인 경우에는 특히 더 심하다.

우리는 이러한 언급과 태도를 심각히 받아들여야 한다. 이러한 상황은 그들이 편견에 사로잡혀 있기 때문일 수도 있으나, 번역학이 여전히

---

2) 현재 독일에는 학제개편이 이루어져 대학교육이 학사 및 석사 과정으로 바뀌었다. 관련대학의 학과 홈페이지를 살펴보면 통번역학(Translationswissenschaft)이라는 단어를 쉽게 찾아볼 수 있다. 여기서 언어학이 어떤 역할을 하는지는 쉽게 확인할 수 없으나 언어학의 유용성에 대한 논의는 우리에게 여전히 시사점이 있다고 생각한다.

상아탑 안에 갇혀 아직 그 밖으로 나오지 못하고 있는 것을 상징적으로 보여주는 것일 수도 있다. 번역학이 지금까지 학문적 실용성을 실제로 항상 증명해 낼 수 있었던가? 이론적인 관점에 매혹되어 실제 번역사나 교강사들이 그들의 결정에 대한 기준이나 근거, 더 나은 번역안을 위한 영감의 원천을 필요로 하는 데도, 때로는 그것을 완전히 간과하고 있었던 것은 아닐까? 혹은 우리가 번역학에서 언어학의 의미를 지나치게 강조했던 것은 아닐까? 지난 20여년동안 언어학은 번역학에 많은 영향을 끼쳤고, 이러한 이유에서 번역학이 언어학의 한 가지라고 인식될 수도 있다. 만약에 그러하다면 번역학의 영역은 당연히 지나치게 제한되었다고 할 수 있다. 번역학은 언어학의 일부가 아니라 언어학이 번역학의 일부를 이룬다. 이 외에도 문화인류학, 문학, 사회학, 의사소통학 등 번역학에 포함될 수 있는 학문분야들이 많다.[3)]

나는 언어학적 접근을 제대로만 적용한다면 번역이 어떤 과정을 거치는지 또는 그 과정이 어떻게 진행되어야 될지에 대한 설명을 하는 데 긍정적인 도움이 되리라 생각한다. 물론 번역이나 번역교육에서 언어학적 방법이 모두 동일하게 유용하지는 않다는 점도 잘 알고 있다.

우선 이론을 먼저 소개하고 그것을 어떻게 적용하면 되는가를 보여주는 방식으로는, 번역에서 언어학을 유용하게 사용하도록 하는 데 별반

3) 위의 두 문단에서 언급한 현업 번역사들과 번역학 이론가들 사이의 간극은 2008년 시점에서 보면 많이 줄어들었다. 이론과 실제, 즉 현장 번역과 번역이론가와 교강사들이 함께하는 단체인 Transforum은 2006년 안내 책자를 발간했는데, 다음은 거기에서 발췌한 내용이다: "통역 및 번역학은 통역과 번역과정에서 어떤 원칙들이 적용되는지를 연구하는 학문이다. 통번역학은 편집자/연설자, 독자층 또는 의뢰인 사이의 긴장관계에서 번역사와 통역사의 역할에 관한 근본적인 문제를 논의한다. 그 외에도 의사소통과정의 분석, 번역물 및 통역의 질적인 평가기준의 개발, 번역과 통역을 방법론적으로 사고할 수 있는 능력 개발 및 통역과 번역의 지도 및 통번역사 양성 등이 통번역학의 과제에 속한다.(Arbeitskreis Transforum 2006, 11)" 나는 여기서 언급된 내용이 현재 이론과 실제사이의 관계를 잘 대변해 주고 있다고 생각하며, 이러한 이유에서 번역시 언어학적 방법을 적용하고자 하는 내 원고가 좋은 결실을 맺을 수 있는 토양에 뿌리를 내릴 것이라는 긍정적인 전망을 해본다.

도움이 안 된다고 생각한다. 그런 방식으로 접근하면 이론을 지나치게 많이 소개하고, 실제 적용례의 소개는 너무 적어질 우려가 있다. 따라서 그 순서를 바꾸는 것이 더 효과적이다. 내 경험에 의하면 학생들과 먼저 번역과정에서 드러나는 문제를 논의하는 것을 시작으로 언어학적인 방법을 소개해 주고, 이를 적용해 문제를 해결하도록 하면, 학생들은 이러한 방식에 더 긍정적으로 자극을 받는다. 이러한 내용은 추후 예를 통해서 보이겠다.

대부분의 번역사라면 텍스트의 특정 부분의 번역에 적절한 단어를 궁리하지만 번역안이 쉽게 떠오르지 않는 경험을 해보았을 것이다. 대부분의 경우 두 나라말 사전을 찾아보지만, 사전에 실려있는 등가어휘들은 적당치 않은 경우가 허다하다. 졸업학기 학생들을 대상으로 영어-독일어 번역수업에서의 경험 역시 그러하였다. 출발어 영어 텍스트의 주제는 개인이 문화에 동화되는 데 있어 전통의 역할이라는 인류학적 주제였다.

> The life history of individual is first and foremost an accommodation to the patterns and standarads traditionally handed down in his community. Form the moment of his birth the customs into which he is born shape his experience and behavior. By the time he can talk, he is the little creature of his culture, and by the time he is grown and able to take part in its activities, its habits are his habits, and its beliefs are his belief, its impossibilities his impossibilities. Every child that is born into his group will share them with him, and no child born into one on the opposite side of the globe will ever achieve the thousandth part. There is no social problem it [sic!] is more incumbent upon us to understand than this of the role of custom. Until we are intelligent as to its laws and varieties, the main complicating facts of human life must remain unintelligible. (Benedict, Ruth: *Patterns of Culture*, Boston [23]1959, 2/3, 원저자 강조)

> 개인의 삶의 역사는 무엇보다도 전통적으로 자신의 지역 사회로 계승되어온 패턴과 규범에 적응하는 것이다. 태어난 순간부터 그가 속한 사회의 관습이 그의 경험과 행동을 형성한다. 그가 말할 수 있게 될 때면, 그는 그 문화의 작은 창조물이고, 그가 더 자라서 그 사회의 행위에 참여할 수 있을 만큼 되면, 그 사회의 습성은 그의 습성이 되며, 그 사회의 신념은 그의 신념이 되고, 그 사회에서의 불가능은 그의 불가능이 된다. 이것들을 그 아이는 같은 그룹으로 태어난 아이들과 함께 나눌 것이며, 지구 반대편에 태어난 아이들은 그들과 천분의 일도 공유하지 못할 것이다. 우리가 관습의 역할보다 더욱 확실히 깨우쳐야 할 사회적 문제는 없다. 우리가 관습의 법칙과 다양성 관해 깨닫기 전까지는 인간의 삶을 복잡하게 하는 주된 사실들을 결코 깨닫지 못할 것이다.

이 텍스트에서 *impossibilities*라는 단어가 문제였다. 학생들은 처음에는 불가능의 복수형인 "Unmöglichkeiten"을 제안했으나, 독일어에서는 이 명사가 복수형으로 사용될 수 없으며, 예시문처럼 언어규범을 준수하는 텍스트에서 그런 복수형을 사용한다면 매우 어색할 것이므로 곧 배제하였다. 학생들의 문제는 단어의 종류에만 초점을 맞추어 명사는 반드시 명사로, 게다가 각각의 조어형태소까지도 그대로 일대일로 번역하려던 데에 있다. 이러한 유연성의 부족은 초심자들에게서 전형적으로 나타나는 현상이나, 때로는 고학년 학생이나 노련한 번역사조차도 형식적 등가어를 애써 찾기도 한다. 이에는 그동안 번역학에서 "등가성"이라는 개념을 지나치게 많이 사용한 것에서 그 이유를 찾아볼 수 있다.

학생들은 예시문의 문제를 캣포드(Catford, 1965, 73ff.)가 제시한 번역전환(*translation shift*), 전위나 표현의 이전(*Ausdrucksverschiebung*, 예: Wilss 1977a, 115f., 118-124) 등을 통해서 해결할 수 있었을 것이다. 학생들은 하나의 동일한 의미가 다양한 문법적 형태나 상이한 문법구조를 통해서 실현될 수 있다는 사실을 상기했어야만 했다. 이는 언어학의 기본

지식에 해당하며, 소쉬르가 기표(significant)와 기의(signifie)라고 명명한 외적 형식과 의미의 관계에 관한 것이다.

이러한 인식을 토대로하면 *impossibilities*라는 명사를 독일어에서 하나의 문장으로도 번역할 수 있다. 예를 들자면: "*Was für sie [die Kultur] unmöglch ist, ist auch für den Einzelnen unmöglich*(그(문화)에 있어 불가능 하다면, 개인에게도 불가능하다.)." 그러나 이 경우에 출발텍스트에서는 한 문장 안에 동사를 세 번씩 병렬적으로 사용함으로써(*its habits are his habits… its beliefs his beliefs…. its impossibilities his impossibilities*) 강조되는 문체 효과가 독일어에서는 관계문을 사용하게 되어 떨어진다고 지적할 수 있다.

단어의 형태가 그 단어의 의미를 뜻하는 것은 아니라는 소쉬르의 설명을 새기면 이 문제도 해결할 수 있다. 독일어에서도 영어의 *impossibilities*라는 단어를 명사로 번역할 수 있다. 예를 들면 Tabu(타부), Einschränkung(제한), Grenze(한계, 제한)와 같이 impossibilities라는 단어와 가까운 의미영역에 있는 독일어 명사들이 있기 때문이다. 이들 단어는 특히 한 가지 의미영역에서 *impossibilities*와 공통점을 지닌다. Tabu(타부)의 경우는 사회나 종교적인 규범에 의해 할 수 없게 되는 행동을 뜻하는데, 이 경우 *impossibility*라는 단어보다 그 의미가 구체적이며, 전체가 대상이 되지 않는다. Grenze(한계, 제한)는 *impossibility*의 원인으로 정의할 수 있어, 불가능한 행동 또는 불가능 그 자체에는 덜 적합하다(어떤 것이 불가능한 데에는 그것에 대한 한계가 있기 때문이다).

구조의미론의 의미장(semantic fields)이론을 적용하여 예로 언급한 단어들을 비교하면, *impossibility*와 Tabu(타부)의 관계를 포함(Inklusion) 또는 하의어(Hyponymie)라고 확인하거나 또는 *impossibility*와 Einschränkung(제한), Grenze(한계)가 서로 겹치는 의미(überlappende

Bedeutung) 또는 부분적 동의어(partielle Synonymie)라고 할 수 있다. 위의 셋 중 어느 단어도 *impossibilities*의 뜻과 전적으로 같지 않기 때문에, 이 중에 어느 것도 번역에 적절하지 않다는 결론에 다다를 수도 있을 것이다.

얼핏 들어보면 위와 같은 판단은 논리적인 듯하고 또, 번역사나 교강사들이 번역수업을 할 때 이런식의 논거를 즐겨 사용하기도 한다. 이는 하나의 단어가 다른 단어와 그와 관련된 잠재적 의미에 의해 등가성을 형성한다는 것을 기본 틀로 잡은 아주 전통적인 언어학적 논거방식이며, 번역수업에서는 학생들이 특징이나 요소 등, 관련 뜻의 세세한 차이(Nuancen)을 최대한 많이 유지하도록 추천한다. 이러한 식의 논거는 사전 편찬자에게는 적당할지 모르나 번역자에게는 적당치 않다. 번역은 단절된 단어를 번역하는 것이 아니라, 해당 단어가 주어진 맥락에서 어떤 역할을 하는 지가 중요하다. 이 말이 이제는 평범한 진리가 되었다 하더라도 이러한 접근방식에 따른 함의와 그에 따른 결과는 당연한 상식이 아니다.

심리언어학에서는 인간이 언어 표현(sprachliche Äußerung)을 이해할 때 우리가 듣거나 읽은 단어를 통해서만이 아니라, 발화 및 상황 맥락에 의해 생기는 어떤 가정이나 기대에 의해서도 해당 표현을 이해한다는 점을 환기한 바 있다. 심리언어학자들은 이러한 과정을 상향식 정보처리(Bottom-up)와 하향식 정보처리(Top-down) 간의 상호관계로 표현하였다(회어만, Hörmann 1981, 124. 참조). 이러한 관찰을 구조의미학의 언어자질이론(Merkmaltheorie)에 적용을 하면, 한 단어를 듣고 읽는 것만을 통해서 그 의미의 모든 특성들이 활성화되는 것이 아니라, 각각의 상황이나 맥락과 관련되는 자질만이 활성화된다는 것을 알 수 있다.

회어만은 이 점을 간단하지만 충분히 설득력 있게, 예를 통해 설명한 바 있다(1976, 467). "Klavier(피아노)"라는 단어는 다양한 의미론적 자질들을 잠재적으로 내포하고 있다. Schwer(무겁다), hölzern(나무재질이다), tönend(소리를 낸다) 등이 그러하다. 그러나 (1) "Der Mann hob das Klavier(그 남자는 피아노를 들어올렸다)", (2) "Der Mann zerschlug das Klavier(그 남자는 피아노를 박살냈다)" (3) "Der Mann stimmte das Klavier(그 남자는 피아노를 조율했다)"라는 문장을 듣거나 읽으면, 각각의 동사들이 Klavier라는 단어의 의미총합 중에서 서로 다른 잠재적 자질을 활성화시킨다는 점을 알 수 있다. 첫 문장은 무겁다(schwer), 두 번째는 나무 재질이다(hölzern), 세 번째는 소리를 낸다(tönend)라는 뜻이 활성화된다.

*Impossibilities*의 번역문제와 관련된 예에서 다음과 같은 결론을 도출할 수 있다. 번역자로서 우리는 특정 맥락에서 어떤 단어들이 *impossibilities*의 자질이 활성화될 때 중요한 역할을 하는지를 우선 알아야 한다. *Habits*(습관)와 *beliefs*(신념)이라는 단어는 같은 문장에서 병렬적으로 사용되며, 이들은 우리의 이해를 이끄는 첫 단어들이다. 텍스트의 테마로 사용되는 *patterns*(패턴), *standards*(규범), *customs*(관습) 같은 단어들도 이해에서 중요한 역할을 한다. 이 단어들은 앞의 내용에서 언급했듯이 자신 고유의 문화 및 사회 안으로 자라나는 것을 의미하며, 이는 자신의 전통, 사고방식, 습관, 사회적 규범과 규칙들을 알아가고 받아들이는 문화화(Enkulturation)라는 주제와 연결이 된다. 현대영어사전*(Dictionary of Contemporary English, DCE)*에서 *impossibilities*의 자질 한 가지를 살펴보면 *일어나거나 될 수 없는 어떤 것(something that cannot happen or be done)*이라고 표현되어 있는데, 이 사전에서 드는 예문 *100 percent airline security is a practical impossibility(100%의 항공안전은 실제로 불가능이다)* 에서 살펴볼 수 있는 자질은 앞의 인용문을 읽는 독자에게는 전혀 활성화되지 않았을 것이다. 이 단어에서 필요한 자질은 "한 규범이나

특정 문화에서 받아들일 수 없는 것"이라고 기술할 수 있겠다.[4)]

이렇게 보았을 때 "Tabu(타부)"라는 단어는 텍스트 이해 관점에서 보면 그 뜻이 맞아 떨어진다. 그 단어의 의미 자질은 *impossibilitiy*라는 단어와 비교해서 더 구체적인 의미를 내포하고 있다. 그래서 구조의미론에 입각한 번역 등가성과 관련해서는 유용성이 없다고 판단되었던 Tabu가, 우리 텍스트에서 *impossibility*를 번역하는 데 적당한 후보로 평가되었다.

이러한 예를 분석한 결과에 따라 같은 결론을 도출할 수 있다:

1. 번역을 하는 사람은 언어적으로 유연해야 한다. 학생들은 문법뿐 아니라 의미적으로도 표현의 전이를 배워야만 한다. 추상화의 단계에서 단어의 의미와 형태를 구분해야만 이러한 의미상 표현의 전이를 할 수 있다. 의미는 출발어 텍스트 안에서 쓰인 단어에서 빼내어 도착어의 언어형식 안으로 채우게 된다.

2. 번역은 결정의 과정이다. 도착어와 출발어의 사이에서 상응되는 단어를 어휘적 관점에서 관찰하면, 이 둘은 서로 매우 느슨히 연결된 것처럼 보인다. 그러나 번역사는 그 대응을 어휘적 차원에서만 볼 것이 아니라 텍스트를 고려하여 결정을 이끌도록 해야 한다. 이 단락/장/책의 주제는 무엇인가? 번역하고자하는 단어가 주제를 설명하고 있는 단어군(群)에 속하는가? 이 단어를 더 구체적인 또는 더

4) 이 원고를 번역할 때 2003년도 판 최신 현대영어사전(*Dictionary of Contemporary English, DCE*)을 인용하였다. *DCE*의 예에서 여기서 언급되는 자질과 관련한 내용을 굳이 찾아낼 수도 있다.: We were in an impossible situatoin. Whatever we decided to do would upset someone. (우리는 곤란한 상황에 놓여있다. 우리가 어떤 결정을 내리던지 누군가는 불만족스러울 것이다). 특정한 맥락에서 활성화 되는 자질이 사전에서 언제나 인식될 수 있다고 기대해서는 안된다. 언어사용자의 창의성에 의해 언어는 새로운 의미의 뉘앙스를 가질 수 있다.

일반적인 의미로 대체할 수 있는가? 이 단어는 대용(Anapher) 역할을 하는가? 등과 같은 주요 질문들이 유용하게 사용될 수 있다.

3. 번역단위들은 더 큰 상위 단위에 이입된다(이 표현은 은유적으로만 사용한 것임을 밝힌다). 단어는 문장에, 문장은 단락에, 단락은 하나의 장에 이입된다. 전체 텍스트는 하나의 상황에 이입되고 그 상황은 문화에 이입된다. 이입 대상은 위계질서에 의해 연결되어 있으며, 그 중 최상의 단위는 문화이다. 우리의 예와 가장 밀접하게 관련된 단위는 문장이었으며, 그 문장이 있는 문단은 주제와 관련된 문단이었다. 때로는 연속적 성찰이 매우 길어질 수도 있다는 점을 감안해야 한다. 상황과 문화를 이입한 후에나 성찰의 연속을 종료할 수 있다. 이러한 경우에는 앞에서 언급한 커뮤니케이션학이나 문화인류학적 지식이 유용하다.

4. 언어학적 접근법 중에서는 텍스트, 상황 그리고 문화(Vermeer 1980, 2f. 참조) 와 같이 큰 단위를 고려하는 접근법만이 적당하다. 번역에서 구조의미론은 의미를 언어표현에서 추상적으로 추출해 낼 수 있도록 도와줌으로써 좋은 시발점이 될 수는 있으나, 이는 심리언어학이나 텍스트언어학적인 접근을 통해 보완되어야만 한다. 통사론과 관련해서는 테마-레마-구조를 설명하는 기능적 문장론 관점(funktionale Satzperspektive)이 도움이 된다고 생각하는데, 그 이유는 형식(단어위치)을 텍스트의 의미와 연관짓기 때문이다. 그 외에도 화행론은 단어를 의도한 발화수반행위(Illokution)라는 맥락에서 관찰하며, 텍스트를 여러 행위의 연속체라고 보도록 한다. 화행론은 또한 발화된 내용을 이해하는 데 상황이 어떤 역할을 하는가를

함께 고려하기 때문에 그 의미가 크다. 같은 문장이라도 상황에 따라 상이한 언표내적 행위가 있을 수 있다. 동일한 문장이라도 어떠한 상황적 요인이 중요한가에 따라 확인이나 요구, 경고 또는 선언 등의 역할을 할 수 있다. 정치적 연설문이나 외교관련 선포문을 번역해 본 사람이라면 상황이라는 요인이 실제로 문제가 될 수 있다는 점에 동의할 것이다. 기술 문체론(descriptive Stilistik)을 통해서는 단어를 하나의 상황과 연결함으로써 언어의 다양한 차원에 맞게 번역이 적절하게 되었는지에 대해 판단할 수 있는 기술을 얻을 수 있다.[5)]

5. 번역에서 어휘/의미론, 통사/단어위치, 의도 및 문체 등 언어학적 분석의 다양한 차원을 사용하고자 한다면, 이들이 일종의 관계망을 이루고 있음을 인식해야 한다. 우리가 선보인 예에서는 단어의 의미를 문장으로 풀어서 번역하는 것이 가능했지만, 그 문장은 다시금 해당 텍스트부분에서 더 포괄적인 수사구조의 맥락에서 살펴야만 했다. 의미, 통사, 목적, 문체 등 서로 독립된 차원에서만 내리게 되는 결정이란 없다. 예를 들어 특정 표현에서 사용된 단어들이 어떠한 상황에서 사용되었는지를 보아야만, 표현의 목적을 알아낼 수 있는 경우도 있고 또, 동일한 목적이라 하더라도 그 뜻이 완전히 다른 통사구조를 통해 전달될 수도 있다.

---

5) 이 원고를 번역하는 현 시점에서, 이와 관련해 더 많은 정보를 얻고자 하는 독자를 위해 회니히/쿠스마울(Hönig/Kußmaul 1982)을 언급한다. 그중 테마-레마를 다룬 110-119쪽, 화행이론을 다룬 76-87쪽 및 기술문체론을 다룬 65-73쪽을 참조하기 바란다. 그 외에도 스넬-혼비(²1999)의 의미론(Nr.13중 화행론을 다룬 단락)과 문체론(Nr 20), 또한 문체론과 관련하여 텍스트, 텍스트종류, 텍스트유형(Nr. 17)을 참조하기 바란다.

6. 번역수업은 합리적이고 인지적인 활동이고, 이를 위해 언어학은 필요한 도구를 제공할 수 있다. 그러나 우리가 현업 번역사들과 대화를 하거나 언어학적 논거를 제시하면, 그들은 "나도 지금까지 그렇게 해 왔어요. 또 번역을 잘 하는데, 언어학이 단 한 번도 필요하지 않았어요"라고 말한다. 노련한 번역사들이 위에서 언급한 과정을 무의식적이고 직관적으로 이미 그렇게 해 왔다는 것은 우리의 견해를 지지해주는 의견이기는 하나, 번역수업을 할 때나 학생들을 설득하고자 할 때 직관에만 의지하기에는 충분치 않다. "내 언어적 감각으로는 그걸로 충분해, 잘된 표현이다" 또는 "내 생각으로는 불충분한 것 같은데…"라는 식의 말로는 누구도 설득할 수 없다. 강사의 권위나 또는 강사가 출발어 및 도착문화에 대해 더 많은 지식을 알고 있다는 이유만으로 번역을 수용하거나 거부하는 것이 아니라, 합리적으로 이해할 수 있는 논거를 들어야 하는데, 이때 언어학은 좋은 방법과 기술을 제공해 줄 수 있다(Snell-Hornby 1985, 24f. 참조). 언어학은 번역수업을 좀 더 민주적으로 하는 데 도움을 준다. 수업을 통해 학생들에게 직관을 방법론적으로 전수해 줄 수 있을지는 의문이나, 그들에게 합리적인 절차를 통해 계속 나아가고, 그들이 자신의 직관을 성공적으로 사용할 수 있는 어느 지점에 도달할 때까지 가야할 길을 보여줄 수는 있다.

[1986]

번역
쉽지 않다!

번역 - 되는대로 막연히 하는 것이 아니다

독일 언론에서는 영국 왕실 특히 찰스 황태자와 다이아나비, 앤공주 관련 기사를 많이 다룬다. *라인팔츠(Rheinpfalz)*지에 실린 기사를 읽다보면 영국황실에 대해 가끔씩 이상한 인상을 받기도 한다. 스포츠이건 언어능력이건 황실사람들이 아주 시원치 않은 것 같다는 느낌이다. *라인팔츠*지의 1985년 10월 23일자의 "인물동정"을 살펴보면 다음과 같은 짧은 기사를 읽을 수 있다:

> Prinzessin Anne, Tochter der britischen Königin Elizabeth II., hat eine erstaunlich sichere Hand bewiesen. Bei Schießübungen in Warminster Wiltshire traf sie aus 300 Meter Entfernung exakt ins Ziel, das nur die Größe eines Bullauges besaß.
>
> 영국의 여왕 엘리자베스 2세의 딸인 앤 공주는 놀랄 만큼 손떨림이 없다는 것을 증명하였다. 앤공주는 워민스터 윌트셔의 사격연습에서 300미

터 떨어진 곳에서 둥그런 창문 크기의 목표를 정확히 명중시켰다.

일반적으로 독자는 텍스트를 이해하고자 하고, 텍스트의 내용을 자신의 세계지식에 부합시킨다. 독자는 선실에 난 둥근 창(Bullauge)이 그렇게 작지 않아 300미터 떨어진 거리에서는 그 목표점을 조준하는 것이 쉬운 일이라는 것을 알고 있을 것이며, 게다가 요즘에는 조준용 망원렌즈가 부착되어 조준이 더 용이함을 알고 있을 것이다. 이 기사를 중요하게 여긴 독자라면, 영국의 사격기술은 여전히 19세기 수준밖에 안 된다고 생각할 수 밖에 없을 것이다. 영국인들이 전통을 고수한다지만, 그 정도까지야…라고 생각할 터이다.

그렇다면 이 글을 읽는 독자는 이 기사가 반어적으로 쓰였다고 판단할 수밖에 없을 것이다. 특히 "erstaunlich sichere Hand(놀랄 만큼 손떨림이 없다)"라는 표현을 읽으면, 이것이 냉소적으로 쓰였다고 판단할 수밖에 없으며, 기자가 이 기사를 통해서 말하고자 하는 것은, 영국 황실 사람들에게는 스포츠 경기 등에서 일반인과는 다른 기준을 적용해야 한다는 점이라고 생각할 것이다.

그러나 일반적으로 *라인팔츠*지는 기사의 논조가 기본적으로 반어적이거나 조롱하는 투가 아니며, 이 기사를 작성한 기자 역시 기사를 진지하게 작성하였다. 사격 기준은 앤 공주에게 적용된다 하더라도 동일하며, 또 실제로도 공주는 매우 뛰어난 사격수이다. 이 텍스트를 이해하기 어려운 이유는 번역오류 때문이다. 영어 원본에서는 분명히 사격 목표점의 정중앙을 의미하는 "the bull's eye(정중앙)"라고 쓰였을 것이다. 독일어의 "Bullauge(둥근 창)"은 영어로 porthole(둥근창)이다. 앤공주는 정중앙(bull's eye)에 사격을 한 것이다.

이는 언어간섭에 의한 번역오류라고 쉽게 설명할 수 있다. 영어 단어를 일대일로 그대로 독일어로 번역하였고, 특히 영어의 bull-은 독일어의 Bull-과 동음이므로 일대일 전환오류에 일조했을 것이다. 그러나 번역을 지도하는 입장에서는, 이것으로 충분히 설명되었다고 만족해서는 안 된다. 심리적인 요인으로 오류의 원인을 분석하긴 하였으나, 그로 인한 문제는 아직 해결하지 못하였기 때문이다. 해당 오류가 의사소통에서 어떤 영향 및 결과를 가져왔는가를 살펴봄으로써만 그 오류를 제대로 평가할 수 있다. 즉, 오류가 설명되긴 했으나, 그렇다고 해서 묵과할 만한 오류는 아니라는 뜻이다. 그 이유는 이러한 번역이 상식을 벗어나고, 말도 안되기 때문이다. 이 기사를 작성한 사람은 "Bullauge(둥근 창)"이라는 표현이 말이 안 되거나, 또는 반어의 의미를 가진다는 것을 인지했어야 한다. 달리 표현해서 기사 작성자가 잠시나마 독자의 입장에서 기사를 읽어보았더라면, "Bullauge(둥근 창)"이라는 표현과 사격에서 목표점과 관련된 일반독자의 지식이 서로 일치할 수 없기 때문에 의사소통이 제대로 기능하지 못한다는 사실을 쉽게 알아챘을 것이다.

독자에게 이런 배경지식이 없었다거나, 또는 이것이 19세기의 일이었다면 그 당시의 기술력에 대한 경험적 지식을 기반으로 했을 것이므로, "Bullauge(둥근 창)" 텍스트는 의사소통의 기능을 했을 수도 있다.

이러한 고려는 활용론(Pragmatik)과 직결된다. 이런 단편적인 예를 통해서도 단어의 의미가 중요하지만, 그 의미를 상황에서 분리하여 기술할 수 없다는 사실이 분명히 드러난다. 이러한 단어의 의미는 독자에 의해 특정 역사적 상황에서 인식된다. 독자는 자신의 지식과 텍스트에 대한 기대를 가지고 의식적이거나 무의식적으로 맥락과 뜻에 맞게 텍스트를 이해하고자 한다. 독자는 텍스트와 상황사이에서 응집성을 만들고자 한다(Reiß/Vermeer 1984, 109ff.). 번역자가 이러한 활용적인 연관의 측면에 신경을 썼더라면 "Bullauge(둥근 창)"가 뭔가 이상하다는 것을 알아챘어야 했다. 이를 달리 표현하면 한 단어의 뜻을 정확히 알지 못한다 하더라도, 텍스트의 어디에서 문제가 있는지를 인식할 수 있다는 점이다. 그 이유는 활용론이 의미론의 상위에 있기 때문이다.

다음 예를 통해 좀 더 구체적인 상황의 적절성을 살펴보자.

> Prinz Charles, britischer Thronfolger, beantwortete bei einem Abendessen im Weißen Haus die Frage von Journalisten, ob seine Frau Spaß beim Tanz mit John Travolta gehabt habe, mit einem Blick auf Prinzessin Diana: "Ich glaube, Liebling, dir hat es Spaß gemacht, oder? Sie müsste schon dumm sein, es nicht zu genießen, mit John Travolta zu tanzen, oder?" Die hinter ihm sitzende Lady Di nickte.
>
> 영국황실의 후계자 찰스황태자는 백악관 만찬에서 황태자비가 존 트라볼타와 춤을 즐겼는지를 묻는 기자들의 질문에 다이애나비를 바라보며 이렇게 대답했다: "자기, 즐거웠지, 아닌가? 존 트라볼타와 함께 춤추는 걸 즐길 수 없는 사람이라면 바보 아니겠어요, 아닌가? " 황태자의 뒤에 앉아있던 다이아나비가 고개를 끄덕였다.[1]

일반적으로 사람들은 "인물동정"의 텍스트종류에서 일화소개식의 기사를 기대하고, 이 텍스트도 일화를 소개하듯이 시작하였으나, 찰스 황태자의 대답이 재담은 아니었다. 독일기사를 읽으면 황태자가 마치 미리 준비해 놓은 쪽지내용을 읽어내리는 것 같고, 통사도 매우 어색해 마치 이 쪽지를 읽는 것이 매우 어려웠던 듯한 느낌을 준다. 문장마다 "oder(아닌가)"로 끝을 내는 것도 스탠드업 코미디언으로 활동하는 스위스의 에밀 슈타인베르거나 할 수 있는 말투인 것 같다. 이 밖에도 독자는 이 기사에 나온 대답의 기발함도 쉽게 찾을 수 없다. 영어로 표현

1) *라인팔츠* 1985년 11월 12일 자.

한 찰스의 대답이 이렇게 빈약하지는 않았을 것이다. 추측을 해 보자면, I think you've loved that, didn't you, dear?"(내 생각엔 당신이 정말 좋아했을 것 같은데, 그렇지 않았나요?) 이렇게 말하고는 리포터에게 고개를 돌려 다시: "She would have been rather silly not to enjoy dancing with John Travolta, wouldn't she(어리석은 사람이 아닌 다음에야 존트라볼타와 춤추는 것을 좋아하지 않았겠어요)."라고 말했을 것이다. 이 문장을 평이한 구어체로 번역을 해본다면 다음과 같다: Ich glaube, dir hat's Spaß gemacht, oder? – So eine Gelegenheit läßt sich doch kein Mädchen entgehen(내 생각엔 재미있었을 것 같은데, 어땠어요? 여자라면 그런 멋진 기회를 놓칠 수 없지요).

*라인팔츠*지에 실린 번역은 무엇보다도 의사소통의 수단을 전혀 고려하지 않은 데 문제가 있다. 먼저, 부가적인 Liebling(자기)이라는 단어는 일반적인 표현이 아니고, 두 번째 문장의 종속문처럼 구어통사에 적절하지도 않다. 이 외에도 두 번째 문장의 경우 의사소통적 행위(언표내적행위)가 매우 불명확하다. 이 텍스트에서 쓰인 수사적인 질문은 공동의 경험 지평에 대한 언질을 주고자 하는 것이다. 즉, 찰스황태자는 여자라면 누구나 연예계 아이돌과 춤추는 것을 즐기는 것은 주지의 사실이라는 것을 표현한 것이다. 황태자는 또한 이러한 언질을 통해서 자신과 기자들 사이에 나름대로 신뢰할 만한 관계가 형성되었음을 암시한다. 이와 관련해서 누군가 타인과 공동의 경험을 암시하여, 이를 통해 타인이 어떻게 생각하고, 느끼고 사고하는지를 알고 있다는 것을 표현한다는 일반적인 원칙을 살펴볼 수 있을 것이다. 즉 타인과의 거리가 매우 멀다거나 사회적인 계층이 지나치게 높거나 또는 낮다면, 그런 사람들과 자신의 경험세계를 공유할 수 있다고는 하지 못할 것이다. 이 경우 의사소통 행위(언

표내적행위)와 사회적인 관계는 상호작용을 하고 있다.[2)]

예시문의 번역은 화행적 관점에서 보았을 때 두 가지 의미에서 부족하다. 첫째로 이 번역에서는 수신자를 고려하지 않았다. 즉 찰스황태자의 말이 왜 인용문으로 언급되는지가 분명하지 않다. 이 짧은 기사를 읽는 독자는 그래서 어떻다는 거지?라는 질문을 할 수밖에 없다. 두 번째로 이 번역은 만찬 중인 찰스 황태자, 즉 발신자의 상황을 고려하지 않았다. 발신자를 충분히 고려하지 않아 전체적으로는 수신자에게 이 텍스트는 무기능의 텍스트가 된다. 특정 인물에 관한 일화식 기사에서는 그 사람을 정확하게 서술하거나 특징을 잡아 기술하는데 여기서는 그렇지 못했기 때문이다. 일반화해서 표현하면, 기능은 "텍스트종류"와 깊은 연관이 있다. 특정 텍스트종류에 적용되는 규범을 알지 못하면, 고유의 기능을 상실한 텍스트를 만들어 낼 위험이 크다. 찰스의 인용문을 구어체의 규범에 맞게 표현했더라면 그것만으로도 일화를 소개하는 텍스트종류에 적합했을 것이다. 두 번째 언표내적행위를 제대로 소개했더라면 그것으로 텍스트가 규범에 맞게 생성되었을 것이다.

위 두 번역의 예를 이해할 때 핵심이 되는 화용개념은 상황(Situation)이다. 상황을 만들어가는 요소는 다시금 발신자와 수신자이며 이러한 요소는 다시금 시간(첫 번째 예: 20세기 말), 장소(두 번째 예: 만찬장), 매체(두 번째 예: 구어), 발신자-수신자-관계(찰스 황태자와 기자들 간의 친근한 대화)이고, 특히 마지막 요소는 언표내적행위 중, 암시에 있어 본질적인 역할을 한다[3)].

---

2) 이와 관련해서 설(1980, 86, 88)은 화자와 청자의 사회적 지위를 언표내적행위(Illkounktionsakt) 분류에 영향을 주는 요인으로 설명하고 있다. 그 외에도 쿠스마울(Kußmaul 1977)의 사업상 공식서한에서 요청과 관련한 내용을 참조하기 바란다.

3) 번역과 관련된 상황관련 요소들이 하우스(House 1977, 37ff.)와 회니히/쿠스마울(Hönig/Kußmaul 1982, 65ff.)에 자세히 설명되어있다.

상황이라는 요소가 매우 복합적이며, 실제 번역안을 결정할 때 큰 역할을 하지만 이 요소가 번역의 최종 평가틀로 인식될 수 없기 때문에 일반적으로 번역은 한층 더 복잡해진다. 상황은 문화와 상호관계에 있다. 상황은 언제나 하나의 문화 속에 이입되나, 동시에 문화적 맥락을 발현하는 것은 그 해당 수신자의 특정상황에 의해 결정된다(Hönig/Kußmaul 1982, 44ff.). 이와 관련된 텍스트의 예문을 들어보겠다. 원문은 영국의 *선데이 타임즈 메거진(Sunday Times Magazine)*에 실린 광고이고, 그 번역문은 몇 달 후에 독일의 *차이트 마가진(ZEIT Magazine)*에 실렸다.

Jersey is that unexpected island you somehow already know. Creamy beaches lazy in the sun. Miles of sky, air clear as glass. Narrow lanes ribbon through rolling green countryside. Jersey is some things Britisch: sterling speech and pounds. First class service··· a point of pride. Jersey is enticingly French: bon appétit, bon climat, joie de vivre.

Jersey is a world of all its own: VAT-free shopping, lively evenings. Riding, swimming, surfing, sailing, golf. Choose sport or seclusion, find hotels or homey guesthouses. And a Jersey holiday doesn't cost the earth or take you half-way round it.

Another World – well within your reach. Jersey.

The Sunday Times, December 30, 1979.

당신이 알고 계신지도 모르지만 저지(Jersey)는 놀라운 섬입니다. 크림색 해변과 태양아래서의 느긋함. 드넓은 하늘과 유리처럼 깨끗한 공기. 풀밭들 사이로 보이는 구불구불한 오솔길. 저지에서 영국을 경험할 수 있습니다: 영국식 영어와 파운드화를 사용합니다. 일등급 서비스는 저지의 자랑입니다. 저지에서 매혹적인 프랑스를 경험할 수 있습니다: 일류 요리, 좋은 기후, 삶의 기쁨.

저지는 그 자체로 하나의 세계입니다: 면세쇼핑, 즐거운 저녁. 승마, 수영, 서핑, 항해, 골프. 운동, 호젓함, 좋은 호텔이나 편안한 민박 등을 선택할 수 있습니다. 저지에서의 휴가는 비용이 많이 들지 않으며 또 지구 반바퀴를 돌아서 가야하는 먼 곳도 아닙니다.

당신 가까이에 있는 또다른 세계. 저지.

Träumen Sie mal rüber; Kremweiche Strände liegen verschlafen in der Sonne. Weit ist der Himmel und die Luft klar wie Glas. Sie sind auf Jersey, dem grünen Jersey mit den saften Hügeln. Eine Erlebnis-Insel, die vieles für Sie sein kann: Englisch – vom Bier bis zur Geselligkeit. Oder französisch von der Küche bis zur Lebensfreude. Oder eine Einkaufsinsel – zollgünstig ohne Mehrwertsteuer.

Das macht auch die Lokale, die Pubs, die Discos, alles doppelt so sympatisch. Wenn Sie dem Spaß begegnen, interessante Menschen treffen wollen, Abwechselung lieben, Sport, - und viel erleben möchten – kommen Sie mal rüber. Urlaub auf Jersey ist unvergesslich, nicht einmal teuer – und mit diesem Coupon Ihnen näher als Sie denken.

Ihre Trauminsel liegt gar nicht so weit. JERSEY.

ZEITmagazin, 7, März 1980.

이 쪽으로 건너오는 꿈을 한번 꿔보세요: 크림처럼 부드러운 해변이 태양 아래 누워 잠들어 있습니다. 당신은 저지에 있습니다. 부드러운 능선이 있는 푸르른 저지에 있습니다. 이 체험의 섬은 당신을 위해 많은 것이 될 수 있습니다. 맥주와 친목에서의 영국식, 또는 요리와 삶의 기쁨에선 프랑스식. 또는 쇼핑의 섬 – 부가가치세 없이 관세가 저렴합니다.

덕분에 술집이나 펍, 디스코 이런 모든 것이 두 배로 더 맘에 듭니다. 재미를 얻거나, 흥미로운 사람을 만나고 싶으시면, 변화를 사랑하거나, 운동이나 많은 것을 체험하고 싶으시면 – 건너오세요. 저지에서 보낸 휴가는 잊지못할 것입니다, 비싸지도 않습니다 – 이 쿠폰이면 당신이 생각하는 것보다 저지는 더 가깝습니다.

당신의 꿈의 섬은 그리 멀지 않습니다. 저지.

두 텍스트에는 많은 부분에서 차이가 있지만, 공통점도 많다는 사실을 알 수 있어 현대적인 의미로 번역을 이해한다면,[4] 예시된 독일어텍스트가 영어의 번역본이라고 말할 수 있을 것이다.

두 텍스트의 공통점은 시작 부분에서 찾아볼 수 있다: 태양, 해변과 바다, 전원적인 풍경. 한편으로는 프랑스적이고, 다른 한편으로는 영국적인 섬의 두 가지 특성도 공통적으로 드러난다. 이 섬이 지리적으로 멀지 않고 비용 측면에서 저렴하다는 것도 공통으로 소개된다. 사실정보는 공통적이나, 그 정보를 소개하는 방법은 문화적으로 차이를 보인다. 프랑스와 영국적이라는 이 섬의 두 가지 특성에 대해서 출발어와 도착텍스트에서 상이한 단어들이 사용되고, 표현되었다. 출발텍스트에서 선별된 사실들은 평균적인 영국인의 관점에 영향을 받았다. 영국인 관광객이 중요하게 여기는 것이 무엇인지가 분명히 드러났다. 즉, 영국통화가 사용되니 불편함이 없을 테고, 영어를 쓸 수 있다는 편리함이다. 프랑스적인 특징에 대한 소개에서는 훌륭한 음식, 좋은 날씨, 삶에서의 기쁨 등 영국에 일반적으로 퍼진 프랑스의 전형적인 이미지가 그대로 반영되었다.

이러한 사실들은 단순히 순차적으로 배열된 것이 아니라, 심리적으로 효과적인 방식을 통해 드러났다: *Sterling Speech and pounds*라는 표현으로 *Sterling area*(영국화폐권)라는 구 대영제국의 황금시대를 연상케 한다. 불어로 표현된 *bon appetit, bon climat, joie de vivre*(5줄) 등은 영국에 확산된 프랑스에 대한 긍정적인 이미지들을 잘 활용하여 프랑스가 생동감있게 구체화되었다.

이렇게 영국문화의 영향 속에서 표현된 이 섬의 영국식, 프랑스식 특성이 독일어번역에서 변하게 될 것이라는 점은 예상된 바였고, 또 이는

4) 라이스/페어메어(Reiß/Vermeer 1984)와 같은 번역의 이해를 의미한다.

현대 통번역학의 이해와도 상응하는 것이다. 출발텍스트는 정보제공만을 하기 때문이다(Vermeer 1982, Reiß/Vermeer 1984, 35ff.). 영어강습 때문이 아닌 이상 독일인 관광객에게는 그 섬에서 영어를 사용하고, 영국화폐를 사용한다는 것이 호소력있는 광고는 아닐 것이므로, 독일어 번역에서 그런 안내는 배제된다.

영국에서와 마찬가지로 독일에서도 프랑스에 대해 비슷한 이미지들이 퍼져있다. 영어 텍스트에서처럼 불어를 그대로 사용할 수 는 없어도 음식문화, 삶의 기쁨(5줄) 등의 내용은 독일어 텍스트에서 유지될 수 있다. 이 섬의 기후와 관련된 장점은 따로 번역되지 않았는데, 독일인들은 좋은 기후를 위해선 지중해로 가기 때문이다.

몇 가지 문화적인 내용에는 의외의 변경 사항들이 있다. 독일에서는 영국이 맥주와 사교성으로 유명한가? 실제 독일에 알려진 영국의 이미지는 다르지 않은가? 독일에는 영국 맥주는 미적지근하고 밋밋하며, 영국인들은 지나치게 정중하고 거리감을 둔다는 등의 이미지가 퍼져있다. 그렇다면 맥주보다는 쉐리주나 위스키를, 사교성보다는 민속적인 것이나 오래된 전통과 같은, 문화적으로 다른 측면을 강조하는 것이 좋지 않았을까?

또 한 가지는 굳이 문화적인 특징이 아닌데도 텍스트의 일부가 변경되었다는 점이다. 스포츠를 열거하는 "*Choose sport… Guesthouse*"(7, 8줄)이 삭제되었다. 그 반면 "*lively evenings*"(6줄)는 내용이 더 풍부해졌으며 구체화되었다. 술집, 펍, 디스코나 재미 또는 흥미로운 사람들에 대한 이야기가 나온다. 도착 문화로의 동화원칙 때문이라는 설명만으로는 충분치 않다.

텍스트를 어떻게 생성해야 하는 지는 문화를 통해서만 결정되는 것이 아니라, 앤공주와 찰스 황태자의 예에서 본 바와 같이 그 텍스트가 일정한 기능을 수행해야 하는 상황에 따라서도 결정된다. 따라서 이 점을 잊어서는 안 된다. 이 텍스트는 독일문화 내에서 어떤 수신자(독자)를 대상으로 하는가?라는 질문을 해 볼 수 있겠다.

독일어 텍스트의 도입부에 쓰인 "Erlebnis-Insel(체험의 섬, 3줄)"을 통해 많은 것을 알 수 있다. 독일어 텍스트의 중심은 처음부터 영문과는 달리 정해졌음을 이 단어를 통해 알 수 있다. 새롭게 추가된 표현이나 또는 삭제된 내용들이 이러한 중심의 변경과 잘 맞는다. 독일어 텍스트는 휴식을 찾아 휴가를 가려는 사람들(*seclusion* 7줄)을 대상으로 하는 것이 아니라, 주로 젊은이나 중년층을 대상으로 무언가를 체험하거나 활발히 활동을 하려는 사람들을 대상으로 한다는 사실을 알 수 있다. 물론 영어 텍스트에도 이런 그룹들에게 신호를 보내고 있으나(*sport, lively evenings* 6, 7줄) 동시에 조용히 쉬고자 하는 이들도 대상으로 한다. 영어 텍스트에서 저지섬은 다양한 연령층을 위한 곳이지만, 독일어 텍스트에서는 젊은이들이 그 주요 대상이다. 승마, 수영, 요트, 골프 등의 개별적인 스포츠를 한데 묶어 단순히 "스포츠"(*Sport*, 9줄)라고 표현한 것은 그리 잘 전달된 것은 아니라고 생각한다. 특히 광고의 대상으로 설정된 그룹을 위해 멋진 스포츠 종류를 개별적이고 구체적으로 언급했더라면, 광고를 보는 이가 더 끌렸을 것이다.

광고대상이라는 측면에서 "Bier(맥주, 4줄)", "Geselligkeit(사교성, 4줄)"를 이 섬의 특징으로 잡은 것이 정당화된다. "Bier(맥주)"는 "Geselligkeit(사교성)"이나 "Pubs(펍)"과 잘 어울리고 "Geselligkeit(사교성)"은 "Erlebnis-Insel(체험의 섬)"이라는 표현과 잘 맞는다. 쉐리나 위스키가 더 영국적일지는 모르나 이러한 주류는 텍스트의 대상 수용자에게 어필하지 못했을 것이다. 첫째로 이런 음료들은 빨리 마시게 되므로 "gesellig(사교적)"인 음료가 못되며 매우 비싸다. "Bier(맥주)"는 독일에서 많이 마시는 음료이기 때문에, 도착어의 환경에 잘 맞는 선택이다. 그럼에도 번역사가 한 가지 좋은 기회를 놓쳤다고 생각한다. 예를 들어 맥주를 구체화해서, "기네스"라는 맥주 브랜드를 언급했더라면 좋았을 듯하다. 물론 "기네스"는 아일랜드 맥주이기는 하지만 도착문화 광고텍스트의 대상그룹은 그 사실을 아마 모를 것이다. 게다가 기네스는 영국에서도 널리 퍼져있다.

그 외에도 해변가를 서술한 "kremweich(크림처럼 부드러운, 1 줄)"와 같은 은유 등 위의 번역에서 몇 가지 비판할 점들이 있기는 하나, 여기서는 화용과 관련된 부분만 제한해 다루고자 한다.

선보인 번역은 몇 가지 부족함이 있긴 하지만, 목적에 맞게 텍스트를 번역한 좋은 예라고 생각한다. 이를 통해 광고텍스트에서는 해당 문화에 따라 결정되는 광고대상자와 그들의 기대치에 처음부터 끝까지 일관적이고 분명하게 부응한다는 것을 잘 보여주고 있다.

이 분석에서는 이미 번역된 텍스트를 통해 번역의뢰의 목적이 무엇이었는지를 추론하였다. 번역의 목적을 "이 원문 텍스트를 휴식을 위해 휴가를 가려는 사람들이 아닌 무엇인가를 체험하고 활동적으로 휴가를 보내고자 하는 젊은층이나 중년층을 대상으로하여 독일어로 번역해 주십시오. 독일인과 영국인이 휴가에서 매력을 느끼는 점이 다르다는 사항을 고려해 주십시오" 정도로 추측할 수 있겠다.

번역의뢰가 없으면 번역이 불가능하고, 의뢰가 없다면 번역자가 스스로에게 의뢰를 해야만 한다. 일반적으로 번역자는 텍스트가 어떤 기능을 하게 될지에 대한 분명한 비전을 가지고 있다. 번역자가 출발어와 도착문화의 전문가로서 텍스트가 어떤 기능을 갖게 될지에 대한 결정을 의뢰자보다 더 잘 할 수도 있다. 예시문 텍스트에서 의뢰자는 저지섬의 관광관공서였다.

번역텍스트가 어떤 기능을 수행해야 하는지에 대한 정의가 분명하면, 자신의 번역을 정당화하는 데 있어 번역자에게 큰 도움이 된다. 현실에서는 안타깝게도 의뢰인이 원문의 단어가 그대로 번역문에 나타나기를 고집하는 경우가 많아 텍스트가 제대로 기능할 수 있도록 설득하기까지는 어려움이 따르는 경우가 많다. (Holz-Mänttäri 1984a, 117ff,; Hönig/Kußmaul 1982, 27f., 39f.).

번역 텍스트의 기능이 본래부터 주어진 것으로 전제될 수 없기 때문에 의뢰를 구체적으로 하는 것이 반드시 필요하다. 출발텍스트에서 항상 번역기능을 유추할 수는 없다. 앞서 선보인 출발텍스트의 경우에도, 도착텍스트가 출발텍스트와는 다른 기능을 가질 수도 있다. 예를 들면, "영국에 거주하는 영국인들이 관광객 유치를 위해 어떻게 광고를 하는지 알고자 하니 이 텍스트를 번역해 주십시오."라는 의뢰도 고려해 볼 수 있겠다. 이러한 경우라면 번역은 광고텍스트가 아닌 광고텍스트에 관한 정보를 담고 있는 텍스트여야 하고, 역자는 *Sterling Speech and pounds* 또는 불어로 쓰인 외국어 등 독일인 독자가 쉽게 인지할 수 없는 함의를 설명해야 할 것이다.

번역의뢰가 "저지섬에 관한 정보를 모은 텍스트가 되도록 번역을 하십시오."가 될 수도 있다. 그렇게 되면 새로운 텍스트가 탄생하게 된다. 이때 *sterling speech* 등과 같은 표현의 함의가 상관 없음은 자명하다. 여기서는 단어의 지시적 의미(Dennotative Bedeutung)가 중요하기 때문이다.

번역의 목적에 따라 번역의뢰는 달라지고, 번역목적은 도착문화 내 도착어 상황에 따라 결정된다. 화행차원이 텍스트가 갖는 의미나 통사차원에 비해 우선된다. 그렇다고 다른 차원에 대한 고려를 모두 배제하는 등으로 작은 흠 때문에 번역을 그르쳐서는 안 될 것이다. 번역사는 전혀 다른 내용을 전달하거나, 또는 특정 문장구조를 사용함으로써 출발텍스트에는 없는 완전히 다른 논리적 관계를 표현해서도 안 된다. 화용론(Pragmatik) 최고의 원칙은 완전히 새로운 텍스트를 만들어서는 안 된다는 것이다[5]. 첫 예문으로 돌아가서 "Bullauge(둥근 창)"를 그대로 유지하되 도착어 독자들이 그 뜻을 더 잘 이해할 수 있게 하기 위해 앤공주가 총대신 화살을 쏘는 것처럼 텍스트를 변경해서는 안 된다. 찰스 황태자와 관련된 텍스트에서 *라인팔츠*지에 실린 내용을 그대로 유지했을 경우, 영국 황실 후계자의 언어구사능력이 얼마나 부족한지를 보여주는 텍스트로 만들었을 때, 기사텍스트에 더 맞는다거나 또는 독자들의 기대에 부응하게 된다 할지라도 부족한 언어구사능력에 관한 기사를 작성해서도 안 된다. 독일 관광객들에게 저지섬이 지중해에 있다면 더 매력적으로 어필할 것이라고 해서, 저지섬을 갑자기 지중해로 옮겨놓아서도 안 된다.

번역의 목적 및 번역의뢰의 구체화화 관련해서는, 광고텍스트와 조작성 텍스트(operative Texte, Reiß 1976)를 통해 많은 것을 알 수 있다. 사용설명서나 학술연구 보고서 또는 강연문이나 전문분야 텍스트의 경우, 번역의 기능은 대부분 원문과 같은 기능을 가진다. 번역의 기능이 출발텍스트의 기능과 동일하여 번역에서 원문 텍스트를 많이 변화시키지 않고도 번역을 할 수 있는 텍스트만을 번역교육에서 주로 다루면, 어려운 문제를 피해갈 수도 있다. 이러한 경우라면 도착어와 출발텍스트 수용자그룹이 동일해야 할 것이고 특히 초문화적인 주제를 가진 텍스트이어야 할 것이다. 이 경우에 원문 텍스트가 미진해 번역자가 번역 텍스트가 제대로 기능을 할 수 있도록 원문 텍스트에 손을 대야하는 경우 등은 교육과정에서 배제해야 할 것이다.

물론 이렇듯 "아주 단순한" 번역기능을 가진 텍스트에도 번역지도에

---

5) 이론과 관련해서는 라이스/페어메어(Reiß/Vermeer 1984, 105, 119)를 참조할 것.

도움이 되는 내용이 많이 포함되어 있고, 이런 텍스트도 막연히 번역해서는 안 된다는 것을 학생들에게 보여줄 수 있을 것이라고 생각한다. 우리가 제시한 두 개의 예문도 출발텍스트와 도착텍스트의 기능이 바뀌지 않았으므로 기능적인 측면에서 별 무리 없는 범주에 해당한다고 할 수 있다. 그러나 그렇다고 해서 번역의 목적에 대해 생각해 보는 것이 이론가들이나 하는 사치이고 현장에서 일하게 될 번역사 교육에서는 불필요한 일이다라는 식의 결론을 내려서는 안 된다. 바로 번역수업에서 번역 활용에 대한 고려를 해야하고, 번역 수업을 통해 미래의 번역사들은 그들이 자신들의 번역을 어떻게 정당화 할 수 있을 지를 배워야 한다. 학생들은 번역의 목표를 자신이 직접 정하고, 자신의 번역에 대해 설정된 목적에 맞게 번역되었는지를 비평하는 연습을 통해 배울 수 있다. 또한 강사가 학생들에게 수업과 시험상황에서 번역의뢰 내용을 구체적으로 제시하고, 번역을 할 때, 그 목적에 상응하는 결정을 내리도록 함으로써, 학생들 스스로 자신의 번역을 정당화하는 연습을 하게된다.

지금의 현장 번역가들이 그러하듯 번역사라는 직업에 걸맞는 지위향상을 요구한다면,[6] 번역사는 어려운 상황에서도 제대로 기능하는 텍스트를 만들어 낼 줄 알아야 하고, 자신이 번역한 텍스트의 정당성을 논거하고 그 텍스트를 사용하도록 해야 한다. 이렇게 해야만 번역이 단순히 언어로 하는 잡일이 아니라고 의뢰인을 설득할 수 있다. 우리는 현재의 상황을 기정사실화하여 받아들이는 것이 아니라, 번역의 미래를 개선할 수 있는 가능성을 열어야 한다.

[1987]

6) 예: 슈텔브링크(Stellbrink 1986, 4f.)

번역
쉽지 않다!

통번역학:
통합적 접근(마리 스넬-혼비, 1988) 서평

스넬-혼비는 루터를 인용하면서 *통번역학: 통합적 접근*이라는 책이 앞으로 번역학이 가야할 길 위에 놓인 "자갈과 돌덩어리"를 치워 번역에 대한 새로운 견해가 디딜 새로운 토양을 일구게 될 것이라고 밝혔다. 결론부터 말하자면 이러한 시도는 성공했다.

저자는 특히 "기존"의 번역학 중 구조주의 언어학에서 전승한 개념이나 이분법, 유형학, 등가성 등과 같은 사고 모델로부터 등을 돌린다. 이외에도 저자는 번역학이 언어학으로 한정되는 것에 반대하고 심리학, 인류학, 철학 등 다른 학문들과의 새로운 연계를 지지하고 있다. 저자에게 번역은 단순한 내용의 전이가 아니라 특정 문화의 특정 상황 내에서 행하는 언어적 행위이다.

저자는 심도있는 설명을 통해 전통적으로 사용되어온 개념 몇 가지를 검토하고 비판한다. 특히 등가성 개념에 대한 비판은 매우 설득력이 있는데, 그 이유는 등가성의 개념을 옹호하는 번역학자들보다 비판을 하고 있는 저자가 그 개념을 더 정확하게 이해하기 때문이다. 저자는 그동안 세미나, 발표문과 워크숍 등을 통해 검증한 다양한 텍스트의 분석을 통해 원형(Prototyp), 설계(Gestalt), 연속체(Kontinuum), 화행, 장면과 틀, 투명성과 반투명(transparent and opak), 차원(Dimension)과 관점(Perspektive) 등의 대안을 제시하고 있다. 그중 차원과 관점은 스넬-혼비가 직접 개발하였고, 다른 개념들은 심리학, 언어철학, 최신 언어학 등에서 차용 및 변경한 것이다. 이러한 개념들이 책 전체에 주요 주제로 잘 정리되어 이해가 쉽고, 논리적으로 잘 정리되어 읽기에도 편하다.

이 책에 소개된 개념들 중 특히 차원이라는 개념은 의미분석에서 매우 유용하며, 문학에서 사용되는 개념보다 더 광범위하게 사용되는 퍼포먼스(Performanz)는 문화적이고 상대적인 관점으로 사실과 현상을 관찰하는 데 유용하다.

필모어의 장면과 틀 이론의 개념을 이 책에서처럼 그대로 사용하는 것은, 그다지 새로운 아이디어는 아니다. 상향식 정보처리, 하향식 정보처리 현상 등 심리언어학에서 관찰한 내용도 마찬가지이다. 장면과 틀 이론의 유용성은 지금까지 보다 텍스트의 기본단위를 더 크게해서 볼 때 나타날 것이라고 생각한다.[1)]

특히 "공공 경고판"과 텍스트종류는 같으나 상이한 병렬텍스트를 분석하여 화행론의 번역관련성이 보완되고 증명된 것은 환영할 만한 점이다. 그러나 출판사에서 저자들에게 원고를 쓸 때 참조하도록 요청하는 안내 예시문이 독일어에서는 일반적으로 "지도하는(Instruieren)" 전통적인 서술문(예: Alle Übeschriften stehen rechtsbündig, 모든 제목은 오른쪽

1) 지금 2008년에 과거를 돌아보면, 초창기에 나는 장면과 틀 이론에 대해 회의적인 태도를 견지하였으나 시간이 지나면서 이 이론의 적극적인 지지자가 되었다.

으로 모아줍니다.) 이 영어 규범에서는 저자의 관찰처럼 명령형이 맞는데, 번역에서는 왜 형식적으로 동일한 서술문으로 번역되었는가에 관한 구체적인 언급이 없는 점에서는 의구심이 인다.

그렇다 하더라도 이 책은 처음으로 일반적인 텍스트와 문학텍스트의 번역 간에 다리를 놓는 최초의 시도라는 점에서 그 의의가 매우 크다고 할 수 있다. 이 시도는 서머셋 모엄(Somerset Maugham)의 텍스트와 그 번역을 차원과 관점의 측면에서 분석함으로써 드러나며, 저자는 이 점을 문학텍스트의 마이크로, 매크로구조에 적용하여 새로운 인식의 지평을 열고 있다.

이를 통해 고답적인 사고를 없애고, 경직되고 단순한 분리를 어떻게 극복할 수 있는지에 대한 새로운 가능성들을 열어주고 있다. 전문텍스트, 일반 텍스트 또는 문학텍스트 이건 간에 텍스트의 전문가로서 번역을 가르치는 사람이라면 스넬-혼비의 책을 통해 유용한 내용을 많이 얻으리라 생각한다.

[1990]

번역학과 번역사양성에서 문화의 역할

■ **텍스트기능과 문화**

번역의 맥락에서 문화에 관해 말하는 사람이라면 먼저 문화라는 요소가 번역과정에서 어떤 위치를 차지하는지를 분명히 해야 한다. "규범(Normen), 관습(Konventionen) 과 의견(Meinungen) 등 개인이나 한 사회가 그들의 행동양식의 방향을 설정한다"(Vermeer 1986a, 11f.)라는 의미에서의 출발문화와 도착문화는 텍스트와 그 번역에서 결정적인 역할을 한다. 텍스트의 발신자는 한 문화의 특정한 사회적, 역사적 상황 속에서 텍스트를 생성한다. 따라서 해당 문화는 그 발신자가 생성하게 되는 텍스트의 모든 언어학적 차원에 잠재적인 영향을 끼친다. 그와 마찬가지로 텍스트의 수신자는 그가 속하는 문화에서 습득한 지식 및 기대치에 의해 영향을 받아 텍스트를 이해하게 되며, 이러한 텍스트의 이해는 텍스트가 주게 될 효과에 잠재적으로 영향을 미친다.

출발문화와 도착문화 간의 차이가 클수록, 번역 시 원저자가 의도한 효과를 이해하고, 그것을 유지하는 것이 어려울 수 있다. 슈미트(Schmitt 1985, 7)는 이와 관련해 아주 적절한 예를 제시한다. 식기세척기를 생산하는 한 국제기업이 아르헨티나에서도 식기세척기를 판매하고자, 미국에서 매우 효과적이었던 광고를 스페인어로 번역했는데, 번역작업은 미국에서 이루어졌다. 번역된 광고 팜플렛의 내용은 대략 다음과 같았다: “Kaufen Sie sich eine Spülmachine, und Sie haben mehr Freizeit(식기세척기를 구입하시면, 당신의 자유시간이 더 많아집니다.)” 이 광고 캠페인은 완전한 실패작이었는데, 이는 아르헨티나 주부들이 가장 원하는 것은 자신을 위해 더 많은 자유시간을 갖는 것이 아니라, 남편과 아이들을 더 잘 돌보는 것이기 때문이었다. 바로 이점에 광고의 초점을 맞추었어야 했던 것이다.

예로 든 문장은 광고텍스트이고, 라이스(Reiß, 1976)에 따르면 광고문의 텍스트유형은 조작성 텍스트로서, 당연히 이러한 유형의 텍스트 번역은 문화에 따른 기대치에 훨씬 더 많은 영향을 받게 된다. 이런 예를 통해서 우리 번역사들이 도착문화로 인해 출발텍스트의 내용에 변화를 주는 것이 필요할 수도 있다는 매우 근본적인 사실이 분명해 진다. 특히 문화적인 지식이 말없이 당연한 것으로 전제될 경우에도 항상 변화가 필요하다. 종종 문화적 암시가 명백히 드러나도록 번역해야만 할 때가 있다. 우선 출발어와 도착어간 사회문화적 실상이 동일하지 않을 때 문제가 발생한다(Wilss 1977a, 57). 따라서 번역사는 전체 작업에서 자료조사에 많은 시간을 할애해야 한다. 존 어빙(John Irving)의 소설 *오웬 미니를 위한 기도(A Prayer for Owen Meany)*를 독일어로 번역한 위르겐 바우어(Jürgen Bauer)와 유디트 네르케(Judith Nerke)는 1991년 1월 22일 겔머스하임 응용언어학 대학에서 강연을 한 바 있다. 이들은 이 강연에서 번역에 들인 시간 중 약 절반을 미국의 야구 경기규칙, 종교단체, 1953년 이후 미국의 정치 및 역사, 영미권 문학의 인용문을 알아내는 데 할애했다고 밝혔다. 번역에 문화관련 정보를 얼마나 추가해야 하는가는, 번역사가 도착텍스트 독자의 문화적 배경지식이 어느 정도인지 예상하고 판단하는 데에 따라 결정된다. 특히 문화관련 배경지식을 표현할 때 최대한 많은 정보를 전달하는 것이 아니라, 해당하는 텍스트가 갖는 기능에 따라 도착문화의 독자의 관점에 기초해 필요한 만큼 전달하는 것이 중요하다는 점을 강조하고자 한다(Hönig/Kußmaul 1982, 53f.).

도착문화의 상황에 따라 출발텍스트와 비교해 번역텍스트의 기능을 변환해야 할 때도 있다. 문학작품을 아동도서로 번역하는 것이 번역학에서 자주 언급되는 기능변환의 한 예이다. 찰스 디킨즈(Charles Dickens)의 몇몇 작품들 *크리스마스캐롤(A Christmas Carol)*, *난로위의 귀뚜라미(The Criket on the Hearth)*, *보즈의 스케치(Sketches by Boz)*, *이태리의 그림들(Pictures from Italy)*, *어린이를 위한 영국역사(A Child's History of England)*그리고 *픽윅 보고서(Pickwick Papers)* 등은 독일에서 수용 초창기에 나이어린 독자나 학교 교육용으로 사용할 수 있도록 번역되었다(Drescher 1987, 313쪽 참조). 기능변환과 관련하여 가장 유명한 예는 조나단 스위프트(Jonathan Swift)의 *걸리버여행기(Guliver's Travels)*일 것이다. 이 소설에 나오는 18세기 영국에 대한 암시를 번역 텍스트에 그대로 두었더라면, 도착문화인 독일의 많은 어린 독자들이 이해하지 못했을 터라 번역텍스트의 기능을 변환해야만 했다. 즉 정치 풍자극이 아닌 동화로 변환된 것이다(Reiß 1971, 103f.참조).

번역할 때 텍스트에 변화를 주거나, 텍스트의 기능을 바꿀 수 있다는 점은 오늘날의 몇몇 번역학자들에게는 더 이상 예외적인 현상이 아니고, 이런 학자들의 이론에서 텍스트 변화와 텍스트 기능의 변환이란 기본적으로 고려되는 점이며, 번역의 목적이 종국에 도착어 수신자의 기대와 요구에따라 영향을 받으므로, 도착문화는 번역행위에서 매우 주요한 역할을 하게 된다. 페어메어의 논문제목인 "문화전이로서의 번역(Übersetzen als kultureller Transfer(1986b)"에서도 이러한 점을 볼 수 있다. 회니히(Hönig/Kußmaul 1982; Hönig 1986, 1988), 쿱쉬-로제라이트(Kupsch-Losereit 1988, 1990), 쿠스마울(Hönig/Kußmaul1982, Kußmaul 1987a, 1987b), 슈미트(Schmitt 1985, 1986) 등 겔머스하임의 기능주의학자들도 이와 동일한 선상에 있다. 빈에서 활동하는 스넬-혼비는 스코포스이론에 호의적이고, 그의 번역연구에서도 문화가 중요한 역할을 하고 있으며, 이점은 논문의 제목 "번역, 언어, 문화(Übersetzen, Sprache, Kultur, 1986b)" 또는 소제목 "문화를 넘나드는 이벤트로서의 번역(Translation as a cross-cultural event, 1988, 39)" 등을 통해서 잘 드러난다.

■ 문화, 의미론 그리고 화행론

그렇다면 번역을 문화적 경계를 넘는 전이(Transfer)로 인식하게 될 경우, 구체적으로 어떤 문제가 생기는가? 우선 무엇이 문화에 속하는지를 살펴봐야 한다. 자연적인 주변 환경을 생태학(ecology) 또는 생활환경(Biotop, Holz-Manttari 1986, 358)이라 칭하면, 이들도 문화에 되는가? 그렇다면 자연이 인간의 인지와 언어에 영향을 미치는지, 또는 언어가 자연에 대한 인지를 결정하는지, 에스키모인들의 언어에서 눈에 대한 표현들이 많은 것이 자연에 의한 것인지, 아니면 이런 낱말영역의 차이를 통해서 자연을 더 구체적으로 인지하게 되는 것인지와 같은 문제에 대해 사변에 빠지게 된다. 언어학에서는 사피어-워프가설(Sapir-Whorf-Hypothese)이라는 개념 하에 이러한 문제를 연구해왔다. 나는 자연과 문화를 구분지어 이러한 문제의 여지를 배제하고자 하며, 또 이런 식의 배제가 단어의 일반적인 사용에도 상응한다고 생각한다. *두덴사전(Duden)*에는 문화가 "한 공동체 안에서 일구어 내는 정신, 예술, 행위 능력의 총체"라고 정의 된다. 물론 그렇다고 해서 자연이 언어에 아무런 영향도 미치지 않는다거나, 번역문제를 일으키는 원인을 제공하지 않는다는 뜻은 아니다. 다만 문화와 자연을 구분하면, 더 많은 것을 볼 수 있다고 생각하는 것뿐이다.

자연과 문화의 경계는 중국어의 예를 들어 보일 수 있다. 중국인에게서 들은 바로는 중국어에는 사람의 머리색을 표현하는 개념이 "검정" 또는 "노랑" 이렇듯 두 가지만 있다고 한다. 이는 우선 자연적인 현상에 기인한 듯하다. 과거 중국에는 머리색이 검은 사람만 있었다. 17세기에 들어 유럽의 상인들을 통해 다른 머리색을 알게 되었고, 그런 색을 한데 묶어 "노랑"이라고 표기하게 되었다. 이 단어가 의미론적으로 어떻게 발전하였는가가 문화와 연관이 있다. "검정"색은 머리색으로 익숙하므로 "선"의 상징이 되었고, "노랑"은 이질적이어서 "악"의 상징이 되었다. 중국인들이 상상하는 악마의 머리는 노랗고, 눈은 파란색이라고 하니 이는 별로 놀랄 일도 아니다.

위의 예는 또 다른 점 즉, 언어체계(Sprachsystem)와 언어사용(Sprachgebrauch)의 차이를 분명히 인식하게 한다. 언어체계에서는 "검정" 또는 "노랑"이라는 개념에 해당하는 단어들이 존재한다. 그러나 그런 단어를 선 또는 악의 상징으로 사용하는 것은 문화적인 현상이다. 번역가의 관점과 문화적 관점에서 보았을 때 한 언어의 언어체계(예를 들면 어휘)는 반드시 이러이러해야만 하고, 다르면 안되는가?라는 질문보다는 예를 들면, 한 언어의 언어체계에서 어휘나 통사구조 또는 언표내적 표지사 등이 어떻게 사용되는지와, 그러한 것들이 사용될 때 문화가 어떤 영향을 미치는지는 어떻게 인식할 수 있는가? 등의 질문을 던져야 하며, 이에 대해서는 많은 대답이 나올 수 있다고 생각한다.

슈미트(Schmitt 1982, 2)에서는 전문용어의 의미를 문화적으로 설명해 주는 좋은 예를 찾아볼 수 있다. 독일의 자동차산업에서는 "Lichtmaschine(발전기)"를 상위개념으로 사용하고, 그 하위개념으로는 "Drehstromgenerator(교류발전기)"와 "Gleichstromgenerator(직류발전기)"를 사용한다. 반면 북미영어권에서는 상위개념으로 generator(발전기) 대신, alternator(교류발전기, Drehstromgenerator)를 주로 사용하는데, 슈미트는 그 이유를 북미 영어권에서는 교류발전기가 유럽에서보다 훨씬 이전에 표준으로 사용되었기 때문이라고 문화적인 차원에서 설명한다. 반면에 영국 영어권의 텍스트에서는 대부분 dynamo(직류발전기, Gleichstromgenerator)를 주로 사용하는데, 그 이유는 영국에서는 1970년대 말까지만 해도 발전기가 주로 직류발전기였기 때문이다. 북미영어와 영국영어의 언어체계(Sprachsystem)에는 차이가 없으므로, 문화에 따라 결정되는 상이성은 언어의 사용 측면에서 나타남을 볼 수 있다. 북미와 영국 영어권 양 체제에는 낱말영역의 개별 위치가 같은 방식으로 작동 됨을 볼 수 있다. 즉, 영국 영어와 북미 영어 모두 generator가 발전기의 상위개념이나, 이 두 언어권에서 각각의 단어를 상이하게 사용하는데, 그 이유는 두 언어권의 기술적인 발전과정에 차이가 있기 때문이고, 기술의 발전을 역사 발전의 일부로 살펴보면, 이는 문화적 발전의 일부로 여기는 것이 타당하다고 생각한다.

또 다른 의미분야에서도 각 문화적 특성에 따른 차이와 관련된 예들을 살펴 볼 수 있는 데, 특히 은유(이와 관련해서는 Snell-Hornby 1988, 57을 참조할 것)를 예로 들 수 있다. 영어에서는 "고약하고 성깔있다"라는 뜻으로 "She is a cat[그녀는 고양이이다]"이라는 표현을 사용한다. 반면 독일어에서 "Katze(고양이)"는 악의적이거나 고약한 성격을 빗대는 말로 사용되지 않고, 우아함, 매력, 부드러움이나 다정함 등을 뜻한다. "고약하고 성깔있다"의 독일어 표현인 "Sie ist eine alte Ziege[그녀는 늙은 염소이다]"를 영어로 그대로 번역할 때 염소(goat)를 그대로 사용할 수 없는데, 영어에서 염소는 멍청하고 별로 맘에 들지 않는 사람을 뜻하지 않고, 성적으로 매우 활발한 남자(*a man who is very active sexually*(DCE))를 은유적으로 표현하기 때문이다. 스넬-혼비는 동물을 사용한 은유가 독일어와 영어에서 상이하게 쓰이는 것을 문화적인 특성에 따른 것으로 보고, 상이한 문화는 상이한 상징을 사용하기 때문이라고 설명한다. 또 이와 관련해 미국 흑인영어에서 사용되는 고양이(cat)의 예를 든다. 고양이는 미국 흑인영어에서는 일반 영어와는 또 다른 의미로 사용되어 경멸하는 의미 없이 "사람"이라는 뜻으로 남자와 여자 모두를 표현하는데, 저자는 이를 통해 문화적 차이를 증명해 보인다(1988, 58).

이러한 현상들을 기본으로 한걸음 더 나아가, 다른 문화적 현상의 맥락에서 은유의 의미를 살필 수 있을 것이다. 즉, 통시적인 차원에서 상이한 문학적 전통에 근거하여 은유의 의미를 설명해 볼 수 있다. *이솝우화(Äsop, Tierfabeln)*나 *라퐁텐(La Fontaine)-우화*, 또는 괴테(Goethe)의 *여우 라이네케(Reinenke Fuchs)* 등이 유럽 언어 및 문화권에 어떤 영향을 주었는지 연구해 보는 것도 흥미로울 것이다. 종교나 신화적인 전통도 은유의 의미에서 중요한 역할을 한다. 기독교에서는 비둘기가 평화의 상징으로, 양이 순수의 상징으로 사용되고, 유럽신화에서 악한 괴물의 상징인 용은 중국의 신화에서는 행운의 상징이다. 문화의 보편성과 개별 현상들의 상이한 형태간의 관계에 대해 굿이너프(Goodenough)는 다음과 같이 명쾌히 밝히고 있다:

> 문화는 물질적 현상이 아니고, 사물, 사람, 행동이나 감정으로 구성된 것도 아니라는 사실을 인지해야 한다. 문화란 이러한 것들의 조직이라고 보는 것이 더 타당하다. 문화는 인간의 사고 속에 있는 것들의 형태, 즉, 인간이 인지하고 관계짓고 해석하는 모델이다. 인간이 자신의 상황을 인지하고 그에 대처하는 데에 문화를 적용하는 것과 같이, 말하고 행동하는 것, 사회적 약속 및 이벤트 등은 문화의 생산물이나 부산물이라고 할 수 있다. 자신의 문화를 아는 사람에게 이러한 사물과 이벤트는 문화적 형태를 나타내는 징표이거나, 물질적으로 드러나는 것의 모델을 나타내는 징표이기도 하다. (Snell-Hornby 1988, 40에서 재인용)

동물 은유와 관련해서 살펴보면 이는 문화에 의해 사전에 형성된 시각에 따라 상이한 측면이 눈에 띈다는 것을 뜻한다. 이는 서로 다른 문화권에서 용의 상징이 상반된 의미를 가지는 것에서 특히 분명히 드러난다. 또한 나는 여기서 심리언어학에서 얻은 연구결과와 유사점을 찾아볼 수 있다고 생각한다(Hörmann 1981 참조). 여러 문화에서 용의 그림, 상징영역은 동일한 것일 수는 있으나, 그 상징의 이해와 의미는 청자가 가지고 있는 지식, 즉 상이한 하향화 정보처리에 따라 행운의 상징 대 나쁜 괴물의 예처럼 달라진다. 굿이너프가 밝히듯 번역자가 "인지하고, 관계 짓고 해석하는 모델(models for perceiving, relating and interpreting)"을 찾아내어 다양한 현상 간의 맥락을 살필 수 있다면 번역자의 인식에 도움이 된다. 통시적인 측면보다 중요한 것은 것은 하임스(Hymes)가 작성한 다음의 다양한 질문의 목록처럼 동시적 관찰방식이라고 생각한다.

> 언어습관은 다른 습관이나 태도와 관계가 있는가?
>
> 언어습관이 다른 사람들은 언어와 관련된 다른 습관과 태도에서도 차이를 보이는가?
>
> 언어습관과 그 차이는 타자를 결정하는 기준이 될 수 있는가?
> (Hymes 1964, 116)

독어 및 영어문화권과 관련하여, 어떤 번역학의 연구과제가 가능할지 두 가지의 예를 들어 선보이고자 한다. 첫 번째 예를 살펴보자. 코퍼스연구(Korpus-Untersuchung)를 통해 확인한 바와 같이 영어의 독촉장(Mahnschreiben)에는 일반적으로 다음과 같은 문구가 있다: *We must ask you to send us your cheque without further delay*[우리는 청구된 금액을 지체없이 송금할 것을 요청해야 합니다](Kußmaul 1990, 20). 영어권 학술논문에서는 결과를 표현할 때 I suggest [나는 제안하다] 가 주로 사용되었음을 관찰할 수 있었다. 이러한 두 가지 현상 모두 간접적이고 조심스러운 태도에 해당하는 데, 이점은 프레이저(Fraser, 1975)가 화행론의 틀에서 "약화된 수행문(*hedged performatives*)"으로 설명한 바 있고, 슈뢰더(Schröder, 1987)가 학술논문을 연구하면서 사용한 일반화한 개념인 약화(*hedging*) 현상이다. 일반적으로 약화는 화자나 저자가 일종의 절제된 표현을 사용함으로써 상대방이 자신의 위치를 직접 공격하거나, 공격으로 인해 자신이 체면을 잃는 위험을 피하는 것이다(Schröder 1987, 47). 텍스트종류가 유사한 경우 독일어에서 사용되는 표현은 훨씬 더 직접적이다. 예를 들어 경고장에는 "Wir bitten Sie, den Betrag sofort zu überweisen[우리는 해당 금액을 당장 송금해 줄 것을 요청합니다](Kußmaul 1990, 20)". 독일 학술논문에는 "Wir können folgende Ergebnisse festhalten[우리는 다음과 같은 결론을 확정할 수 있다]"와 같은 문구가 주로 사용되는 듯하나, 이에는 실증적 증명이 필요하다. 갈퉁(Galtung 1985, 157f.)은 학계의 담화 중 비판을 할 때 영국과 미국에서는 긍정적인 측면의 언급으로 시작하고, 구체적으로 비판에 들어가기 전에 "그러나"를 사용한다고 밝혔다. 이것 역시 일종의 약화로 볼 수 있는데, 먼저 자신의 비판을 "포장"하고, 이를 통해 (이 경우에는) 상대방의 체면이 손상되지 않도록 표현하기 때문이다. 반면 독일어의 경우에는 상대방 발표의 부족한 점이 있으면, 돌려말하지 않고 직접적인 표현을 사용하는데, 그 예는 다음과 같다. "Herr Kollege, Sie haben eine wichtigen Aspekt nicht beachtet" [선생은 아주 중요한 관점 하나를 고려하지 않았어요!]

두 번째 예로, 영어 인문학논문 텍스트 코퍼스를 실증적으로 연구해 본 결과, 영어 인문학논문에서는 발신자-수신자-거리가 독일어보다 훨씬 더 가깝다는 것을 알 수 있었다. 이 점은 영어에서 특정 화행시 인칭대명사 I 와 we가 주로 사용된다는 것을 통해서 나타난다. 이와는 반대로 독일어 논문에서는 비인칭 구문이 더 자주 사용된다. 통고 화행의 경우 영어에서는 주로 "I shall here deal with…[나는 여기서…를 다루겠다]"의 문장이 사용되나, 독일어에서는 대부분 "Das vorliegende Buch/Kapitel will zeigen…[이 책/장에서는 …를 보이고자 한다]" (Kußmaul 1978, 55)[1] 라는 문장이 사용된다. 갈퉁(1985)은 독일 학계의 논거방식의 기본 표본을 가설로 세운 바 있는데, 이 점을 그의 가설과 연결지어보면, 독일어권에서는 상대방을 포함시키는 것이 그다지 중요하지 않은 듯하다. "토론을 할 때 두 사람 또는 여럿이 참여하는 대화가 아니며, 공동으로 어떤 새로운 것을 찾으려는 노력이 아니라, 자아확인을 위한 힘겨루기처럼 병렬적 독백이 주된 형식이다"(Galtung 1985, 191).

저자의 관찰에 따르면 독일어보다 영어에서 발신자와 수신자의 거리가 더 가까운 것은 구어 강연문의 전체 스타일에서도 드러난다. 이러한 경우 농담이나 예를 언급할 때 "I wanna tell you a story[제가 이야기 하나 하겠습니다]"와 같이 개인적 차원의 인칭대명사가 언급된다. 물론 이점은 실증 연구를 통해 확인되어야 할 것이다. 반면에 독일어 강연에서 농담을 하면 청자들이 강연을 심각하게 받아들이지 않을 위험이 생길 수

1) 이에 해당하는 논문은 본 논문집 39-58쪽을 참조할 것

도 있다.

그렇다면 이러한 언어사용 현상에서 어떤 공통점이 있는가를 생각해볼 수 있다. 이때 기술 문체론(deskriptive Stilistik)에서 개발한 상황분석이 유용할 수 있다(예 : Crystal/Davy 1969). 약화(hedging)와 관련된 첫 번째 예를 살펴보면 해당 상황에서는 의례성이 특징적인 듯하다. 독촉장이나 학술논문 및 일정 정도의 학술토론에서도 발신자-수신자-관계가 상대적으로 낮은 친숙함의 정도에 의해 결정되는 듯하다.

발신자-수신자-거리와 관련된 두 번째 예에서는 "학계"라는 사용영역이 (Crystal/Davy 1969, 71ff.의 용어로는 *province*) 중요한 듯한데, 물론 각 학문별로 언어사용 행태에 차이가 있는지는 더 연구해봐야 한다.

여타 다른 상황적 요인들, 즉 성별의 차이(여성 학자와 남성학자의 화법은 서로 다른가?), 시대(규범이 변했는가?), 발신자와 수신자 간의 지위관계(동료를 대상으로 하는 강연과 학생을 대상으로 하는 강연은 차이가 있을 것이다) 등이 근본적으로 영향을 끼칠 수 있는지 고려해 보아야 한다.

정확히 정의되고 비교가능한 의사소통상황의 비교분석을 통해 우선 발견의 틀을 만들 수 있을 것이다. 그런 후에야 어떤 현상들이 나타나는지를 발견할 수 있다. 그리고나서 워프의 잠재유형(cryptotype, Whorf 1964, 132ff.)과 같은 행동기저의 기본 원칙이 있다는 가설을 세워볼 수 있겠다. 가설이 실현된다면 언어적, 비언어적인 행동에서도 동일한 원칙을 찾아볼 수 있을 것이다.

오해의 여지를 없애기 위해 한가지는 분명히 밝혀두고 싶다. 나는 여기서 언어와 결부하여 민족성 찾기를 지지하려는 것이 아니다. 각 나라에 대한 선입견에 대해서는 주의해야 한다. 일반화의 오류라는 위험을 피하기 위해서는 언어사용이 문화뿐 아니라 특정한 의사소통상황에 의해서도 영향을 받는다는 사실을 분명히 인식해야 한다. 언어사용에 영향을 주는 다양한 요소를 하나의 뭉치로 묶어, 그러한 뭉치가 다른 문화권에서도 유사한 언어사용의 형태로 존재하는지를 살펴볼 수 있을 것이다.

이것이 번역에 주는 시사점은 분명하다. 번역에서 단어의 의미를 재전달하거나 통사적 문장구조들에서 상응하는 대응문장을 만드는 것 등이 중요한 부분이라 하더라도, 번역에서 다른 문화의 언어행동 규범을 얼마나 적절하게 바꾸느냐가 매우 중요하기 때문이다. 영어로 된 강연문을 독일어로 번역한다면, 약화 양태를 그대로 둘 것인가 또는 텍스트를 더 직접적으로 대체할 것인가? 영어 텍스트에서 나타나는 발신자-수신자-거리가 가까운데, 번역에서 이를 그대로 유지할 것인가 아니면 거리를 더 둘 것인가 등의 문제를 고려해야 할 것이다. 물론 정해진 규칙은 없다. 독자나 청자가 누구인가에 따라, 개별 상황에 따라 결정해야 한다. 영어권학자가 발표를 한다면 영어권의 청중들은 편한 분위기의 강연을 기대할 것이라고 충분히 생각해 볼 수 있다. 그러나 독일 출판계에서 출판하려는 영어권 언어학자라면 독일 규범을 따라야 할 것이다. 최종 결정의 틀은 청자와 독자 및 그들의 기대이다. 독자와 청자의 기대에 의도적으로 부합하지 않는다거나 수신자를 놀래키려는 의도는 이 논의에서 배제하겠다. 물론 그런 상황도 번역의 기능에 해당할 수 있다.

■ 문화학적 차원에서 외국학 연구

앞서 언급한 경우에서 한 걸음만 더 내디디면, 번역이 문화자문의 역할을 하게된다. 마그렛 암만(Margret Ammann)과 한스 페어메어는 통번역학 교과과정 설계에서 이미 컨설턴트(Ammann/Vermeer 1990, 21, 74f.)라는 개념을 도입하였다. 그렇다면 번역사 및 통역사 또는 "문화 간 컨설턴트" 양성을 위한 교과과정에서 문화학 관련 내용이 현재 얼마나 되고, 또 어떻게 보완될 수 있는가?

통역과 번역을 가르치는 학교에서 문화학은 일반적으로 지역사정의 형태로 소개되고 해당 국가의 정치기구, 역사, 교육, 예술 및 문학 등의 주제를 다룬다. 문제는 수업에서 다룰 주제선정의 시작과 끝을 어디로 할 것인가를 잘 모른다는 점인데, 이런 문제가 늘 인식되는 것은 아니다. 역사적으로 어떤 연도를 반드시 알아야 하고 정치기구와 관련해서는 얼마나 상세히 알아야 하며, 사회상들은 어떠하며, 어떤 작가의 어떤 작품들을 알아야 하는지 등의 문제가 있다. 반드시 알아야 할 기본 목록을 만드는 문제와 통역사와 번역사에게 목록을 통한 기본지식이 그들의 직업과 밀접한 연관이 있다는 점을 환기시키는 것은 또 다른 일이다. 통번역사는 우선 커뮤니케이션에 관계한다. 따라서 알아야 하는 사실과 수치를 선별할 때 그것이 커뮤니케이션에서 중요한 역할을 하는가에 따라 무게중심을 두고 그에 맞게 비중을 결정하는 것은 당연하다. 이를 위해서는 어떤 문화적 지식이 한 언어권 내 사람들의 의식에 실재 존재하는지에 대한 연구가 선행되어야 할 것이다. 예를 들면 우리는 영국 중산-식자층이 세익스피어(Shakespeare)를 종종 인용하는 것을 알고 있다. 신문이나 학술지에 그의 작품이 인용되거나 특정부분이 함축적으로 언급되는데, 번역사는 이러한 점들을 알아채야 한다. 독일의 독자, 독일의 영문학 전공자들이 대표적인 영국문학이라고 생각하는 작품들을 영국인들도 실제 대표적 작품들로 간주하고 있는지, 영국인들이 그러한 작품을 읽고 그에 대해 대화를 나누는지, 실제 살아있는 문화유산이 맞는지 등을 근본적으로 고려해 봐야 할 것이다.

이때 자기 고유의 문화에 의해 타문화를 보는 관점이 이미 결정되버린 해석학적 문제(hermeneutisches Problem)를 고려해야 한다(이와 관련해서는 Kupsch-Losereit 1990, 152 참조할 것). 디킨즈의 *픽윅 보고서(Pick-*

*wich Papers)*는 19세기 독일에서 매우 사랑받은 작품이었는데, 그 이유는 독일식 정서인 편안함(Behaglichkeit)과 안락함(Gemütlichkeit)에 맞아 떨어지기 때문이라고 볼 수 있다(Drescher 1987, 308f. 참조). 현대적인 예로는 로알드 달(Roald Dahl)을 들 수 있는데, 그는 우리에게는 기이하고 섬뜩한 단편 *키스 키스(Kiss Kiss)*로 잘 알려져 있다. 그러나 영국에서는 달이 *소년(Boy)*이나 *찰리와 초콜릿 공장(Charlie and the Chocolate Factory)*과 같은 동화작가로 더 많이 알려져 있다. 어떤 문학작품이 현대 영국인들의 의식에 중요한 역할을 하는지 살펴보기 위해서는 실증적 연구가 매우 유용할 것이다. 이를 위한 연구 방법으로는 영국 학교의 도서목록이나 중산층이나 노동자 계급에 속하는 이들이 어떤 책을 읽는가에 대한 통계에 기반하는 설문조사 등을 생각해 볼 수 있다. 물론 소위 말하는 순수문학 작품만을 연구에 포함시켜서는 안 될 것이다. 문화적 인식에는 동화도 매우 중요한 역할을 한다. 이런 작품들도 인용되거나 암시적으로 표현된다. 영국에는 케네스 그라함(Kenneth Grahame)의 *버드나무에 부는 바람(The Wind in the Willows)*이나 에이 에이 밀른(A. A. Milne)의 *어린시절(When We Were Very Young)* 과 *곰돌이 푸(Winnie the Pooh)*와 같은 작품들이 이에 해당한다. 참고로 이 작품들은 *콜린스 콘사이스사전 플러스(Collins Concise Dictionary Plus)*에 언급되었다. 이러한 작품들은 독일에서 영문학을 전공하는 학생들의 세미나에서는 일반적으로 다루지 않는 작품들이다. 그러나 통번역과에서는 학생들에게 영국과 미국에서 그들의 문화적 의식에 중요한 작품이 무엇인지 알리는 것이 중요하지, 영미문학 전공자가 즐겨읽는 작품이 무엇인지가 중요한 것은 아니다.

번역 전공자들을 위한 작품을 선정할 때 해당 문화권의 지역사정과 관련된 측면을 고려하는 것도 좋은 방법일 것이다(Kapp 1974b, 142). 예를 들어 로알드 달의 *소년(Boy)*을 통해서는 영국 공립학교의 생활상을 잘 알 수 있다. 시 피 스노우(C.P. Snow)의 *마스터스(The Masters)*를 통해서는 캠프리지의 컬리지생활에 대해 알아볼 수 있다. 디킨스는 영국의 산업혁명시대를 살펴보는 데 도움이 될 수 있을 것이다. 문학 텍스트를 그 문화의 사정을 알기위한 정보로만 독해하자는 것은 아니지만, 관련된 정보를 아는 것 또한 앞으로 문화 전문가로서 활동하게 될 후진을 위한 교육에서 빠져서는 안되는 중요한 요소이다.

문화 간 의사소통 중개자에게 있어 사실에 근거한 문화 지식뿐만 아니라, 그 해당 문화구성원의 행동양식에 대한 지식 또한 매우 중요하다고 생각하며(Göhring 1976 참조), 이는 앞서 간단히 소개한 연구프로그램과 연결된다. 문화구성원의 행동양식과 관련해서도 미래의 문화 간 교량 역할을 하는 통번역사를 위해 필요한 행동양태를 선별해야 한다. 식탁에서의 예절, 인사양식, 다양한 농담 형태, 한담의 주제, 행동전략 또는 시간관념 등 필요한 부분을 잘 선택해야 한다.

아넬리 크납-포트호프(Annelie Knapp-Potthoff, 1987)는 주제 선정시 생길 수 있는 문제를 적어도 처음에는 피해갈 수 있는 흥미로운 모델을 선보였다. 이 모델에서는 문화 간 의사소통을 담당하는 사람이 타문화에 대해 최대한 많은 것을 아는 것이 중요한 것이 아니라, 설령 많이 알지 못한다 할지라도, 겉으로 드러나는 언어적 또는 비언어적 현상이 예상한 것과는 다른 중요한 의미를 가질 수도 있다는 점을 감지해야 한다고 한다. 이때 표현된 내용의 사전적 의미와 지시적 의미의 차이에 무게중심을 둔다기 보다는, 이해하지 못하거나 오해가 생길 수 있는 사회적 의미의 상이성에 주안점을 두어야 한다고 한다. 크납-포트호프는 처음부터 오해의 여지를 고려하고 그런 오해를 배제하거나 제거할 수 있는 기술을 내포하는 전략모델을 선보였다. 이 전략을 "이해확인 전략(Strategie der Verständniskontrolle)"(Knapp-Potthoff 1987, 432)이라고 한다. 이 전략에서는 "상대방이 당신이 말한 것을 오해할 수 있다는 점을 고려해서 상호 의사소통을 계속하면서 오해의 여지가 있는지 잘 확인하라"고 말하고 있다. 즉 언어구사능력이 좋아도 의미부여를 잘못할 수 있다는 점, 특히 사회적 의미부여를 잘못할 수 있다는 점을 고려해야 한다는 것이다. 이에 대한 좋은 예로 비록 맥락은 다르지만 스넬-혼비(1989)를 들 수 있다. 남인도 케랄라에서는 길에서 만난 사람에게 어디 가세요?(Where are you going)라고 묻는데, 이는 질문을 위한 화행이 아니라 인사의 화행이다. 케랄라에서는 다음과 같이 인사가 진행된다:

A: Wo gehest du hin? (어디 가니?)
B: Nur bis dorthin. (그저 저기까지.)
A: Wozu? (뭐하러?)
B: Nur so. (그냥.)
(Snell-Hornby 1989, 135)

문화 간 의사소통을 잘 하는 사람이라면 이러한 규범을 알지 못한다 해도 이런 질문을 받았을 때 스스로 이상하다(=오해여지에 대한 암시)고 여길 것이며, 이러한 표현 뒤에는 반드시 현 상황에 적절한 어떤 규범적 기능이 있을 것이라고 해석할 수 있을 것이다. 크납-포트호프가 제안한 또 다른 전략 "메타커뮤니케이션을 사용한 보수 전략(Strategie der metakommunikativen Reparatur, 1987, 432)"을 통해 오해를 풀고, 대화를 옳은 방향으로 이끌 수 있을 것이다.

구조주의적 방법들은 언어사용 행태와 관련된 이같은 현상을 설명하는 데 여러 차례 기여하였는데 그중 라도(Lado)는 문화를 "미리 형성된 행동양식의 정리된 체계(1976, 58)"라고 서술하였다. 라도는 이와 관련하여 형식(Form), 의미(Bedeutung)와 배분(Distribution)을 구분한다. 위의 예를 통해 살펴본다면 남인도와 영국의 문화 형식은 동일하나, 그 의미와 배분은 서로 상이하다.

또 다른 이론적 기반으로는 간접성과 관련된 화행론을 들 수 있다(Searle 1975, Grice 1975). 여기서 분명한 것은 언어학 외에도 심리학, 사회학, 문화인류학 등 인간의 행동양식을 연구하는 다른 학문을 포함시켜야 한다는 점이다.

특히 언어를 통한 의사소통과 직접 관련이 있는 문화인류학적 지식은 통번역학에서 매우 중요하다고 생각한다. 이 티 할(E. T. Hall)의 근접공간성(Proxemic) 연구가 좋은 예다(Hall 1972a, 1972b). 대화 시 화자 간의 공간적 거리는 문화권마다 상이하다. 개인적 관찰로도 사적인 대화를 할 때 아랍권 사람들의 공간적 거리는 독일이나 북유럽 사람들보다 훨씬 더 가깝고, 신체적인 접촉 또한 그리 특별한 문제가 아니라는 점을 확인할 수 있었다. 이에 대해 잘못 반응하지 않으려면 각각의 행동체계를 알아야 할 것이다.

마지막으로 이러한 비언어적 행동을 언어적인 행동과 연관지어서 위에서 암시한 바와 같이 양자 간 공동의 기본구조를 밝혀낼 수 있다면 아주 이상적일 것이다. 그렇게 되면 문화학적 외국학 연구는 통역사, 번역사와 문화 컨설턴트의 언어 활동과 연결점을 갖게 된다. 다만 이는 장기목표이어서, 도달하기까지 아직은 길이 멀다.

[1992]

번역
쉽지 않다!

번역교육을 위한 실증적 기반: 번역과정에서의 창의성

번역을 어떻게 가르칠 것인가? 이 질문에 대해서는 겔머스하임, 하이델베르크, 힐데스하임, 라이프치히 또는 자르브뤼켄 대학에서 번역수업을 하는 사람이라면, 정도의 차이는 있어도 구체적인 대답을 할 수 있을 것이다. 어떤 이들은 강의 경험을 토대로 "학생들이 주로 어려워 하는 공통 문제 몇 가지를 찾아서 일정한 방식으로 지도를 했더니, 그 문제가 해결되더라"라는 식의 이야기를 할 것이다. 이 말에 다른 동료들 역시 동의를 하겠지만, 번역지도의 실증적, 학술적 기반을 위해서는 위와 같은 대답은 지나치게 일화적이고 주관적이라고 생각한다.

번역지도와 관련한 실증연구방식에는 네 가지가 있다고 생각한다.

1. 대비언어학적 접근법: 출발어와 도착어 간의 언어체계 간 차이(어휘, 통사 및 관용어)에 따라 생길 수 있는 번역의 어려움을 미리 예

측한다. 해답을 지속적으로 연습해 그러한 문제들을 피할 수 있다.

2. 텍스트분석적 접근법: 번역의 목적에 따라 출발텍스트를 분석하고, 거기에 기반을 두어 이해 와 재텍스트화(Reverbalisierung)의 문제를 예측한다. 텍스트 분석은 문제를 사전에 인지하고 해결하는 데 기여한다.

3. 번역비평과 오류분석적 접근법: 도착텍스트의 분석을 통해서 발생한 문제를 소급해 인식하고 그런 문제의 원인이 무엇인가를 연구한다. 여기서 중요한 것은 오류평가가 번역지도에 있어서 매우 중요한 역할을 차지한다 하더라도, 오류를 평가하기 보다는 오류가 출발어를 잘못 이해하거나, 언어간섭, 또는 외국어능력이나 모국어능력의 부족에서 기인하는가 등 오류의 원인을 찾는 것이 더 중요하다.

이 세 가지 접근법은 모두 추측에 근거한 방식이다. 번역과정이 실제 어떻게 진행되었는지, 또는 진행되고 있는지는 예상한 그대로일 수 있으나, 번역시험을 평가하다보면 텍스트분석을 하면서는 전혀 예상하지 못했던 오류를 발견하는 경험을 하기도 하고, 또는 학생들에게 오류에 대한 질문을 했을 때, 그들이 예상과는 다른 아주 새로운 관점에서 오류에 대한 설명을 하기도 한다.

4. 독일에서는 힐데스하임에서 크링스(Krings), 보훔에서 쾨닉스(Königs), 에센에서 뢰르셔(Lörscher), 겔머스하임에서 키렐리(Kiraly), 회니히 및 저자가 지난 몇년 간 네 번째 접근법을 개발하였는데, 이를 통해 소위말해 "블랙 박스"라 불리는 번역과정을 들여다 보고

자 한다. 이 방식은 다음과 같다.

"소리내어 생각하기 프로토콜(Think Aloud Protocol –TAP)"은 번역과정을 녹음하여 번역 중에 실제 번역자의 머릿속에서 어떤 일들이 일어나는지를 알아보기 위한 방법이다. 이러한 방식에도 차이가 있는데, 우선 번역자가 번역을 하면서 생각하는 모든 것을 다 발화하고 이를 녹음하는 독백성 프로토롤이 있다. 사람들이 일반적으로 독백하듯 자신과의 대화를 하지 않기 때문에 이 방법은 어떤 면에서는 부자연스러운 방법이다. 또 다른 방식으로는 대화프로토콜이 있는데, 여기서는 두 명 또는 그 이상의 피실험자가 번역을 하면서 자연스럽게 하는 대화를 녹음하는 것이다. 그 과정에서 피실험자들은 번역안을 제안하고, 그 제안을 설명하고, 논증하고 비판하거나 충고를 얻는 등 우리의 분석에 유용한 언어행위를 자연스럽게 자극하게 된다. 하우스가 최근 실시한 실증연구에서처럼 대화를 정리한 프로토콜은 독백프로토콜보다는 번역과의 연관성이 높은 데이타를 제공한다.

저자가 사용한 방법은 대화 프로토콜이다. 물론 이 방식은 피실험자들이 실험 중 서로 심리적인 영향을 주게되고, 그것이 다시 번역문제 해결과정에 영향을 줄 수도 있다는 문제를 잠재적으로 내포한다는 점을 나는 잘 인지하고 있다. 예를 들면 한 피실험자가 좋은 아이디어를 내었는데, 어떤 이유에서인지 다른 피실험자가 제안한 아이디어가 해결책으로 채택이 되는 경우가 있다. 대화를 정리한 프로토콜에서는 번역안에 관한 토론을 마치면서 남학생이 여학생에게 "네가 우리 팀의 홍일점이니까, 네 안을 따르자"라는 말을 한 경우도 있다. 이런 식으로 채택된 해결안은 당연히 우리의 실험에 도움이 되지 않는다. 프로토콜을 분석할 때 실험에 참석한 두 사람이 모두 번역안을 찾는 과정에 참여했는지, 또는 둘 중

한 명이 번역과 무관한 다른 이유를 제시할 경우, 다른 한 명이 그에 영향 받지 않고 끝까지 번역안을 찾았는지 주의해야 할 것이다. 물론 분석 시 이런 조건들에 대해서 고려를 해야 하는 것이 쉽지 않은 문제임은 알고 있으나 현재로서는 다른 방법을 찾을 수 없다.

이번 연구는 1989년부터 1990년사이에 학생들이 제출한 세미나과제물 12개를 대상으로 하였으며, 대화 프로토콜 12개를 분석하였다. 분석 대상 첫 텍스트는 *코스모폴리탄(Cosmopolitan)*이라는 잡지에 실린 "시적인" 효과가 내포된 기사가 사용되었고, 두 번째 텍스트는 에드워드 리어(Edward Lear)의 5행 희극시(Limerick) 번역에 관한 것이었다. 이 두 텍스트 외에도 각 세미나별로 저자가 직접 관찰한 내용을 첨가한 대화 프로토콜을 연구에 추가로 포함하였다.

프로토콜 관찰을 통해 번역교육을 위한 기본을 마련하고자 한다. 그렇다면 그것은 어떻게 가능할까? 우선 피실험자들은 번역능력 지도를 받은 학생이어야 한다. 크링스, 쾨니히, 뢰르셔는 실험에 사전 지식이 전혀 없는 일반인들을 투입하였으나, 회니히, 키렐리와 나는 겔머스하임에서 여러 학기 동안 번역을 전공한 학생들, 즉 세미프로 번역사들을 대상으로 실험하였다.

그 외에도 이 연구에서는 창의성을 요구하는 과정을 집중적으로 살펴보고자 한다(Kußmaul 1991 참조). 번역을 할 때 창의성이 요구되지 않는 과정 즉, 기계적으로 진행되는 과정이나 특별한 기술이 없이도 가능한 과정들도 많다. 하지만 실제 번역의 문제는 기계적인 언어의 반복이 더 이상 도움이 되지 않을 때 생긴다. 텍스트에서 전형적인 표현이나 구문 또는 일반적인 구어표현의 틀에서 벗어나는 부분을 번역할 때 우리는 창의적으로 새로운 것을 만들어 내도록 요구받는다.

연구에서 창의성이 요구되도록 실험세팅을 하기 위해 구조가 복잡하고 규범을 벗어난, 표현성의 강도가 높은 "시적" 또는 "문학적" 단문을 실험에 사용하였다. 이 논문에서 시적 텍스트의 본질은 무엇인가에 관한 토론을 하지는 않겠다. 제시된 예를 살펴보면 저자가 말하는 시적·문학적 텍스트가 무엇을 의미하는지 이해할 수 있을 것으로 본다. 라이스는 조작성 텍스트에 세 가지 기능이 있다고 보고 있는데, 그 기능은 의미하는 바를 표현하고(darstellen), 감정에 호소하고(evozieren), 반응이나 행동을 유도하는(provozieren)"하는 기능을 뜻한다(Reiß [2]1983, 102). 이렇듯 기능이 복합적인 조작성 텍스트도 창의성 연구에 사용할 텍스트로 적합할 것이다.

연구의 목표는 두 가지이다. 첫째로는 창의적인 사고가 어떻게 기능하는가를 보여줄 수 있는 본보기가 될 수 있는 번역과정들을 찾는 것이다. 그러한 과정들을 찾아낼 수 있다면 번역수업을 하면서 그 과정들을 유도해야 할 것이다. 두 번째로 반복적으로 문제가 되는 전형적 과정들을 찾아내어, 무엇이 잘못되었는지를 밝혀 번역지도 시 학생들에게 도움을 주고자 한다.

창의성에 대한 논의를 하면, 번역학에서 학제 간 연구의 당위성을 다시금 확인할 수 있다. 우리는 심리학에서 연구한 창의성 연구결과를 번역학 연구에 받아들여야 한다. 창의성 연구에서는 창의성이 지니는 모순적 성격이 종종 언급된다. 생산은 무의식적인데, 과제의 목적과 목표는 의식적으로 인식하고, 사고과정은 우연적이면서 통제된 것이기도 하고, 창의적인 최종 생산물은 독특하면서도 또 실제의 요구에 부합해야 한다는 등의 모순이 그러하다. 창의과정을 각 단계로 나누게 되면 일반적인 창의성의 모순적 성격과 창의적 번역과정이라는 특수한 과정의 모순적 성격에 대해 어느 정도까지는 설명할 수 있다. 겉으로는 상반되어 보이는 의식적이고 무의식적인 과정들이 창의과정의 각 단계별로 서로 연결되어 있고, 이들이 모순적 통일체라기보다는 서로 하나의 연속된 배열체(Sequenz)를 형성한다는 사실이 드러나게 된다. 창의성연구에서는 일반적으로 창의과정을1. 준비 2. 부화 3. 발현 4. 검증의 네 단계로 나눈다.

준비단계에서는 정신적인 과정들이 인지적이고 의식적으로 일어난다. 이 단계에서는 지식을 모으고, 문제를 인식하고 분석한다. 첫 가설도 세우게된다(Ulmann 1968 22f. 참조). 번역할 때의 준비단계는 출발텍스트를 이해하는 단계이다. 이 단계에서는 텍스트 분석과 번역기능에 대한 성찰이 중요한 역할을 하며, 매크로전략들이 결정된다(Hönig 1993). 또 이 단계에서 창의성이라는 것이 신이 부여하는 선물이 아니라 어느 정도까지는 후천적으로 획득할 수 있다는 것이 드러난다. 준비 단계에서는 번역학에서 개발한 모델들이 유용하게 사용될 수 있는데, 이는 라이스가 수 차례 예시한 바 있다. 라이스는 라스웰(Lasswell)의 공식을 이용하거나(1984), 기호학적 측면을(1980) 이용하여 텍스트유형론(1971, 1983)과 텍스트 분석과 관련한 특정 문제들을 여러 논문을 통해 다루었다.

부화단계에서는 지식과 정보의 조합 및 재조직이 중요하다. 이 단계에서 사고는 연상적이고 무의식적으로 일어나는데, 소위 통제되지 않는 작업공간에서(Hönig 1993) 일어난다고 할 수 있고, 주변환경에서 선의의 격려를 필요로 한다. 이 단계의 전형적 특징은 정신적으로나 신체적으로 긴장단계라는 점이다. 꿈속에서 새로운 아이디어가 떠오르는 경우(Preiser 1976, 45; Ulmann 1968, 24ff.)도 관찰된다. 이 단계에서는 브레인스토밍-방식도 사용된다. 소위 파란불-단계(green-light-stage)라고도 불리는 이 단계에서는 최대한 많은 연상과 아이디어가 생산되어야 한다. 비판과 판단은 허용되지 않는다. 비판이나 판단은 빨간불-단계(red-light-stage)까지 일단 보류한다(Clark 1966, 54ff. Preiser 1976, 96).

부화단계에서 일어나는 각 작업들을 프로토콜을 통해 관찰하는 데에는 큰 문제가 있다. 이 단계에서 일어나는 작업들은 대부분 무의식적이어서 이를 관찰하는 것이 실제로는 거의 불가능하다. 녹음을 확인하면 이러한 작업들은 말이 없는 휴지기에서 나타난다. 따라서 휴지기 전이나 다음을 관찰하는 것만이 가능하다. 다시 말하자면 휴지기 전에는 문제가 미해결 상태이다. 휴지기가 창의적이었다면 휴지기가 끝나고 번역제안이 나오는데, 그 안이 좋은 제안인지는 당연히 검증 되어야 한다.

대화 프로토콜을 살펴보면 부화단계와 관련하여 흥미로운 점을 발견할 수 있었는데, 이는 사고가 정체되면, 이를 극복하기 위해 반드시 필요한 긴장완화의 기재가 발동된다는 점이었다. 피실험자들은 경우에 따라 번역을 멈추고, 초콜릿을 먹거나 음료를 마시러 부엌으로 가기도 했고, 녹음카세트를 바꿔 끼우고는 다시 자리에 앉더니, 갑자기 번득이는 아이디어를 내놓기도 하였다. 심지어는 코푸는 일도 이런 효과를 불러오기도 했다.

생각의 정체를 어떻게 극복하였는지에 대한 실례를 들어 보겠다. 실험에 사용된 텍스트의 주제는 휴가중에 생긴 "숙취"였다. 술로 목을 축이는 상황이 다음과 같이 매우 생생하게 서술되었다:

> How well the summer wines goes down, whilst you bask in the balm of an island evening, fanned by the flattery of murmuring machos and lulled by the lilt of gypsy guitars. (*Cosmopolitian*, August 1980, 82)
>
> 당신이 섬의 저녁내음을 기분좋게 향유하고, 관심을 끌려는 터프가이들의 간지러운 속삭임에 들뜨며, 집시의 기타소리에 잠겨있는 동안 여름 와인이 얼마나 부드럽게 넘어가는지. (*코스모폴리탄*, 1980, 8월호, 82).

실험참여자들은 "fanned by the flattery of murmuring machos and lulled by the lilt of gypsy guitars(관심을 끌려는 터프가이들의 간지러운 속삭임에 들뜨며, 집시의 기타소리에 잠겨있는 동안)"이라는 부분을 번역하면

서 다음과 같이 대화를 나누었다:

A: 나라면 mandelaugige Männer(눈이 갸름한 남자) 뭐 이렇게 쓰겠다.

B: 아, 초성 두 개가 m이라서.

A: 보통 mandelaugig(갸름한)은 Mädchen(소녀)라는 단어랑 같이 쓰잖아.

B: 맞아(7초간 휴지기). 벽에 걸려있는 근사한 스페인 사진을 보고 영감을 떠올려 봐 (웃는다).

A: 사진에는 남자가 없잖아.

B: 그래도 뭐든지. "lulled by the lilt of gypsy guitars(집시의 기타소리에 잠겨있는 동안)" (카세트를 돌려끼운다. 약 10초간 휴지기).

A: 이건 어때? "umschmeichelt von bewundernden Blicken(경탄의 눈빛에 둘러쌓여…)"

B: 좋은데!

A: Machos(터프가이)라는 단어는 빼버리자.

B: 알았어.

A: 그러니까 "murmuring machos(속삭이는 터프가이들)"가 "bewundernde Blicke(경탄의 눈빛)"가 되었네…(웃는다)

카세트를 다음 면으로 바꾸어 끼우기 전에는 해결안을 찾는 과정이 잠시 정체된 듯 보인다. "Mädchen(소녀)"이라는 단어를 통해서 볼 수 있듯이, 실험 참가자들은 틀린 방향으로 가고 있었고, 번역안이 없이 지속되는 휴지기는 사고의 정체를 보여준다. 카세트를 돌려 끼우고 나서는 정체가 다시 풀리고 실험 참가자 A는 새로운 안을 내놓게 된다. 이 제안은 출발텍스트에서 벗어나 새로운 길을 걷게되는 사유과정(Denkvorgang)을 겪는데 이에 대해서는 뒤에 좀더 구체적으로 언급하겠다.

번역사들은 카세트를 돌려 끼운다거나 냉장고를 열거나 하는 등 머리를 식히는 활동을 통해, 해결책을 찾아야 한다는 압력에서 잠시나마 해방되었다. 의식은 다른 일에 신경을 쓰고 있지만, 무의식은 여전히 작업을 하고 있고 결국에는 안을 만들어내게 된다.

여기서 번역지도에 적용할 수 있는 교훈은 정체를 극복하는 방식을 체계적으로 이용해야 한다는 점이다. 학생들은 각각 자신만의 극복 방법을 찾아내어야 한다. 어떤 학생은 냉장고를 여는 것으로, 어떤 학생은 근처 주택가로 산책을 가는 등 자기만의 방식이 있을 것이다. 강사가 학생들에게 다양한 방법에 대해 알려주는 것이 중요하다. 작은 그룹을 만들어 다양한 방식을 시도해볼 수도 있다. 차를 대접한다거나 또는 완전히 다른 주제에 대해 이야기를 나누는 것도 방법이다.

그 외에도 우리는 필요한 정서적 기본환경을 만들어 주도록 모든 노력을 해야한다. 그러기 위해서는 학생들이 텍스트를 긍정적으로 받아들이고, 또 강사에 대한 태도 역시 긍정적이어야 한다. 텍스트를 선정할 때 학생들의 정서도 고려해야만 한다. 학생들이 좋아하는 강사의 수업을 선택해서 듣게 되면, 강사 선정 문제는 해결된다. 물론 학생들에게 선택의 여지가 있다면 말이다. 강사의 지적은 비판보다는 장려하는 방식이 되어야 한다. 브레인스토밍은 번역안을 찾을 때 유용하게 사용될 수 있다. 수업을 하면서 브레인스토밍 기술을 적용해 보고, 지금까지 경제분야에 주로 적용되어 온 것처럼 이 기술이 번역수업에서도 성공적일지 실험해 볼 수 있겠다.

창의성에 긍정적인 영향을 미치는 정신적 능력에 관련해서는 길포드(Guilford 1975, 40)가 관찰한 “사고의 유창성(Flüssigkeit des Denkens, fluency of thinking)”을 언급해 볼 수 있다. 사고의 유창성이란 짧은 시간 안에 처한 문제와 관련해 생각, 연상이나 아이디어를 최대한 많이 만들어 내는 능력이다. 사고의 유창성이 번역의 창의성에 실제 도움을 준다는 것은 위의 예에서 살펴볼 수 있었다. “flattery of murmuring machos(터프가이들의 간지러운 속삭임)”의 부분과 관련해서 실험 참가자들은 다음과 같은 대화를 하였다.

A: umschmeichelt von den…(둘러쌓여…)… 카사노바라는 아이디어도 나쁘지 않았어. 연관만 잘 지으면 될지도 몰라. 멋진 카사노바…

B: kühner(대담한), kerniger(단단한), ortskundiger Casanovas(동네를 훤히 꽤뚫은 카사노바)… (웃는다)

A: k로 시작하는 게 뭐가 있지?

B: Küche(부엌), Kleiderschrank(옷장), Kinder(아이들) (웃는다).

A: Kinderreicher Casanovas(애 많은 카사노바들) (웃는다). Kerniger Casanovas(단단한 카사노바들).

B: 아냐. (휴지) liebestoller Latin Lovers(사랑 끝내주는 라틴계 애인들)

A: 그래!

이 부분에서 사고의 유창성은 초성이 같은 형용사를 언급하는 데에서 나타나는 데, 이 과정에서는 의미보다는 형식이 더 중요한 듯 보이고, 이러한 현상은 심리학자들이 개발한 단어유창성 테스트의 전형적인 특성이기도 하다(Ulmann 1968, 79). 어느 정도 사고의 유창성에 다다르자, 학생들은 지금까지의 버리고 - *아냐*-, 의미차원에서 고려를 하게된다. 그리고는 갑자기 뜻과 형식에 아주 적절해 보이는 해결책을 찾는다. 우리는 여기서 심리적인 긴장의 완화가 자주 나타나는 현상을 살펴볼 수 있다. 즉, 웃거나 조금은 바보같은 짓을 하고, 창의적인 휴지기도 가지더니 그 다음에 뛰어난 아이디어를 내놓게 된다.

부화단계의 또 다른 특징은 길포드(Guilford 1975, 40)에서 언급한 바와 같이 "확산적 사고(divergentes Denken, divergent thinking)" 이다. 이 또한 프로토콜에서 살펴볼 수 있다. 에드워드 리어의 5연 희극시의 첫 번째 두 구절의 번역과 관련된 부분이다.

There was an Old Man of Nepaul,	(네폴의 노인이 있었네)
From his horse had a terrible fall;	(그의 말에서 끔찍하게 떨어졌네)
But, though split quite in two,	(둘로 쪼개져 버렸으나)
By some very sronge glue,	(아주 잘 붙는 접착제로)
They mended that man of Nepaul.	(그들은 네폴사람 고쳤네)

(Ernest Rhys: A Book of Nonsense, London 1970, 20)

실험 참자가들은 처음에는 운(韻)이 맞는 단어를 찾으려 했고, 먼저 두 번째 구에 대한 이야기를 시작했다.

A: "Fall(추락)"이라는 단어를 그대로 사용하고, "Fall"로 끝나는 도시 이름을 찾으면 어떨까?

B: 아니면 "Sturz(추락)"

A: 아니면 "hernieder(아래로), vom Pferd hernieder(말에서 아래로)"

B: 도시-나라-강이름 대는 놀이같네.

A: Pferd(말)대신 "Mähre(늙은 말)".

B: "Mähre(늙은 말)" 다음에는 스웨덴의 도시이름이 분명히 잘 맞아 떨어질 거야.

A: 한번 적어보자: Mähre(늙은 말), Gaul(늙어빠진 말), Pferd(말), Stute(암말), Esel(나귀), fiel herunter(아래로 떨어지다), fiel hernieder(아래쪽으로 떨어지다), Pony(망아지).

B: 벌써 8개나 모았다.

A: "Pferd(말)"은 무거워.

B: "Stute(암말)"로는?

A: "Esel(나귀)"

B: 그래, "Esel(나귀)"

A: "Wesel(베젤, 독일 도시이름. Esel과 운이 맞음)"

B: 아 좋다!

A: Ein alter Mann aus Wesel, der fiel von seinem Esel(베젤의 어떤 노인, 나귀에서 떨어져).

위의 예는 전략을 바꾸는 확산적 사고를 잘 보여주고 있다. 실험 참가자들은 먼저 우선 "추락(Fall)"이라는 단어의 동의어를 찾아, 그것을 토대로 운을 맞출 수 있는 도시 이름을 찾고자 했다. 그러다 갑자기 접근방식을 달리 하였는데, "추락(Fall)" 또는 "떨어지다(fallen)"의 동의어 외에도 "말(Pferd)"이라는 단어와 의미상 관계있는 단어를 찾기 시작했다. 이러한 과정에서 실험 참가자들은 빠르게 다양한 동의어를 찾아내었으므로 사고의 유창성과 확산적 사고가 서로 잘 맞아떨어졌다고 할 수 있다.

번역텍스트의 음보(音步)는 원문 강약약의 음보에는 맞지 않으나, 학생들이 생각해 낸 싯구의 음보에 관한 언급은 따로 하지 않겠다. 학생들의 번역안은 운율이나 의미차원에서 보았을 때 잘 되었다고 생각하고 그러한 의미에서 창의적이라고 볼 수 있다.

이러한 관찰 결과를 번역지도에 어떻게 접목시킬 수 있을까? 수업에서 사고의 유창성과 확산적 사고를 진작시키는 것이 중요하다. 그렇다면 여기서 이전효과(Übertragungseffekt)가 생길 것이라는 믿음에서 심리학에서 개발한 창의성 테스트의 바테리 검사[1] 사용을 고려해 볼 수 있는데(Ulmann 1968, 78ff.), 실제 창의성 교육에서 이전은 매우 중요한 현상이다(Landau 1969, 95). 이러한 테스트를 설명하기 위해 사고의 유창성과 관련된 시험을 예로 들어보겠다. 시험에 참여하는 사람들에게 예를 들면 하얀색이면서 먹을 수 있는 것과 같은 큰 범주에 속하는 단어를 적도록 한다. 연상의 유창성은 미리 설정한 단어, 예를 들면 "딱딱하다(hart)"와 같은 의미의 단어들을 얼마나 많이 적는가로 검사한다. 무겁다(schwer), 무정하다(herzlos), 단단하다(fest), 거칠다(spröde) 등의 대답이 있을 수 있다(Ulmann 1968, 81). 확산적 사고와 관련해서는 현재 내가 알고 있는 서적들에서 이미지를 사용한 테스트 하나만을 찾을 수 있었는데, 여기서 중요한 것이 무엇인지는 쉽게 알 수 있으리라고 생각한다. 이 테스트에서는 특정 그림과 선을 제시하고, 따로 그림이나 선을 추가하지 않고 스탠드나 광대 등 어떤 대상물을 구성하도록 한다(Ulmann 1968, 81).

그 외에도 언어적 방식을 이용하여 언어사고능력을 특별히 훈련시킬 수 있는 방법이 있는지 생각해 볼 수 도 있다. 현재로는 특정 단어의 동의어를 찾거나 의미상 연관있는 단어를 찾는 테스트 등이 떠오른다. 이러한 사고능력은 프로토콜에서 드러나고, 또 사고능력은 창의성테스트에서도 평가된다.

프로토콜을 통해서 살펴볼 수 있는 확산적 사고는 실험 참여자들이 텍스트의 표면("Fall")에서 벗어나는 대신 텍스트의 기본 구조를 고려하여 5행 희극시의 두 번째 구에서는 반드시 의미상 대응을 찾아내는 것이 아니라, 도시 이름과 운을 맞출 수 있는 단어 하나를 찾아내는 것이 가장

1) (역주) 여러가지 표준 검사를 한 세트로 묶어서 하는 심리검사.

중요하다는 것을 인식한 점이다. 텍스트의 표면에서 벗어나 해당 텍스트의 구체적인 부분이 어떤 역할을 하는지를 인식하는 것이 “fanned by the flattery of murmuring machos…”를 “umschmeichelt von bewundernden Blicken(관심을 끌려는 터프가이들의 간지러운 속삭임에 들뜨며…)”와 “liebestoller Latin Lovers(사랑 끝내주는 라틴계 애인들)”로 번역되는 예에서도 잘 드러난다.

번역 수업에서는 언어의 형식과 의미를 분리할 수 있는 능력을 집중적으로 키우도록 해야 한다. 형식과 의미를 분리하는 것이 실제 번역사가 가장 자주 하는 일이고, 번역학에서는 이를 전위 또는 표현의 이전이라고 명명한다(Wilss 1977a, 118ff., 203ff.). 번역에서 1:1대응이 불가능할 경우 전위가 필요하다고 하는데, 번역에서 이런 경우는 다반사이다. 따라서 확산적 사고가 번역에 있어 기본전제에 속한다고까지 말할 수 있다.

확산적 사고를 인지적으로 통찰하게 하는 학문의 근간은 이해과정을 연구하는 심리언어학과 접목된 의미론을 통해서 찾을 수 있다. 우리의 예에서 흥미로운 점은 피실험자들이 전통적인 낱말영역 이론(Wortfeldtheorie)에 따른 동일한 의미 범주가 아닌 다른 단어들을 하나의 범주로 요약했다는 점이다. 즉, “말(Pferd)”과 의미상의 유사어들이 “추락(Fall)”과 접목되었고, “Macho(터프가이)”는 “bewundernde Blicke(경탄에 마지않는 눈길)”과 연결되었다. “Macho(터프가이)”와 “Latin Lovers(라틴계 애인들)”는 비슷한 의미자질(semantische Merkmale)로, 이들 사이에는 의미상 공통점이 있다. 물론 이것은 단어의미에 대한 언급이지 라틴어문화권에 대한 선입견은 아니다.

학생들이 텍스트를 이해할 때 이런 식의 사고 범주화가 일어난다는 것을 수업에서 인식하도록 하는 것이 아마도 올바른 방향으로 한 발을 내딛는 것이 아닐까 한다. 우리가 경험세계를 통해 맥락을 만들고, 그에 속하는 것을 한 범주로 묶는다는 것을 원형의미론에서 이미 관찰한 바 있으므로, 이 원형의미론을 이론적 뒷받침으로 삼을 수 있다(Lakoff 1987, 91ff.). 위에서 인용한 심리학의 창의성테스트도 기본적으로는 비슷한 것을 평가하고 있다. 구조의미론적으로는 한 범주에 들지 않는 단어들 예를 들면 "하얀(weiß)"과 "먹을 수 있는(essbar)", 또는 "딱딱한(hart)", "무거운(schwer)", "비정한(herzlos)" 등이 한 범주로 묶였기 때문이다. 이 논문에서 원형의미론에 대해 설명하기에는 그 범위가 광범위하므로, 구체적으로 언급하지는 않겠다. 그러나 전통적인 구조의미론보다는 원형의미론이 창의적인 언어생산을 위해서 더 나은 근간을 제시하는지를 고려해 볼 수 있다.

다음에서는 발현단계를 독립적으로 다루어야 하겠지만 이는 검증단계와 긴밀히 연관되어 있으므로, 단독으로 살피기에는 문제가 있다. 창의성연구에서는 각 단계가 엄격히 순차적으로 진행되는 것이 아니라, 먼저 또는 뒤의 단계가 서로 꼬리를 무는 듯한 경우가 나타나거나, 한 단계가 여러번 진행되기도 한다고 한다(Preiser 1976, 48). 소개한 단계들은 기본적으로 사고의 모델이고, 복잡한 실제를 이해할 수 있기 위한 이론적인 구성물이다. 발현단계에서는 검증을 잘못하는 바람에 좋은 아이디어가 사라지는 경우를 프로토콜에서 살펴볼 수 있었다. 실험 참여자들이 적절하고 뛰어난 아이디어를 종종 만들어 냈지만 최종 번역에는 사용되지 않았던 것이다. 앞에서 숙취와 관련해 소개한 텍스트에 다음과 같은 내용이 있었다.

> How different the next day when your head is hurtlinig like an off-course cable car and the sun slugs you right in the eye.(*Cosmopolitan*, August 1980, 82)

노선을 이탈한 케이블카가 돌진하거나 태양이 당신의 눈을 한대 치는 것처럼 머리가 아프면 다음 날 기분은 전날과 얼마나 다를 것인가.(*코스모폴리탄* 1980, 8월호, 82)

이와 관련한 부분의 프로토콜은 다음과 같다:

A: … 마지막 문장을 더 손봐야 겠어. Wie ernüchternd ist dagegen der Morgen danach. Die Lichtstrahlen schmerzen wie hunderttausend Nadelstiche(그런 다음날 깨는 기분은 또 어떠한가. 수십만개의 바늘이 찌르는 것처럼 비치는 햇살에도 따끔하게 아프다). 뭐 이런거 비슷한거 없나? 뭔가 있는데… 생각이 안나네 (휴지).

B: Ein Brummschädel zum Platzen(머리통이 흔들려 깨질 것 같다) – 뭐 이런거.

한동안 토론 후에 피실험자들은 다음과 같은 결론을 내렸다.

Der Schädel brummt und man erleidet Höllenqualen. Grelles Lichter und Lärm werden einfach unerträglich.

머리통은 흔들리고 지옥같은 통증을 느낀다. 밝은 불빛과 소음은 참을 수 없게 된다.

피실험자들은 "Die Lichtstrahlen schmerzen wie hunderttausend Nadelstiche(수십만 개의 바늘이 찌르는 것처럼 비치는 햇살에도 따끔하게 아프다)"와 같이 훨씬 더 나은 번역안을 찾아낸 것을 인식하지 못한 듯하다. 그 이유는 피실험자들이 출발텍스트가 갖는 은유를 알아채지 못했거나 적어도 이에 대한 인식이 번역문을 만들 때 그들의 의식에 더이상 남아있지 않았기 때문이라고 생각한다. 번역지도시 이러한 관찰이 가져다 주는 함의는 번역능력에 생산과 숙고(Reflexion)가 공존해야 한다는 사실이다. 감독하는 의식(überwachendes Bewusstsein)은 지속적으로 깨어 있어야 한다. 회니히에 따르면 이러한 의식은 뇌의 통제된 작업공간에 존재한다(Hönig 1993). 번역사는 번역물에 대해 비판적인 거리를 유지하기 위해 한 발 뒤로 물러설 수도 있어야 한다. 이는 텍스트분석의 결과와 해당하는 텍스트 부분의 기능에 대한 숙고의 결과 등을 한 문화(권)의 주어진 특정 상황과 수시로 비교하고 확인해야 함을 뜻한다. 프로토콜에 근거한 관찰에 의하면 세부 전략은 그 상위 전략에 의해 통제되어야 한다는 회니히의 모델(Hönig 1993)이 다시 한 번 확인되었다고 볼 수있다.

나는 우리 강사들이 학생들의 창의적 능력을 발전시켜야 한다고 말했다. 물론 이 목표를 달성하기란 쉽지 않다. 어쩌면 우리는 학생들이 창의적일 때, 그들의 머리 속에서 무엇인가가 진행되고 있다고 알려주는 것만으로도 어느 정도 목표를 달성했다고 할 수 있을 것이다. 창의성에 영향을 주는 여러가지 다양한 요소를 의식하면, 학생들은 자신의 사고과정에 어느 정도까지는 스스로 영향을 끼칠 수 있을 것이기 때문이다.

[1993]

번역
쉽지 않다!

번역과 몇가지 의미론 모델과의 연관성[1)]

얼마 전 독일 일간지 *쥐트도이체 차이퉁(Süddeutsche Zeitung)*의 라인팔츠 지역란에는, 미군이 주둔하고 있는 카이저스라우터른시와 관련된 부동산광고가 실렸는데, 그 문구가 이상했다.

"Amerik.Off. sucht 4 Schlafzimmer in KL-West(미. 장교 침실 4개 서-카라 구함)."

"Amerik.Off. sucht App.(3 Schlafzimmer) (미. 장교 아파트 구함(침실 3개))"

지그리드 쿱쉬-로제라이트는 이 예를 언급하면서 광고문이 이상한 이유는 "미군의 연애사에 관한 암시"(1986, 14)를 광고에 실은 것이 아니

1) 본고의 일부는 번역사 교육(*Traning the Translator*, 1995), 창의적 번역(*Kreatives Übersetzen*, 2000) 및 이해와 번역(*Verstehen und Übersetzen*, 2007, [역주: 한국어 번역본: 이해와 번역. 2011, 고려대학교 독일어권 문화연구소 옮김. 서울: 고래더학교출판부])에서 조금 변경되거나 추가되어 실렸다.

라, 오역 때문이라고 정확히 짚었다. Bedroom(침실)이라는 영어단어를 그대로 독일어 Schlafzimmer(침실)로 번역하여, 독일문화권의 텍스트종류 관습(Textsortenkonvention)을 어기게 된 오역이다. 달리 말하면 이 광고를 낸 사람은, 집을 구할 때 침실의 수를 기입해 원하는 규모의 집을 찾는 영어권과는 달리, 독일에서는 거실을 포함한 전체 방의 수를 광고에 낸다는 사실을 간과한 것이다. 즉, 위의 예를 독일식으로 수정하면 다음과 같다: "Amerik. Offizier sucht 5-Zimmer-Wohnung(미군 장교 방 5개짜리 집 구함)" 또는"Amerik. Offizier sucht 4-Zimmer-Wohnung(미군 장교 방 4개짜리 집 구함)"(Kupsch-Losereit 1986, 14 참조).

영어의 bedroom과 독일어의 Schlafzimmer의 차이와 그에 따라 번역에 미친 영향을 의미론적으로 설명하는 것은 텍스트언어학적 설명보다 더 복잡하다. 우리의 어휘지식을 다시 한 번 정확히 확인하고, 또 보완하는 차원에서 영영사전, 독독사전에서 각 단어에 대한 정의를 살펴보겠다. 이 단어들에는 다음과 같은 전형적인 정의가 있다.

> *bedroom* … a room for sleeping in: *The children's bedroom is on the top floor. / a hotel with 230 bedrooms. (Dictionary of Contemporary English* (DCE), Berlin und München: Langenscheid-Longman, 1987). (침실 …잠자는 방: *아이들 침실은 꼭대기층이다. / 침실이 230개 있는 호텔*, 현대영어사전)

> Schlafzimmer …. besonders eingerichtetes Zimmer zum Schlafen. (*Duden. Das große Wörterbuch der deutschen Sprache in 6 Bänden*, Mannheim 1980) (침실 - 잠잘수 있게 특별히 꾸민 방, 두덴 대사전)

독일어의 정의는 영어보다 좀 더 구체적이다. 독일어 정의에서 언급된 꾸민 방이라는 자질(Merkmal)이 실제 침실이라는 독일어 Schlafzimmer와 관련있는 자질인지, 또 그러한 의미가 영어에서는 부차적인 역할을 하는지가 문제이다. 영어에서 언급된 예를 살펴보면 독일어로는 침실(Schlafzimmer)이 아니라 각각 아이방(Kinderzimmer)과 방(Zimmer)으로 번역될 것이어서, 이 자질과 관련이 있는 듯하다.

사전적 정보만으로는 논의를 계속 진행하기가 부족하므로 예시문 관련 토론은 일단 여기서 멈추고 추후 다시 언급하겠다.

오늘날까지 사전제작의 이론적 기반은 - 그러한 기반이 존재한다면 - 주로 구조의미론, 더 구체적으로 자질분석(Merkmalanalyse)에 의해 결정되었다. 번역학에서도 구조의미론은 예나 지금이나 여전히 중요한 역할을 하고 있다. 나이다(Nida 1964a, 1975)나 나이다/타버(Nida/Taber, 1969)의 선구적인 논문은 이 분야와 관련한 영미권의 고전이 된 예이다. 독일 번역학에서도 구조의미론을 수용하였고, 소위 라이프치히 학파(Leipziger Schule)의 노이베르트/카데(Neubert/Kade 편집, 1973)이나 콜러(Koller 1979), 빌스(Wilss 1977a), 딜러/코르넬리우스(Diller/Kornelius, 1978), 스미스/클라인/브레일리(Smith/Klein/Braley, 1985), 약간의 수정을 포함한 회니히/쿠스마울(Hönig/Kußmaul 1982) 등이 여기에 해당한다. 이는 아른츠/피히트(Arntz/Picht , ^{2}1991) 등의 예처럼 전문용어 분야에도 해당된다.

간단히 말해 구조의미론은 번역학에서 중요한 인식을 가능하게 했는데, 즉 서로 다른 두 언어의 어휘 체계는 많은 경우 서로 상응하지 않아 의미중복이 생기고, 그러한 중복에 따른 의미일반화(Konvergenzen), 의미세분화(Divergenzen), 무-유사성(유사성 제로 Null-Entsprechungen)이 발생하므로, 나이다(Nida 1974, 50)를 인용해 표현하자면, 우리는 단어를 번역하는 것이 아니라, 의미의 자질을 지니는 묶음(Bündlung)을 번역하는 방식을 택해야 한다는 것이다. 다르벨네(Vinay/Darbelnet)

의 *Stylistique comaprée*(1966)에서 가져온 전위 또는 표현의 이전(Wilss 1977a, 115ff. 참조) 등은 오늘날의 번역학에서 매우 중요한 개념들이다. 단어 자질들의 묶음을 번역하게 되면, 추상성의 단계를 거쳐 출발어의 형식에서 벗어날 수 있게 되고, 이를 통해 추상화된 의미를 도착어의 다른 형식 틀 안에 불어넣는 방법이 가능하다.

그러나 bedroom/Schlafzimmer의 예를 구조의미론적으로만 설명하기에는 어려움이 많다. 의미자질의 묶음이 어떠한지가 불분명하기 때문이다. 그렇다면 이 단어의 "묶음"에는 어떤 자질이 포함되는가? 방을 사용하는 목적(잠자기, "zum Schlafen") 또는 특별한 가구(침대, "Bett")인가? 두 단어가 상이하게 사용되는 것을 설명하기 위해 bedroom과 관련한 다의어들을 살펴보자.

Bedroom(침실)
room with a bed for sleeping in(들어가 잘 수 있는 침대가 있는 방):
any room, usually with a bed, apart from kitchen, bathroom, living-room, dining room and study(부엌, 욕실, 거실, 식당 및 서재와 달리 일반적으로 침대가 있는 모든 방).

위의 설명은 그다지 세련되지 못한데, 그 이유는 한 단어를 두 가지 의미소로 나누었을 때 두 번째 의미소(Sememe)의 경우"apart from kitchen, bathroom, living-room, dining room and study(부엌, 욕실, 거실, 식당 및 서재와 달리)"와 같이 아주 광범위한 변별적 의미소(distinktives Sem)가 사용되었기 때문이다. 추후 이 예를 다시 언급하도록 하겠다.

■ 원형의미론

원형의미론은 인간이 언어를 이해하고 생산할 때 자질의미론이나 특히 생성의미론에서 설명하듯 뇌 속에 생성 의미론에서 말하는 일종의 체크리스트가 존재해 귀납적, 분석적, 형식논리적으로 규정가능한 의미자질을 표시하는 방식이 아닌, 우리의 사고가 언어적 범주로 진행될 때, 사고의 많은 부분이 경험과 체험에 의해 결정된다고 본다. 언어적 범주는 경험과 체험으로 인해 핵심과 흐릿한 경계부(fuzzy edges)를 가지게 된다.

원형의미론의 대표적인 학자는 엘레노어 로쉬(Eleanor Rosch, 1973)와 최근의 조지 레이코프(George Lakoff, 1987)이고, 저자가 알고 있는 바로 마리 스넬-혼비(Snell-Hornby 1988, 27ff.)의 경우 원형의미론의 내용을 번역학계에 소개하여 유용하게 하였다. 로쉬의 예들은 어느새 고전이 되었다. 영어사용자에게 새(bird/Vogel)라는 범주에 대해서 질문하면(독일어권자도 마찬가지일 것이다), 펭귄, 닭 또는 타조가 아닌 참새나 개똥지바귀가 새의 원형으로 언급된다(Rosch, Lakoff 1987: 41에서 재인용). 이들에게 타조는 새의 원형이 아니라, 경계부 또는 범주의 흐릿한 경계부에 위치한다.

이를 자질분석방식을 적용해 설명해 보겠다. “날 수 있다”라는 자질은 “새”라는 개념에서 변별력을 갖는 자질이고, 어떤 새가 원형인지를 설명할 수 있을 것이다. 그렇게 되면 펭귄이나 타조는 전형적인 새의 예라고 할 수 없다(이 문제와 관련해서는 한트베르커(Handwerker 1988, 336 참조). 그러면 닭은 어떠한가? 닭은 날 수는 있지만 잘 날지도 못하고, 멀리 날지도 못한다. 그렇다면 “날 수 있다”라는 자질을 구체적으로 정량화해야 하는데, 그 시작과 끝을 어디에 둘 것인가? 아프리카의 초원에 사는 부족민들에게 타조는 새라는 범주에서 그들 경험세계의 가장 중심을 이룰텐데, 그렇다면 이 새는 얼마나 원형적이라고 볼 수 있을까?

원형의미론의 특별함은 학교수업을 통해 잘 알려진 자질분석의 예를 통해서 나타낼 수 있다. 원형의미론은 이 예를 새롭게 해석하고 있다. 총각(Jungeeselle, Katz/Fodor 1963)이라는 단어의 의미자질은 **남성**, **성인**, **미혼**이다. 그러나 이러한 자질들은 남성성과 성인이 됨, 결혼과 관련하여 특정 기대와 요구가 존재하는 사회와 문화에서만 연관있는 자질이라고 원형의미론에서는 해석하고 있다. 요즘에는 결혼하지 않고 동거를 하는 사람들이 많은데, 이 경우 같이 사는 남자 동거인을 총각이라고 부르기에는 직관적으로 어려울 것이다. 다른 이유에서 교황 요한 바오로 2세는 대부분의 사람들이 총각의 전형으로 인식하는 것이 아니라, 원형의미론의 용어를 빌자면 경계부의 경우가 된다(Fillmore 1977, 67ff., Snell-Hornby 1988, 28). **성인**이라는 자질에도 많은 예를 들 수 있다. 부모들이 자녀를 어린나이에 성혼시키는 인도의 경우, 12살 짜리 남자를 총각이라 부를 수 있겠는가? **남성**이라는 자질도 마찬가지이다. 미혼의 동성연애자는 총각인가? 이런 자질에 있어 남성이라는 상징성은 어떤 역할을 하고 "도덕(Moral)"의 자유화는 또한 어떤 역할을 하는가? 동성의 사람들이 공식동거인이 되면 이럴 땐 어떤 역할을 하는가?

아마도 **미혼**이라는 자질은 새롭게 해석되어야 할 것이다. 미혼이라는 자질이 결혼할 수 있는 가능성을 내포하는가? 만약 그렇다면 교황은 전형적이지 않은 총각이라고 설명할 수 있다. 주지하듯 교황은 사제이고 순결을 지켜야 하기 때문이다. 해당하는 자질을 서술하는 것이 형식성을 강조하는 자질의미론의 특성상 매우 복잡하다. 게다가 이런 자질을 적용한다 해도, 결혼과 유사한 동거인으로 살고 있는 남자는 결혼할 수 있는 가능성이 있는데도 왜 전형적인 총각이 아닌지를 설명하지 못한다.

자질의미론은 인간사고의 근본적인 원칙, 즉 아리스토텔레스가 말한 정량과 정성사이의 구분을 충분히 고려하고 있지 않는 듯하다(Aristoteles, 1934, 115ff.). 전형적으로 자질의미론에서는 의미소/자질/요소 등이 더하기와 빼기를 사용하여 한 단어에 그런 자질이 존재하는지 또는 부재하는지를 표시한다. 총각을 예로 들면 +남성, +성인, -미혼으로 표시된다. 이렇게 이분법적인 방식으로 인해, 마치 "정확한"듯한 시스템이 생기고, 이러한 시스템이 기계번역시스템의 의미요소의 기본을 형성할 것으로 상상해볼 수 있다.

그러나 문제는 자질이 보이는 것처럼 정확하지 않다는 점이다. 성인의 의미는 무엇인가? 몇 살부터 성인이라 부를 수 있는가? 이는 "질적인" 문제라기 보다는 "양적인" 문제이다. 이는 많은 국가와 문화에서 성년을 법으로 규정하는 것에서도 나타난다. 독일에서는 18세부터 성년이고, 미국에서는 성년이 21세부터이다. 게다가 성년이라고 성인이 되었다 할 수 있는가? 누군가에게 어떤 사람에 대해서 그가 성년이긴 한데 아직 성인이 되지는 못했어라고 설명할 수 있지는 않은가? 경험, 능력, 지식 또는 행동방식을 얼마나 더 잘 알아야, 성인이라는 자질에 더하기 표시를 할 수 있을 것인가?

처음 보기엔 질적인 차원인 것 같은 **기혼**자질에서도 결혼과 비슷한 공동생활이라는 측면을 생각해 보면, 결국에는 수적인 측면이 결정성을 갖는다. 즉, 하루 24 시간을 같이 보내는가? 또는 주말에만 함께 하는가? 한 집에서 같이 살지는 않아도 규칙적으로 만나는 애인이 있는 싱글은 총각인가?

남성성은 질적으로 결정할 수 있는 문제라고 생각할테지만, 복장도착자는 여성인가 남성인가 또는 양성이라 봐야 하는가라는 문제도 있다. 독일어에서는 남성과 여성 관사를 써서 성을 표시하므로, 언어 표현에도 어려움이 생긴다.

물론 자질의미론의 대표 학자들(Leech 1974, 108ff.) 역시 이런 문제들을 인식하여 양극 대립(polar Oppositionen, polar oppositions)이라는 개념을 사용하였다. 양극 대립이란 사람이 종종 대립에 기초해 사고한다는 점에 착안한 하나의 연속체 안에서 양 끝을 이루는 극과 극이라고 생각하면 된다. 높다/낮다, 뜨겁다/차갑다, 검다/희다, 젊다/늙다, 크다/작다, 부유하다/가난하다 등의 대립이다. 자질의미론에서 자질로 사용할 수 있는 이런 식의 반대말은 분명히 양적인 차원이다. 이런 대립성 안에서도 "꽤 부유한", "아주 부유한" 등으로 세심하게 차이를 둘 수 있다. 이러한 의미를 비교급화할 수 있다는 점은 그 단어가 양적인 자질을 지니고 있음을 보여준다. 이러한 양극 대립은 나쁘다/좋다, 예쁘다/못생겼다, 친절하다/불친절하다 처럼 가치를 측정하고, 화자가 만든 규범의 법칙에 따른다(Leech 1974, 109). 자질의미론에서도 이 사실을 인식해 의미가 언어사용자의 해석에 따라 달라진다고 보았다.

의미론에서는 언어와 사고의 어떤 부분을 중점적으로 다루는가가 중요한데, 이 또한 양적인 측면과 관련되는 질문이다. 자질의미론의 사고범주에서 수량은 일부분만을 이루고 있는 듯하다. 원형의미론에서는 수량이 중심에 있다. 이는 앞에서 언급한 바 있는 흐릿한 경계부라는 개념을 통해서 포착된다. 언어적 사고가 양적 범주와 질적 범주 중 주로 어떤 범주에 의해 결정되는가라는 중요한 질문에 대해서는 아직까지 해답을 찾지 못하고 있다. 물론 본고에서 이에 대한 답을 줄 수는 없다. 만약 우리의 언어적 사고가 주로 양적으로 결정된다면 원형의미론은 매우 적절한 이론이 될 것이다.

총각의 예를 다시 돌아가서 필모어는 다음과 같이 말하고 있다.

> 총각이라는 개념은 여러 가지 측면에서 우리에게 익숙한 현실 세계에서 보다 훨씬 더 단순한 원형의 세계에서 더 잘 정의되어 있다. 이러한 원형의 세계에서 사람들은 일정한 나이에 결혼을 하고, 결혼을 하면, 그 상태로 머무른다. 결혼을 하지 않는다면, 결혼하지 않은 사람들에겐 뭔가 이상한 점이 있는 것이다. 즉, 그들은 불행한 사람들이거나 여자를 좋아하

> 지 않거나, 결혼을 하게 되면 생기게 될 개인의 자유에 대한 제약 등을 피하고자 하는 것이다. 그들의 생활 방식은 결혼한 동년배와는 현저히 다르고, 이는 결혼하지 않은 이들이 하나의 카테고리로 묶이는 것을 정당화한다. 이러한 원형에서 주의할 점은 그 원형이 모든 경우를 다 포함하지 않는다는 점이다. (Fillmore 1977, 69)

인용문에서 서술하고 있는 바는 비록 "현실보다 훨씬 단순하"긴 하지만 그렇다 하더라도 자질목록에 다 올릴 수 없을 만큼 지나치게 복잡하다. 필모어의 인용문을 읽어보면 "일정한 나이", "뭔가 이상한" 등과 같은 수량을 함의하는 개념들이 나온다. 그리고 바로 이런 지점에서 단어의 흐릿한 경계부가 가시화된다. 흐릿한 경계부는 문화가 단어의 의미에 영향을 주는 곳이기도 하다. 오늘날 우리 사회에서는 총각의 "경계부타입"으로 싱글이나 동성애자를 들 수 있다.

한 단어의 의미를 원형의미론으로 설명하면 전통적인 자질의미론보다 형식화하기가 훨씬 어렵다는 단점이 있다. 그러나 화자의 상황과 문화가 어떤 영향을 주는지에 대한 고려의 여지를 둘 수 있다는 점이 원형의미론의 장점이라고 생각한다.

영어 *bedroom*의 의미는 원형의미론식으로 다음과 같이 서술할 수 있다.

> 사람들이 잠을 자는 데 쓰이기도 하나 다른 개인적인 필요에도 사용되는 방. 방의 가구는 딱히 정해진 바는 없으나 일반적으로 잠자는 데 필요한 가구, 대부분 침대, 또한 옷을 정리하거나 다른 개인사물을 넣을 수 있는 장 등이 있다.

독일어 침실(*Schlafzimmer*)의 원형의미론식 서술은 다음과 같을 것이다.

> 어떤 가구가 사용될지 꽤 정확히 정해진 방이며, 가구전문가들도 "침실"

이라는 표현을 쓰고, 침실에는 침대, 옷장, 침대 옆 작은 테이블, 장 등이 일반적으로 포함된다. 방의 기능은 우선적으로 잠을 자는 데 쓰인다. 책을 읽거나 음악을 듣는 등의 다른 목적들도 있을 수는 있으나 주목적은 아니다.

위에서 단어를 설명할 때 의도적으로 양적인 표현 "일반적으로", "먼저", "우선적으로" 등의 표현을 사용하여 흐릿한 경계부에 주목하게 하고자 하였다. 앞서 본 것처럼 바로 이 경계부에 문화적 차이에 의한 낱말의미의 차이가 자리잡고 있는 것이다. 침구를 제외하면, 가구와 그에 따른 방의 용도에 있어서 영국계 문화에는 독일 문화와는 다른 전통이 있다. 오늘날 독일에서도 경우에 따라서는 침실을 두 번째 거실이나 서재로 쓰기도 하는데, 이 역시 사회적이고 역사적인 요인에 의한 차이가 "경계부"를 통해서 낱말의 의미에 영향을 미친다는 것을 보여주는 경우이다.

그렇다면 여기서 선보인 의미분석이 단어의 번역과 무슨 관련이 있는가? 이러한 분석을 통해서 처음 예의 번역사처럼 잘못된 일대일 대응의 위험에 빠지는 것을 피할 수 있다. 단어의 의미에는 경계부라는 것이 있고, 맥락에 따라서는 그 경계부의 의미를 살려 번역하는 것이 필요하다는 점을 인식하게 된다. 또한 단어에는 의미의 핵심이 있는데, 일반적으로는 그 핵심을 살려 번역을 한다는 점도 인식하게 된다. After midnight the newly married couple retired to their bedroom(자정이 지나 신혼부부는 침실로 물러났다)라는 문장을 독일어로 번역해야 한다면, Schalfzimmer(침실)라는 단어를 사용하는 것이 당연히 맞다. 이 예에서 발현되는 의미가 합성어의 첫 번째 부분 침(Schlaf)을 통해서 어느 정도 표현되는지에 대해서는 여기서 더 이상 논의하지 않겠다.

물론 위와 같은 예들은 의미론의 특수한 경우에나 해당한다며 이의를 제기할 수도 있을 것이다. 또한 단어의미상의 문제와 관련하여 bedroom 이라는 단어는 전형적인 예가 아니므로, 번역에도 시사하는 바가 적다고 주장할 수도 있다. 물론 의미의 경계가 명확한 단어들도 있다. 전문용어와 관련한 작업은 흐릿한 경계를 피하고 단어의 뜻을 정확게 하고자 하는 데 그 목적이 있다. 그러나 원형의미론은 낱말의 의미가 문화적인 영향을 받게 되면, 그 뜻에 언제나 흐릿한 경계부가 생긴다는 것을 분명히 보여주었다. 따라서 원형의미론은 어휘와 관련하여 대부분의 영역은 아니더라도 많은 부분에서 중요한 의미를 차지한다. 영국 영어의 초등학교(primary school), 고등학교(high-school), 영국식 사립학교(public school), 중등 학교(secondary school), 중등 고전어학교(grammar school), 종합학교(comprehensive school), 대학입시 준비반(sixth form), 중등학교 상급시험(eleven-plus examination), 대학입학 자격준비 시험(O-level), 대학입학 자격시험(A-Level), 학기(term), 학사(B.A.), 석사(M.A.), 박사(Ph.D) 등과 같은 교육기관 관련 어휘만 보아도 그런 사실을 쉽게 확인할 수 있다.

이런 개념들은 독일어로 번역했을 때 초등학교(Grundschule), 김나지움(Gymnasium), 기숙학교(Internatschule), 종합학교(Gesamtschule), 김나지움 마지막 3년(Oberstufe), 입학시험(Aufnahmeprüfung)의 의미와 그 핵심부분에서는 같은 뜻을 지닐 것이나, 경계부에서 차이를 보일 것이다. 번역사는 여기서 번역의 기능에 따라서 얼마나 많은 의미를 유지할 것인지, 즉 핵심, 핵심과 경계부 또는 경계부만을 유지할 것인지 등의 선택을 해야 할 것이다.

원형의미론은 자질의미론보다 더 유연한 모델이기 때문에 우리에게 문화에 따른 낱말의 의미차이를 더 분명하게 볼 수 있게 해준다. 번역사라면 매일 경험하듯, 의미의 차이는 그리 적은 편이 아니다.

원형의미론이 자질의미론에 비해서 유연한 모델임은 사실이나, 핵심과 경계부라는 개념이 보여주는 바와 같이 기본적으로는 경직되어 있다. 원형의미론은 경계부를 언급하고 있으나 Bedroom에서 그 핵심인 "잠자는 기능"이 처음에 언급한 예에서는 전혀 실현되지 않은 것처럼, 원형의미론은 특정 단어에서 의미의 경계부가 텍스트에서 어떻게 실현되는지는 설명하지 못한다. 핵심과 경계부라는 은유적인 용어도 의미론적 과정을 쉽게 이해하도록 한다기 보다는 오히려 이해를 저해한다. 이러한 은유는 핵심부분은 항상 중요한 역할을 하고, 경계부는 맥락에 따라서 드러날 수도 또는 드러나지 않을 수도 있음을 암시하기 때문이다. 이렇게 되면 낱말의 잠재적 원형의 의미와 맥락에 따른 의미 사이에서 결정을 내려야 할 때, 이러한 의미들 간의 상호작용은 충분히 고려되지 못한다.

■ 장면과 틀 의미론

찰스 필모어는 원형의미론을 한 단계 더 발전시켜 장면과 틀 의미론을 만들었다. 간단히 말하면, 이 의미론에서는 청자나 독자가 이해의 과정에서 특정한 언어의 형식으로 인해 그 의미를 활성화한다고 설명한다. 필모어는 이런 과정을 표현하기 위해 은유적인 개념을 도입하였고, 그 개념은 전체적으로 경험 지향성을 특색으로 한다. 그는 언어적 형식을 틀(frames)이라 하고, 그 의미를 장면(scenes)이라 명명한다. 이 의미론은 원형의미론과 같이 전형적이며 경험에 근거하는 단어의 의미에서 출발하지만, 의미는 한번 정해져 변동 없이 경직된 것이 아니라 의사소통 상황에 의해 영향을 받고, 심지어 상황에 의해 새로이 형성되기까지 한다고 말한다. 필모어를 인용해보면 다음과 같다:

> 첫째로, 단어들의 뜻은 우리가 보통 생각하는 것보다 더 많이 맥락화된 경험에 의존할 수도 있다. 단어(또는 구문, 문법 카테고리) 뜻에 관한 우

> 리 지식의 인지적, 경험적 기반을 제공하는 감정의 특징들이나 사물을 경험하는 맥락은 그 경험 자체와 분리시킬 수 없을 것이다. 둘째로, 발화를 이해하는 과정은 우리가 보통 생각하는 것 이상으로 그 발화가 생산된 맥락에 대한 인지와 그 발화 또는 발화를 구성하는 일부와 관련된 이전 경험이 담긴 맥락에 대한 기억에 의존할 수도 있다. (Fillmore 1976, 24)

원형의미론을 텍스트이해 의미론의 방향으로 한층 더 발전시킨 점은 번역사의 현실에 부합한다고 할 수 있는데, 이는 이해, 해석 및 텍스트 분석 과정이 번역에 매우 중요한 기본요건이기 때문이다. 장면과 틀 의미론을 통해 잠재적인 경험에 근거한 원형의 장면과 그러한 장면이 변할 수도 있고 확장될 수 있는 환경적, 언어적 맥락을 이해할 수 있게 된다(Vannerem/Snell-Hornby 1986 passim). 우리는 번역할 때가 아니라도 한 텍스트 안에서 특정 단어가 우리에게 새롭거나 또는 기대하지 않은 생소한 의미로 사용되는 것을 본다. 어느 누가 완벽한 영어실력이 있겠는가만, 영어실력이 완벽하지 못한 독일어 번역사라면 영어의 부동산광고에서 사용되는 bedroom의 의미를 모를 수도 있다. 필모어의 말을 빌자면 이해를 위해서는 그런 경우에는 머리 속에 저장된 단어의 의미, 즉 경험에 근거한 장면만을 떠올리지 말고, 해당 단어와 관련된 맥락에 먼저 의존해야 한다(Neubert 1988, passim). 심리언어학에서는 이런 과정을 상향식 정보처리과정과 하향식 정보처리과정의 상호작용이라고 서술하고 있다(Hörmann 1981, 124 참조).

이러한 과정에 대해 잘 알고 있는 번역사라면 부동산광고의 bedroom의 경우 맥락을 통해, 그 단어가 독일어 침실(Schlafzimmer)를 의미하는 것이 아니라는 것을 알아야 할 것이다.

번역수업을 하다보면 이런 상호작용이 제대로 작동하지 않는 경우를 종종 본다. 머리 속에 있는 단어의 의미가 너무도 지배적이기 때문에, 학생들이 맥락을 완전히 덮어버리는 경우도 있고, 또는 맥락을 지나치게 지배적으로 평가해 해당 단어의 의미 중 활성화되어야 하는 의미를 완전히 덮어버리는 경우도 있다. 양자 모두 하향식 과정이 지나치게 활성화되어 일어난다. 첫 번째 경우에는 기억 속에 존재하는 단어의 의미가, 두 번째의 경우에는 청자 또는 독자가 만들어 놓은 기대가 상향식 자료, "밖에서 들어오는 것" 또는 "아래로 부터 오는 것" 즉, 텍스트로부터 "올라오는 것"을 완전히 덮어버리기 때문이다. 두 가지 과정들은 번역연습과 시험에서 자주 볼 수 있는데, 첫 번째 경우와 관련한 예를 들어 보겠다.

마가렛 미드(Margaret Mead)의 유명한 문화인류학적 연구 *남성과 여성(Male and Female)*에서는 이 책이 출판된 1949년까지의 서구, 특히 미국에 퍼져있는 남성과 여성의 역할에 대한 사람들의 인식에 대해 서술하고 있다. 이 텍스트의 일부를 발췌해 졸업시험 준비용 텍스트로 사용하였는데, 여기에서는 "좋은 아내"의 이미지가 매우 구체적이고 상세하게 설명되어 있다. 이에 상응하는 "좋은 남편"의 이미지도 언급은 되나, 그 이상 분명하게 표현되지는 않았다. 다음 문장에서 번역의 문제가 생겼다:

> … both man and women share the same images of what makes a marriageable or an unmarriageable woman, a good husband, a fascinating lover whom any woman would be a fool to marry, or a born old bachelor. (Margaret Mead: *Male and Female*, Harmondsworth: Penguin Books, 1962, S.271).
>
> 결혼할 만한 또는 하지 못할 만한 여자, 좋은 남편, 또 여자가 바보가 아닌 이상 결혼은 하지 않아도 애인으로는 멋진 사람, 또는 늙을 때까지 총각으로 남는 사람의 특성이 무엇인지에 대해 남자와 여자 모두 동일한 이미지를 가지고 있다.

한 학생은 다음과 같이 번역하였다:

…einen faszinierenden Liebhaber, den jede Frau auf der Stelle heiraten würde (…여자라면 누구나 당장 결혼하려 할 멋진 애인)

많은 학생들이 위의 문장을 예와 비슷한 의미 "den jede Frau sofort heiraten würde(여자라면 누구나 당장 결혼하려 할…)"이라고 번역하였다. 왜 이런 번역이 나왔는가? 이런 질문에 대해 강사들은 일반적으로 이렇게 설명할 것이다. 여기에는 "would be a fool not to marry"가 아니라 그 반대의 의미로 씌였는데, 학생들은 집중을 하지 않고 출발텍스트를 제대로 읽지 않았다. 나는 강사들의 이러한 설명을 "과실에 따른 오류발생이라는 가설(Flüchtigkeitshypothese)"이라고 명명한다.

이러한 설명은 지극히 평범하며 번역지도에도 별 도움이 되지 않는다. 심리언어학적 이해모델은 우리에게 훨씬 더 흥미롭고 교육적인 측면에서도 유용한 설명을 해주는 가설을 세우게 한다. 학생들은 그들의 문화적 상황, 즉 그들의 경험한 것 또는 그들의 원하는 상상을 통해 이해하는 멋진 애인(fascinating lover, 그들 머리속에 저장된 장면)을 텍스트에 옮겨놓았다. 그들의 상상속 장면에서 멋진 애인이란 긍정적인 특성을 가진다. 적어도 1960년대 말의 "성의 혁명" 이후로 "낭만"과 성은 결혼에 반드시 포함된다.

텍스트에 나오는 성의 역할과 관련된 서술의 밑바탕에는 오늘날 우리에게는 "진부하다"고 판단되는 이미지가 있고, 좋은 애인은 성실한 남편일 수 없다는 뜻이 들어있다. 이는 아마도 마가렛 미드가 관찰한 역사적 상황인 20세기 전반의 상황과, 저자의 경험세계에 영향을 받았을 것이다. 지면상 문제로 텍스트를 이해하는 데 생기는 어려움의 예를 들 수는 없으나, 이 텍스트에서는 특히 여성과 관련해서 그 당시 퍼져 있던 역할 분담이 매우 자세히 서술되고 있으나, 남자에 관해서는 암시만 되고, 그 때문에 이해를 도울 수 있는 맥락이 없다고 할 수 있다. 하향식 정보처리 과정이 잘못된 방향으로 이끌려 가고 있었는데, 이를 막아줄 수 있는 상향식 정보처리과정이 충분히 작동하지 않은 바람에, 잘못된 하향식 정보처리과정이 더 쉽게 진행되었다.

이해의 과정에 관한 이러한 나의 설명이 번역과 관련하여 가설에 지나지 않음을 잘 알고 있다. 그래서 나는 이를 가설로 명명하고자 하며, 기대과잉의 가설(Hypothese vom Erwartungsüberschuss)이라고 칭하고자 한다. 기억속에 저장된 지식과 저장된 경험이 지나치게 텍스트에 투사되고 이것을 통해 텍스트에 있는 정보가 덮히는 것이다.[2] 이러한 가설은 소리내어 생각하기 프로토콜 등과 같은 실증적 연구를 통해 검증되어야 할 것이다. 그러나 이 가설이 과실에 따른 오류발생이라는 가설보다는 더 많은 것을 설명해 주고 있다고 생각한다.

기억 속에 저장된 기억이 아니라, 맥락이 불러일으키는 기대가 단어의 의미를 완전히 덮어 버릴 수 있다는 점을 다음의 예를 통해서 보이고자 한다. 아래 텍스트는 대학을 졸업한 젊은이들의 여행욕구에 관한 글이며, 이 텍스트는 대학에서 상급과정을 올라가기 전 치르는 번역 시험에 사용되었다.

> On the outback trail in Asia time is distorted. Young travelers, clothed in solid cotton, spend hours waiting, resting on their propped back-packs filled

---

2) 이 문장을 기대과잉이라는 개념과 함께 2008년에 본고에 추가로 삽입하였다. 물론 번역사가 번역해야 하는 텍스트의 단어에만 집중하는 바람에 기억에 저장된 장면이 사용되지 않는 경우도 있다. 이런 경우는 기대억압(Erwartungsunterdruckung)이라고 할 수 있다. 잘 된 번역은 상향식 정보처리과정과 하양식 정보처리과정간의 무게중심이 잘 맞았을때 라고 나는 자주 강조해 왔다(Kußmaul 1995, 25-28; Kußmaul 2000a, 60; Kußmaul 2009, 86, 109, 196).

with the barest of necessities: toileteries, a change of clothes, a sleeping bag, perhaps a tent almost certainly a diary. Many of them, unused to Eastern food, will fall ill in cheap hotels…

아시아의 오지여행에서 시간은 비뚤어져있다. 젊은 여행객들은 단색 면옷을 입고, 여러시간동안 기다리거나 세면도구, 갈아입을 옷, 침낭 텐트나 아마도 꼭 챙겨넣었을 일기장 등 최소한의 것만 꽉꽉 눌러넣은 배낭에 기대에 쉰다. 그들의 대부분은 동양음식에 익숙치 않아 싸구려 호텔에서 병이 나게 될 것이다.

Graduates of many Britisch and American Universities, and from many other parts of the world, are postponing entry into their national work-forces to venture overseas and experience the world at first hand. A survey of first-year graduates by the Career Services Office in Oxford shows that the number planning to travel and take temporary work abroad has increased significantly during the last five years… (*The Illustrated London News*, Spring 1991)

영국과 미국대학 또 세계의 많은 다른 지역의 졸업생들은 해외에서 모험을 하고 직접 경험을 쌓기 위해 국가적인 일꾼으로의 진입을 미루고 있다. 옥스포드의 직업서비스청에서 졸업 1년차를 대상으로 한 설문에 따르면 여행을 하고 해외에서 임시직을 얻으려고 하는 사람의 숫자가 지난 5년 사이에 상당히 증가했다고 한다…

제출 답안 중에는 to venture overseas and experience the world *at first hand*(해외에서 모험을 하고 *직접* 경험을 쌓기 위해)를 "um ins Ausland zu reisen und zunächst einmal die Welt kennen zu lernen(해외로 여행을 가고, 일단 한번 세계를 알고자)"라는 번역이 있었다. 맥락에서 보자면 의미가 있고, 그런 내용을 기대할 수도 있으나, 실제 영어텍스트에서 사용된 숙어 at first hand의 잠재적인 의미, 그러니까 "세계를 직접 만나보고 싶어서"라는 의미에 맞게 번역했어야 했다.

먼저 잘못된 번역을 내놓은 학생의 외국어 능력이 부족했을 것이라고 추정하는 것은 당연히 옳다. 그 학생은 *at first hand*가 숙어로 사용되는지 몰랐고, 대부분의 경우처럼 *at first*를 시간을 나타내는 부사로 이해했을 것이라는 판단이다. 물론 영어모국어자라면 이 텍스트를 이해하는 데 그런 오류를 범하지는 않았을 것이다. 언어심리학적으로 이런 이해상의 오류가 흥미로운 점은 여기서 상향식 정보처리과정이 일어나지 않아 생긴 이해의 오류가 맥락에 의해 만들어지고 또 그에 상응하는 하향식 정보처리과정에서 떠오른 장면에 의해 더 쉽게 유발되었다는 점이다. 선보인 텍스트의 주제는 실제 대학을 졸업한 학생들이 직업 세계로 진입하는 시기를 미룬다는 것이고 이 맥락에서 연상되는 "장면"에서 생각해 보면, 이 번역은 의미가 있을 수 도 있다. 그러나 더 앞에서 인용한 텍스트와는 달리 *at first hand*는 훨씬 뒤에 나오는 다른 맥락에 의해 지지를 받는다. 텍스트의 처음이 매우 구체적이었고 "장면"처럼 "직접 경험"이 서술되었기 때문이다.

심리언어학적인 설명을 통해 얻을 수 있는 번역교육을 위한 이점은 우리 학생들에게 "영어 숙어를 공부해야 한다"라고 말하는 것뿐 아니라, 전체 맥락을 통해서 특정 텍스트의 의미를 어떻게 이해할 수 있는가를 보여주는 데 있다. 이와 관련하여 "한번"이라는 번역을 심각한 오류로 평가하지 말아야 한다는 점을 추가로 언급하고 싶다. 그 이유는 이 번역을 통해서 텍스트의 의미가 왜곡되지 않았고, 결국 어떤 정보가 사라진 것도 아니고, *at first hand*에 들어있는 의미가 훨씬 더 직접적으로 실제 "장면"으로 텍스트의 초반부에 나타나 있기 때문이다.

■ 모델의 조합과 번역 지도차원에서의 의미

앞서 소개한 세 가지의 모델의 특징을 형용사로 표현하면, 자질의미론은 경직되어 있고, 원형의미론은 유연하며, 장면과 틀 모델은 역동적이라 할 수 있다.

장면과 틀 모델은 우리가 본 바와 같이 원형의미론과 텍스트의미론의 조합이라 할 수 있다.

회어만의 심리언어학적인 이해이론으로 통합된(Hörmann 1976, 467ff.; Hörmann 1981, 139) 바클리(Barclay u.a. 1974)의 실험도 이러한 방향으로 가고 있다. 바클리는 의미자질 대신 의미 속성(semantic properties)이라고 말하고 있으나, 이러한 속성은 자질이라고 서술할 수 있다. 바클리와 그 팀은 실험을 통해서 피아노라는 단어의 "schwer(무겁다)", "hölzern(나무로 되어있다)", "tönend(소리가 난다)", "schön(아름답다)" 등과 같은 자질이 총체적으로 활성화되는 것이 아니라 맥락과 청자/화자에 따라 달리 활성화된다는 것을 확인하였다. 다음과 같은 문장을 듣거나 읽어보면:

Der Mann hob das Klavier(그 남자는 피아노를 들었다),
Der Mann zerschlug das Klavier(그 남자는 피아노를 박살냈다),
Der Mann stimmte das Klavier(그 남자는 피아노를 조율했다),
Der Mann fotografierte das Klavier(그 남자는 피아노를 사진찍었다).

이렇게 문장에서 다른 동사가 사용되어 단어의 여러 자질 중 각각 다른 자질들이 전면에 드러나게 되었다. 첫 문장에서는 "schwer(무겁다)"가, 두 번째 문장에서는 "hölzern(나무로 되어있다)", 세 번째 문장에서는 "tönend(소리가 난다)", 그리고 마지막 문장에서는 "schön(아름답다)" 등이 부각된다. (Barclay 1974, 472ff. 그 외에도 번역에 적용하는 것과 관련해서는 Hönig/Kußmaul 1982, 94ff. 참조). 동시에 다른 자질들이 억제되는 것은 당연한 귀결이다. 달리 말하자면 피아노라는 단어를 통해 시작된 상향식 정보처리과정은 각각의 동사를 통해 시작된 하향식 정보처리과정을 통제한다. *Bedroom*의 예를 마지막으로 들어보겠다: 부동산광고의 맥락에서는 *U.S. Officer is looking for apartement(3 bedrooms) (미국장교가 아파트(침실 3개)를 구한다)* "침대가 있는(mit Bett)"이라는 자질을 억제하고, *After supper the couple retired to their bedroom(*저녁식사 후 그들은 침실로 물러났다)에서 맥락은 그런 자질을 강조한다.

앞서 자질의미론의 한계를 밝히고서도, 나는 자질에 대한 언급을 하고 있다. 번역을 가르치는 입장에서, 우리는 찾아낼 수 있는 자료조사에 영향을 받고 있으며, 대부분 사전에 있는 단어의 정의는 여전히 자질의미론을 기저에 두고 있다. 이 점이 변하지 않는 이상 우리는 자질의미론을 통합한 이해모델들을 이해하고, 사용할 수 있어야 한다. 우리는 번역지도에서 *자질억제 또는 자질강조* 등의 개념이 매우 유용하게 사용됨을 경험해왔다. 경우에 따라 어떤 모델이 더 실제적인지 즉, 원형모델과 자질모델 중 어느 것을 적용하는 것이 더 실제적인지를 우리는 사안별로 판단해서 결정해야 한다. 중요한 것은 우리가 이해를 경직된 것이 아니라, 역동적 과정(dynamischer Prozess)으로 보는 것이다. 그럴 수 있다면 우리는 바른 길을 가고 있다고 할 수 있다.

[1995]

기술(記述) 통번역학 그리고 그 너머
(기든 투리, 1995) 서평

투리가 인용한 제임스 홈즈(James Holmes 1988, 71ff)의 "번역학의 지도(地圖)"를 보면서, 나는 이 지도에서 내 위치가 어디일까라고 자문했었다. 분명히 투리와 같은 자리는 아닐 것이다. 홈즈스의 분류를 따르면, 투리의 연구는 "순수한", 결과물 중심의 기술적 연구로 분류될 것이지만, 나의 관심분야는 응용 학문 분야, 더 정확히 말하면 번역사 양성 분야이기 때문이다. 투리의 책을 제대로 서평하려면 그와 연구분야가 동일한 사람이 하는 것이 더 적합하지 않을까라는 생각을 해본다. 그러나 번역사 양성이 어쩌면 기술 번역학으로부터 도움을 받을 수 있으며, 또 두 분야 간 어떤 유사점이 있지 않을까라는 의문점이 내 흥미를 자극하였다. 이러한 이유에서 이 서평은 투리가 저술한 책의 내용을 자세히 다루고, 심층적인 평가를 하는 본격적인 서평이라기보다는 비교적 자유로운 의견개진이라고 봐야 할 것이다.

이 책의 첫 부분을 읽자마자, 내가 추측했던 바와 같이, 기술적인 면과 응용 중심 측면 사이에 실제로 유사점들이 존재한다는 것을 알 수 있었다. 구체적으로 말해서 투리의 도착문화 지향과 페어메어의 스코포스 이론(Reiß/Vermeer 1984)과 같은 기능적 응용 중심 접근방식 사이에 유사점들이 존재함을 확인할 수 있었다. 스코포스 이론의 근간은 출발텍스트는 단순한 정보제공일 뿐이고, 그것에서 번역사는 당연히 자의적이지는 않지만 도착문화 독자의 지식, 욕구와 기대를 고려하여, 번역할 정보를 선취한다는 점이다. 페어메어의 방식을 번역지도 지향이라고 이해하고, 그의 규칙을 규범적이라고 할 수 있는데 반해, 투리는 규범(norms), 법칙(laws) 등의 용어를 사용하나, 그의 이론은 순수 기술적이다. 그럼에도 이 두 접근 방식을 접목시킬 수 있는 방법이 있을 것 같다. 이제 곧 그 점에 대해 설명해 보겠다.

투리는 먼저 1장과 2장에서 기술적 연구이론의 토대를 서술하고, 3장에서는 다양한 연구 사례를 선보이며, 마지막 4장에서는 "법칙과 유사한(gesetzähnlich)" 몇 가지 결론과 일반화를 보여주었다. 내게는 이론에 관한 장을 순서대로 읽어내리는 것보다는, 중간중간에 연구 사례를 읽는 것이 더 도움이 되었다. 투리는 사상가의 면모를 보이며 자신의 원칙을 매우 체계적이고 신중히 서술하나, 연구사례와 예를 보이는 기량은 훨씬 더 뛰어나다.

저자는 번역에 영향을 주는 도착문화의 강제요소들을 구체적인 예를 들어 설득력있게 설명하였다. 1920년대에 히브리어로 번역된 세익스피어(Shakespeare)의 소네트를 통해 드러난 종교적 검열의 예가 그러하다. 소네트의 원문은 남자를 대상으로 한 것이었는데, 히브리어 번역에서는 여자에게 쓴 시로 번역된 것이다(114-128쪽). 그 외에도 소네트 번역에서 주로 구약 히브리어의 고전텍스트가 가진 언어적, 수사학적 표본을 지향하는 경향이 강했음을 보여주었다. 20세기 중반부터는 도착어의 규범에도 변화가 생겼다. 현대적 사고방식에서는 남자에게 쓴 소네트를 받아들이게 되고, 번역에도 현대규범에 맞는 언어를 사용하여 신조어도 많이 사용되었다.

투리는 독일동화 "젖과 꿀이 흐르는 땅(Schlarafenland)"을 히브리어로 옮기는 데 바탕이 된 규범들을 매우 자세히 분석하였다(147-149쪽). 저자가 원작과 다른 부분을 설명하기 위해, 여러 가지 측면들을 깊이 파고들어 가는 방식은 참으로 환상적이다. 이 번역에서 천국과도 같은 "젖과 꿀이 흐르는 땅"이 에덴동산으로 바뀐 것은 히브리의 성서 전통을 따른 것이 아니라, 러시아의 한 일화를 모델로 한 것인데, 번역자는 이 일화에서 추가로 운율과 댓귀를 따왔다.

이 책의 마지막 장에서 저자는 분석을 통해 확인한 법칙인 규격화증가경향의 법칙(law of growing standardization)을 소개한다. 이 법칙에 의해 원문내 텍스트의 관계들이 번역을 하면서 변경되거나, 심지어 이따금씩 완전히 무시되기도 하고, 이미 도착언어의 레퍼토리에 있는 더 일반적인 것들로 대체된다"라고 설명한다(268쪽).

"도착문화의 규범을 지켜서 번역이 수용되도록 하라. 이때 등가성 원칙은 부차적이며, 도착문화 독자의 상황과 응집성이 가장 중요하다"라는 스코포스를 가진 번역의뢰가 있을 때, 이러한 스코포스를 엄격하게 따르는 것이 기능적 접근방식과 규격화 증가경향의 법칙과의 유사성을 보여주는 좋은 예라고 생각한다. 투리식으로 이러한 번역의뢰를 실증적 토대위에서 확인해 보자면, 오늘날 번역에서 도착문화를 지향하는 것이 많은 문화권에서 일반적인 현상인데, 특히 비문학 텍스트 즉, 기술, 사법 또는 학술 번역의 경우가 더 그러할 것이다라는 가설을 설정해 볼 수도 있을 것이다. 바로 이 점이 앞에서 언급한 것처럼 기술적 접근방식과 응용지향의 접근방식의 접점이라고 생각한다. 투리가 관찰한 내용은 아마도 일반적으로 비문학 텍스트에 적용될 수 있을 것이다. 그러나 문학텍스트를 히브리어로 번역할 때 관찰된 도착문화로의 적응이 다른 문화권의 문학텍스트에서도 발견 가능한가를 살펴보는 것은 흥미로울 것이다. 내 직관으로는 이점에 대해 회의적이다. 독일에서는 독자를 출발문화권으로 움직이도록 하고자 하는 경향이 있기 때문이다. 물론 이는 나의 소견일 뿐이고, 이 점은 기술(記述)적 연구를 통해서 확인되어야 할 것이다.

투리는 "번역시 사용된 언어형식은 출발텍스트보다 낮은 차원으로 선택되는 경향이 있다(269쪽)"라고 하였는데, 이 법칙은 문제가 있다고 본다. 저자는 위의 법칙과 관련한 예로 독일 철도의 비상용 브레이크 텍스트와 그 영어 번역문을 들어, 주장하는 바를 설득력있게 보여주고는 있다(89-95쪽).[1] 그러나 번역사가 원본보다 더 낮은 차원의 언어형식으로 번역하기로 결정하면, 독자가 더 높은 차원의 작품구조를 볼 수 없도록 독자의 시선을 막게 되고, 그에 따라 원래 독자를 고려했던 상황에는 맞지 않는 번역이 나오는 것은 아닌가 하는 의문이 된다. 물론 나는 교수법적인 측면에서 이 법칙에 반하는 논거를 들고 있고, 투리는 실제 번역된

1) 이 논문집에 투리의 서평이 포함되어있으니 그가 보여준 예를 인용하고자 한다. 이를 통해 투리가 뜻하는 바가 무엇인지 더 분명해 질 것이라고 생각한다. 통일 전 서독의 기차에는 비상용 브레이크 옆에 다음과 같은 텍스트가 쓰여 있었다.

Notbremse(비상용 브레이크)
Griff nur bei Gefahr ziehen / Jeder Missbrauch wird bestraft (위험 시에만 손잡이를 당길 것 / 어떠한 오용이든 처벌될 것임)

이에 상응하는 문구가 영국기차에는 다음과 같이 적혀있다.

Alarm Signal(경고 신호)
To stop train pull handle / Penalty ￡50 for inproper use (기차를 멈추기 위해서는 핸들을 당기시오 / 부적절한 사용 시 벌금 50파운드)

투리에 따르면 위의 두 텍스트에 코드화된 내용(kodifizierte Einheiten)이 동등한 위치에 있다고 한다(즉, 동등한 차원이라는 의미임). 그리고 두 텍스트는 기능적으로도 유사하다. 그러나 독일 기차에서 영어로 번역된 내용은 다음과 같다.

사례를 분석하기만 하여, 어떠한 가치판단도 내리지는 않는다. 그러나 투리도 그의 저서에서 위에 언급된 법칙의 결과를 설명하면서 "더욱 단순화(greater simplification, 270쪽)"되었다라는 말을 사용하는데, 이 말 속에 사실상 가치판단이 담겨있는 것은 아닌지?

한 가지 분명한 것은 투리의 관찰방법이 도착문화 지향성이라는 공통점에도 불구하고 스코포스이론이나 기능주의적인 접근방식과는 다르다는 점이다. 스코포스를 중요시 하는 번역의뢰라면 실용적인 텍스트에 "언어형식을 실용적인 측면에서 원본텍스트보다 한 단계 낮은 차원으로 선택하시오"와 같은 지시는 없을 것이다. 투리도 그가 관찰한 법칙들이 언어간섭에 의한 것일 수도 있다는 점과, 전문 번역이란 언어간섭에 대한 저항이 그 특징이라는 점을 주지하고 있다는 것은 흥미롭다(277-278쪽). 그러나 전문번역을 가르치는 입장에서 언어간섭 현상을 기술적인 측면 하나로만 접근하는 것은 매우 어려운 일이다.

투리의 책은 우리에게 많은 생각을 하게 한다. *기술번역학 그리고 그 너머*는 기술번역학뿐 아니라 응용번역학에도 새로운 인식의 장을 열어주고 있다. 두 분야가 서로의 이익을 위하여 학문적으로 계속 교류하기를 바란다.

[1999]

Emergency brake(비상용 브레이크)
Pull brake only in case of emergency / Any misuse will be punished (응급시에만 브레이크를 당길 것 / 어떠한 오용이든 처벌될 것)

투리는 이 텍스트가 기능적이지 않으며, 물리적으로만 유사하고 원본에 비해 한단계 낮은 차원에서 구성되었다고 본다. 번역사는 연속적으로 "직역"을 했다. 예를 들면 오용(Missbrauch)의 접두사 Mis-와 명사 Brauch를 따로 떼어내, 각 부분을 영어의 상대어인 mis- 와 use로 대체하였다. 위의 상황에서는 misuse가 아니라 inproper use가 규범에 맞는다. 투리는 이러한 번역이 영어를 모국어로 사용하는 사람들을 대상으로 한 것이 아니라, 영어를 세계 공용어로 사용하는 여행객들을 대상으로 번역하였기 때문이라고 보고 있다.(기능주의 번역학 학자들은 아마도 수신자와 대상이 같아도 영어의 병렬텍스트가 더 나은 번역일 것이라고 말할 것이다. 물론 이 경우에는 벌금 50파운드를 대체하거나 또는 삭제해야 할 것이다.)

통번역교수법 핸드북
(울리히 카우츠, 2000) 서평

통번역학은 이제 자리를 잡았다. 사전, 백과사전 및 핸드북 등의 출판이 이를 상징적으로 보여주고 있다. 1997년에는 마크 셔틀워스(Mark Shuttleworth)와 모이라 코위(Moira Cowie)가 편찬한 *통번역학사전(Dictironary of Translation Studies)*이 출간되었다. 1998년에는 모나 베이커(Mona Baker)가 편집한 *루트리지 통번역학 백과사전(Routledge Encyclopedia of Translation Studies)*이 출간되었다. 같은 해 마리 스넬-혼비, 한스 회니히, 파울 쿠스마울, 페터 슈미트가 공동으로 편집한 *통번역학 핸드북(Handbuch Translation)*이 나왔다. 이번에는 울리히 카우츠(Ulrich Kautz)가 번역 및 통역 지도에 중점을 둔 핸드북을 선보였다. 이 책은 여러 논문들을 모아서 편집한 것이 아니라, 카우츠가 전체를 직접 서술한 책이어서 결론적으로 말하자면, 레이아웃과 문체가 통일적이고 읽기가 수월하다. 저자는 1장 도입부에서 이 책을 쓰게된 계기를 설명하고 있는데, 이 책의 집필은 전세계적으로 통번역사 양성과 통번역사의 연수 프로그램에 대한 수요가 있음을 인식하고 1995년부터 1998년까지 *번역과 통역*이라는 프로젝트를 진행해온 독일문화원(Goethe Institut)의 제안에 연유하였다고 한다. 이러한 이유에서 주대상 독자는 먼저 독일 문화원 직원들이고, 번역과 통역을 가르치는 강사들은 부차적이었다라고 카우츠는 설명하고 있으나(11쪽), 나는 이 책이 개요가 잘 정리되어 있고 수업에 참조할 것이 많아, 강사들에게도 또한 귀중한 자료가 될 것이라고 생각한다.

저자는 2장에서 우선 통번역사라는 직업에 대한 배경설명을 해준다. 여기서 사용된 "언어중개자(Sprachmittler)"라는 명칭에 대해 번역사와 통번역을 지도하는 사람들이 조금은 진부하다고 판단할 수 있겠으나, 카우츠는 번역사와 통역사가 문화도 전달하는 문화중개자임을 시사하며(17쪽), 번역사와 통역사는 일반적으로 번역과 통역 일이라고 생각하는 것 이상의 업무, 예를 들면 기술적 글쓰기(Technical Writing), 소프트웨어 현지화(Software Lokalisierung), 텍스트 편집, 후편집(Post-Editing), 레이아웃 관련업무 등을 한다는 점도 밝히고 있다(18쪽). 이 장에서는 직업 실무에 관한 안내뿐 아니라 필요한 지식 분야 및 지적, 심리적 및 체력적 능력 등 이 일을 배우기 위해 필요한 전제조건에 관한 구체적인 정보를 제시하고 있다. 이 장의 마지막에는 유용한 정보와 통번역 적성 테스트(Eignungstest) 등에 관한 유용한 정보와 관련 도서 및 논문정보를 제공한다.

3장에서는 번역과 통역학의 발전과정을 개관하고 있다. 카우츠는 통번역학의 다양한 접근방식을 현재 시점에서 평가하고 있는데, 이는 적절하다고 생각한다. 이를 통해서 어떠한 이론과 구상들이 통번역학에서 열매를 맺지 못했는지가 분명해지는데, 이에는 변형생성문법(33쪽)이

해당되고, 또는 새로운 접근 방식에 의해 추월되었다고 여겨지는 비교문체론(Stylistique comparée, 35쪽) 등을 예시하고 있다. 반면에 현재까지도 영향을 미치는 이론들, 예를 들면 나이다의 동태적 등가(dynamic equivalence, 36쪽), 기술 통번역학(Descriptive Translation Studies, 38쪽), 페어메어의 스코포스 이론 및 여타 다른 기능주의적 접근 방식(39쪽) 등을 언급하고 있다. 여기서 카우츠가 통번역학의 어떠한 이론과 접근방식에 동질성을 갖는지가 드러난다. 저자의 방향은 순수 언어학적인 접근방식이 아닌, 기능적이고 실증적, 실용적인 차원에서 논거를 펼치는 통번역학과 유사하다(44쪽). 카우츠는 현대 통번역학은 학제 간 연구(Interdisziplinarität, 42ff.)의 특성을 띠고 있다고 보며, 아직까지는 통역학에 체계적으로 확보되고 축적된 지식이 적은 편이라고 평가한다. 저자는 이런 특성이 부정적인 현상이 아니라, 번역과 통역에서 중요한 역할을 하는 모든 요소에 관한 지식을 모을 수 있는 좋은 동기를 부여한다고 보고 있다.

번역과 번역지도를 다룬 4장은 매우 광범위한데, 크게 두 부분으로 나뉘어져 있다. 먼저 번역학 문헌을 통해 번역과정을 설명하고, 개별적 사안들이 수업에 적용될 수 있도록 텍스트를 예시한다.

카우츠는 번역을 매우 상세히 정의하면서(57쪽), 중요한 개념인 "의뢰자(Auftraggeber)", "의뢰(Auftrag)", "수신자(Adressat)", "번역사(Übersetzer)", "출발텍스트(Ausgangstext)", "도착텍스트(Zieltext)", "텍스트기능(Textfunktion)", "충실성(Loyalität)" 및 "번역조건(Übersetzungsbedingungen)"과 같은 주요 개념들을 자세히 설명하고 있다. 이러한 설명들을 통해서 저자에게 번역의 목적과 기능이 중요한 기준이 된다는 점을 분명히 알 수 있다. 카우츠는 도착텍스트가 "기능해야한다(funktionieren)"라는 표현(56쪽)을 사용하는데, 이를 통해 그의 기준을 알 수 있다. 자세히 읽어보면 카우츠와 가까운 번역학의 학자들이 누구인지 알 수 있다(예 : 회니히, 쿠스마울, 노르트, 라이스, 스넬-혼비, 페어메어 등). 카우츠는 번역의 유형을 기록적 번역(dokumentarische Übersetzung) 및 도구적 번역(instrumentelle Übersetzung)으로 나누는데, 자신이 쓴 이 책은 도구적 번역과 관련된 것이라고 밝히고 있다(60쪽). 카우츠는 각 소장의 마지막에 인용한 문헌에 대해 간단한 소개를 덧붙이며, 이러한 구성의 원칙은 책 전체에서 살펴볼 수 있다.

나는 특히 심리언어학을 지향하는 번역학 관련문헌을 통합한 이해과정의 설명부분이 매우 뛰어나다고 생각한다(66-75쪽). 책에서 소개된 장면과 틀 의미론이라는 모델 외에도 원형의미론이 함께 소개되었더라면 하는 아쉬움은 남아있다. 카우츠는 그의 책에서 번역자가 텍스트를 이해하는 사전(事前)여건이 일반 독자와는 다르다는 것을 잘 보여주고 있다. *통역교수법 핸드북*은 문체가 읽기 편하여 복잡하고 추상적인 내용을 전체적으로 쉽게 이해할 수 있다.

많은 번역사들에게 큰 부담을 주는 텍스트 분석 작업도 숙련된 번역사가 사용하는 분석요소들을 체계적으로 정리해 줌으로써 상대적으로 수월하게 할 수 있도록 해주고 있다. 수용단계(Rezeptionsphase)의 한 부분인 조사와 관련해서는 사전에 관한 단락을 특별히 언급하고 싶다. 여기에서는 한나라말사전과 두나라말사전의 차이가 명확하게 잘 설명되어 있다(90-96쪽). 자료찾기라는 주제를 나름대로 자세히 다루고 있는 것 또한 매우 환영할 만하다. 다만 전문용어 관리 시스템(Terminologieverwaltungssystem)에 관한 내용이 적은 부분이 아쉽다(102쪽).

저자는 수용단계와 산출단계(Produktionsphase)를 나누는 것이 매우 인위적이며, 실제로 번역에서는 각 단계들이 종종 서로 맞물리며 중첩된다는 사실을 주지하고 있으나, 방법론적인 차원에서 각 시기를 구분해서 다루기를 제안한다(107쪽). 실제 이러한 인식은 번역의 기본단위를 소개하는 데 사용되었다. 번역단위는 번역준비를 위한 텍스트 분석결과를 통해서 생성된다(115쪽).

이미 언급한 바와 같이 이 책의 저자는 기능주의적 접근방식을 기본으로 삼으며, 이를 책 전체의 보편적 주제로 삼고 있다. 카우츠는 대비언어학에 기반하여 발전된 번역과정을 설명하면서, 번역의 기능에 의해 생성된 상위전략을 번역과정에 적용해야 할 것을 상기시킨다(127쪽).

기능주의적인 접근 방식은 번역지도에서 사용할 수 있는 예시문들을 소개한 제 4장의 응용관련부분에서 많이 드러난다. 이 모두는 카우츠가 이루어 낸 성과이며 독일어 텍스트를 출발텍스트로 삼아 번역을 가르치는 사람이라면, (130쪽에 걸친) 이 장에서 많은 아이디어를 얻을 수 있을 것이다. 텍스트이해, 텍스트타입별 상세화(Texttypologische Differenzierung), 텍스트분석, 자료찾기 및 텍스트생산 등의 주요 주제와 관련하여 수업에 바로 사용할 수 있는 텍스트도 있다. 특히 한 문장씩 번역하는 종래의 수업방식에서 벗어나야 한다는 제안은 고무적이다(267-277). 카우츠는 번역 평가와 관련해, 노르트와 슈미트의 저술 등을 인용하며, 번역에는 외국어 교육시 적용하는 평가의 방법과는 다른 평가기준이 필요하다는 점을 설득력있게 보여주고 있다. 다만 슈미트의 평가도식이 소장의 끝부분에 언급이 되면서 마치 쉽게 적용할 수 있는 기준이 마련된 것 같은 느낌을 주는데, 평가와 관련된 번역학계의 토론을 살펴보면 오류 타입과 그 비중의 직접 대응이 많은 문제를 내포하고 있음을 볼 수 있다.

통역과 통역지도를 다루고 있는 5장도 기본적으로 4장과 같은 구조로 구성되어있다. 먼저 "이론"편에서는 순차통역(Konsekutivdolmetschen), 담화통역(Gesprächsdolmetschen) 및 동시통역(Simultandolmetschen) 등

통역의 주요 종류가 소개되고, 이와 관련된 수업모델이 뒤따른다. 번역, 통역 간의 관련성은 이론적 토대를 통해 드러난다. 장면과 틀이라는 개념과 셀레스코비치와 레더러(Lederer)의 의미(Sinngebung, interpretation)와 관련된 논문이 그러하다. 아래 설명에서 나는 통역과 번역의 차이에 초점을 두어 통역에 대해 언급하겠다. 순차통역의 수용단계에서는 기억으로의 저장과 그와 관련된 노트테이킹이 구체적으로 설명되고 있다. 산출단계에서는 기억에 저장을 하면서 관련성과 잉여성(Relevanz und Redundanz)의 측면에서 출발텍스트를 편집(Redaktion)하는 것이 중요하다. 저장과 노트테이킹에는 제한적인 시간이라는 압박 때문에 가장 중요한 내용에 집중하고, 내용을 줄이는 것이 필요하기 때문이다. 또한 통역에서는 말을 잘하는 수사학적인 능력("연설 전문가, Redeprofi", 333쪽)이 강조된다. 그 다음으로는 다행히도 양방향 순차통역인 담화통역이 자세히 소개된다. 동시통역을 설명하는 부분에서는 듣고, 이해하고 그를 통해 미리 예상하기(Antizipation) 또 가설세우기(Hypothesenbildung)가 동시에 일어난다는 점을 주로 다루고 있다. 이 책을 읽다보면, 영어 및 중국어 통번역사로 활동하였고, 마인츠대학 응용언어 및 문화학 단과에서 중국어 통번역을 가르친 저자의 풍부한 경험이 책에 잘 정리되어 있음을 확인하게 된다.

순차통역을 지도할 때 적용할 수 있는 내용은 방대하지만 잘 정리되어 있다. 이해능력의 향상, 기억력 강화 및 노트테이킹 연습에 사용할 수 있는 텍스트가 많이 소개되었는데, 이는 강사들에게 보고와도 같다. 동시통역과 관련된 수업텍스트가 제시되지 않은 점은 이상하다. 카우츠는 통역사를 양성할 때 순차통역교육을 먼저 시작해야한다고 말하는 데, 혹시 이러한 이유 때문일까 하고 추측해 본다(352쪽). 그렇다면 순차통역을 마치고 난 후엔 어떻게 해야 하는가?

6장에서는 통번역사양성 및 평생교육의 문제를 다루고 있다. 우선 일반적인 개요가 소개되고, 아직은 통번역사 양성에 적용되지 못하거나 산발적으로만 적용되고 있는 혁신적인 아이디어들이 소개된다. 특히 모국어의 능력을 개선시키는 내용(425쪽), 고등학교에서 제 2, 3외국어 배우지 못해 대학에서 처음으로 언어를 배울 때 하게되는 언어습득 초급과정(425쪽), 사회문화적 지식을 더 집중적으로 전달해야 하는 부분(426f.), 직업과 관련된 실용적인 내용(427쪽), 이론수업과 실제연습 수업간의 구분을 줄이거나 없애기(429쪽), 학과의 커리큘럼을 모듈화하는 것(429-432쪽) 등이 그러하다. 6장의 마지막에선 번역사와 통역사를 위한 지속적인 교육의 필요성을 재차 강조하고 있다.

7장에서는 중고등학교와 대학에서 실행되는 외국어수업에서 번역의 위치를 다루고 있다. 여기서는 지금까지 외국어수업에서 사용된 방식인 기록/기호중심(dokumentarisch/zeichenorientiert)과 번역사 양성에서 실행되는 도구/의미중심(instrumentell/sinnorientiert) 번역의 차이를 분명히 보여주고 있다. 저자는 외국어 교육에서부터 전문 통번역능력을 개발할 수 있도록 해야 한다고 주장한다.

"독일 문화원의 번역 및 통역과정"이라는 밋밋한 제목의 8장에는 다음 주제들에 관한 매우 흥미로운 연수과정 모델들이 들어있다.

현장 통번역사를 위한 연수

외국어로서의 독일어 수업에서의 번역

번역교수법 연수과정

통역교수법 연수과정

양방향 순차통역 연수과정

번역수업 연수과정 등.

위의 세미나들은 일반적인 워크숍처럼 강연을 먼저 하고 그 내용에 관해서 토론을 하는 식이 아니라, 지속적으로 상호작용을 할 수 있는 소규모 그룹스터디를 통해 진행된다. 세미나 참가자들은 그들이 서 있는 곳에서 '마중된다'. 다시 말해서 참가자들은 먼저 그들의 경험담을 이야기 하고, 그 경험담으로부터 세미나와 관련된 문제점과 주제들을 끌어내게 된다. 이러한 점들이 교수법과 관련해 잘 구성되어 있고 "통번역"이라는 큰 주제나, 통번역과 관련된 소주제 모두 연수과정을 위한 좋은 견본이 된다.

무려 70쪽에 해당하는 부록 1에는 간단한 설명을 곁들인 단행본, 논문집과 학술지 등의 참고문헌 목록이 실려있다. 두 번째 부록에는 독일의 통번역대학과 관련 기관들의 주소 및 홈페이지가 실려있으며, 마지막으로 색인이 실려 있다.

결론적으로, 이 책은 포괄적으로 많은 정보를 한 권에 담고 있다. 이런 평가를 내리는 데에는 앞에서도 언급한 바 있는 읽기 쉽게 쓴 문체도 한 몫을 담당한다. 다양한 내용들이 잘 정리되어 읽기도 수월하고, 특히 저자는 책 여기저기에서, 인용한 텍스트에 대해 자신의 경험에 근거한 판단이나 평가를 내리기도 하고, 따로 참고문헌을 제시하기도 하는데, 이러한 경우 글자체와 크기를 달리하여 편집하였다. 때로는 바로 그러한 부분에 주요 정보가 담겨있다는 생각이 들고, 도움이 된다. 인용된 예문도 원래의 레이아웃을 그대로 유지하여, 보기에도 지루하지 않다. 이 책은 지금까지 연구된 내용을 잘 요약하여 설명해 주고 있고, 그 이상으로 저자가 실제 수업에서 사용한 것으로 보이는, 응용할 수 있는 예들을 많이 소개한다. 통번역학 내에서 교수법과 수업이라는 개념이 벌써 오래전부터 자주 사용되었으나, 통번역을 실제로 어떻게 가르칠 수 있는지를 이렇게 상세하고 구체적으로 설명한 사람은 아직 없었다.

이러한 의미에서 이 책은 통번역사를 양성하는 곳이라면 어느 곳이든 갖춰놓고 특히 가까이해야 할 것이다.

[2001]

번역, 이해 및 인지언어학[1)]

1. 이해의 문제

이 논문의 제목에서 사용된 "이해"라는 단어에서 알 수 있듯이, 나는 여기서 언어구조를 비교 분석하거나, 텍스트의 비교분석을 하려는 것이 아니다. 나의 일차적 관심은 우리 앞에 완성되어 놓여있는 번역 결과물이 아니라, 이러한 결과물에 도달하는 과정이다. 볼프람 빌스(2004) 역시 번역과정의 "행위(Tätigkeit)"에 대한 연구를 하였는데, 그는 그중에서도 주로 통상적 과정(Routinenprozess)에 주안점을 두었다. 통상적인 과정이 문제 없이 진행되려면 빌스가 설득력있게 주장한 바와 같이 조어 샘

1) *본고는창의적 번역(Kreatives Übersetzen*, Tübingen: Stuaffenburg 2000) 이라는 단행본의 압축버전이라고 볼 수 있다. 이 주제에 대해 자세한 연구내용을 보고자 한다면 그 단행본을 참조하기 바란다. 두번째로 사용된 이미지(이미지2)와 그와 관련된 단락은 다른 *책인이해와 번역. 교수 및 연습서 (Verstehen und Übersetzen. Ein Lehr- und Arbeitsbuch*, Tübingen: Narr, 2007)에서 더 자세히 살펴볼 수 있다.

플들이 번역생산에서 블록과 같은 기본 구성요소로 언제나 사용 가능해야 한다(Wilss 1996, 128-155). 이 논문은 빌스의 논문을 보완하는 논문이다. 번역에서 통상적인 과정이 중요하긴 하나, 번역사가 일을 하다보면 통상적인 방법으로만 작업을 해 나갈 수 없고, 기본 구성요소가 더 이상 맞지 않는다거나 또는 새로운 구성요소를 만들어 내야 하는 상황, 즉 문제를 해결해야 하는 상황에 봉착한다.

번역을 할 때에는 다양한 유형의 문제들이 있다. 예를 들면 도착어에 유사한 통사 샘플이 없기 때문에 통사와 관련한 문제가 있을 수 있고, 문체상으로 적당한 표현을 찾으려고는 하는데, 도착어에는 없어 문제가 생기는 경우도 있다. 또는 특징적인 문화적 암시를 어떻게 번역해야 할지 난감한 상황이 생기기도 한다.

이 논문에서는 번역에서 생기는 문제 중 단어 의미의 문제 즉, 의미론에 관련된 문제에 대해서만 다루기로 하겠다. 이해는 실제로 의미와 관계가 있다. 그렇다고 해서 그 외에 다른 유형의 문제가 없다는 뜻은 아니다.

번역학에서는 오래 전부터 의미론적인 문제를 설명하기 위해 구조의미론을 이용하였다. 이와 관련하여 가장 잘 알려진 이름은 유진 나이다(Nida 1964a, 1975)라고 생각한다. 나는 이 논문에서 구조의미론이 이해과정을 서술하는 데 어떤 기여를 하고, 또 그 한계는 무엇인지를 수업에서 사용한 텍스트의 예문을 통해 보이고자 한다. 그 다음으로는 인지언어학과 그 설명력(Erklärungskraft)에 대해서 알아보겠다. 이에 제시되는 예도 수업에서 얻은 것이며 또한 인지 모델과 관련해서 나는 교수법 차원에서 관심을 가지고 있음을 밝혀둔다.

영어 잡지 *이코노미스트지(The Economist)*에서는 영국이 유로화를 도입하는 과정에서 보이는 주저함을 역사적 배경을 통해 설명하였다(예의 분석은 Kußmaul 2000a, 63-68을 참조):

… it is centuries-old attitude to European power politics, more than imperial history, that has set Britain apart. For at least the past 300 years, Britain has tried to prevent the emergence of a single dominant power on the continent of Europe. From 1700 to 1815, it built a succession of alliances to contain France. In the 20th Century, it has used balance-of-power politics to contain Germany. Despite the huge cost of two world wars, the policy was successful. Britain never experienced defeat and occupation; indeed, the Britisch remember the second world war as, in Curchill's words, "their finest hour". And the rest of Europe was rescued from one-power domination.
Britain's reaction to the growth of the European Union has been deeply influenced by this instinctive belief in the need to prevent the rise of a controlling power in Europe… (*The Economist*, January 3, 1998)

영국이 따로 떨어져 구분된 이유는 황실이 존재한 역사가 있기 때문이라기 보다 유럽의 권력 정치에 대한 영국의 수세기에 걸친 태도 때문이다. 적어도 지난 300 년 동안 영국은 유럽 대륙에서 하나의 지배 권력이 출현하는 것을 방지하기 위해 노력해왔다. 1700년에서 1815년까지 영국은 프랑스를 견제하기 위해 지속적으로 연합해왔다. 20세기에 영국은 독일을 견제하기 위해 힘의 균형 정책을 사용하였다. 두 차례의 세계 대전으로 인한 엄청난 비용에도 불구하고, 그 정책은 성공했다. 영국은 패배와 점령을 직접 경험하지는 않았다. 실제로 영국사람들은 처칠의 말대로 이차세계대전을 "그들 최고의 시간"으로 기억한다. 그리고 유럽의 나머지는 단독 권력의 지배에서 구출되었다.
유럽연합(EU)의 성장에대한 영국의 반응은 유럽내 지배 권력의 등장을 막을 필요가 있다는 본능적인 신념으로부터 깊은 영향을 받아왔다.(*이코노미스트*, 1998년 1월 3일자.)

이 텍스트는 4, 5학기 학생들을 대상으로 한 번역수업의 시험문제로 출제되었는데, 독일의 유력 일간지에 실릴 텍스트로 번역하라는 과제를 주었다. 독일 독자라 하더라도 원문 영어텍스트에서 나오는 역사상의 내용을 문제 없이 이해하리라 판단되기 때문에, 이들을 위해 문화와 관련된 추가 설명은 필요 없다는 내용도 과제에 추가되었다. 몇몇 학생들은 *contain*이라는 단어를 어려워했다. 이 단어를 "im Auge zu behalten(관찰한다)", "im Rahmen zu halten(틀안에 놓는다)" 또는 "an sich zu binden(우리 편으로 묶다)" 등으로 번역을 한 학생들도 있었다.

여러가지 의미를 지닌 contain이라는 단어를 *현대영어사전(Dictionary of Contemporary English*, DCE)에서 찾아보면 아래와 같이 나온다:

contain

1. to have something inside, or have something as a part: *He opened the bag, which contained a razor, soap and a towel. | The letter contained important information about Boulestin's legal affairs*. (무엇을 내포하다, 부분으로 가지다: *그는 면도기, 비누와 수건이 있는 가방을 열었다 / 그 편지는 블레스틴의 법적인 사건에 대한 중요한 정보를 내포하고 있었다.*)

2. to keep a strong feeling or emotion under control: Jane couldn't contain her amusement a moment longer. | contain yourself (= keep your emotions under control): He was so excited he could hardly contain himself. (강력한 느낌이나 감정을 통제하다: *제인은 우스운것을 더 이상 누를 수 없었다.* / 자제하다 (자신의 감정을 통제하다) *그는 너무나 흥분해 자신을 거의 자제할 수 없었다.*)

3. to stop something from spreading or escaping: *Doctors are struggling to contain the epidemic*. (무엇이 확산되거나 도망가는 것을 막다: *의사들은 전염병이 확산되는 것을 막기위해 고투하고 있다.*)

4. formal to surround an area or an angle: *How big is the angle contained by these two sides?* (한 지역이나 각도를 둘러싸는 것을 격식있게 표현: *이 두 편에 의해 얻어진 각도가 얼마나 큽니까?*)

이를 그래픽으로 나타내면 다음과 같다.

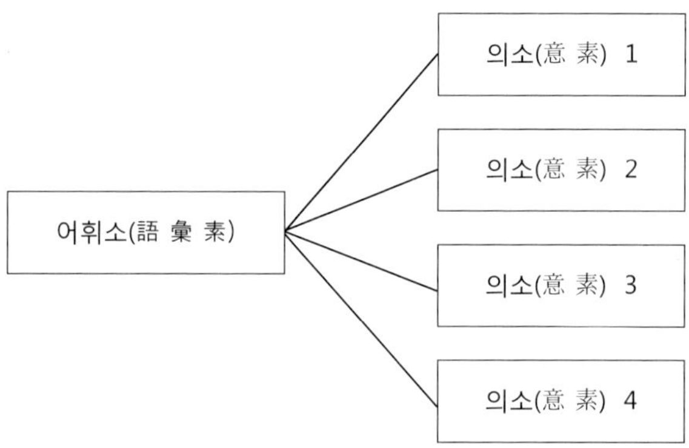

〈표 1〉

학생들의 번역을 다음과 같이 진단할 수 있다. "im Rahmen zu halten(틀안에 놓는다)"라고 번역한 학생들은 잘못된 의미소를 선택했다. 아마도 의미소 2를 선택한 듯하다. "im Auge behalten(관찰한다)" 나 "an sich zu binden(우리 편으로 묶다)"라고 번역한 학생들은 위의 어떤 의미소도 고려하지 않았다. 수업에서 학생들에게 다양한 의미소 중 하나를 선택해야 할 때, 맥락이 중요한 역할을 한다는 점을 환기시키고, 이 경우에는 세 번째 의미소가 맥락에 가장 잘 맞는다는 것을 가르칠 수 있을 것이다.

구조의미론을 벗어서는 이 이상의 내용은 설명할 수가 없다. "하나의 의미소를 선택하는 경우 맥락을 반드시 고려해야 한다"라는 언급을 제외하고는 구체적으로 지도할 수 있는 내용이 없다. 구조의미론에서 언어 사용자의 뇌, 우리의 경우 번역사의 뇌에서 어떤 과정들(Vorgänge)이 일어나는가에 관한 관심을 배제하므로, 그리 놀랄만한 일도 아니다. 그러나 인지의미론 또는 심리의미론의 경우, 바로 이런 과정들이 연구의 중심에 위치한다. 두 번째 이미지를 보면서 좀 더 자세히 살펴보자(Kußmaul 2000a, 62 참조).

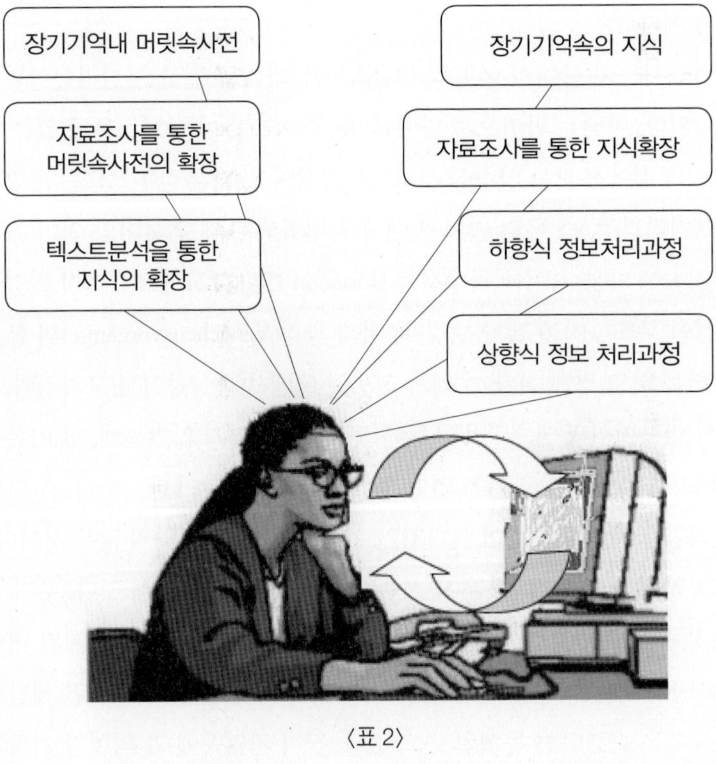

〈표 2〉

번역사의 75%가 여성이므로(Schmitt 1998, 192 참조) 표 2에 나오는 번역사의 "원형"도 여성으로 삼았다. 이 여성은 나이가 들어보이지 않으므로, 학생이라고 봐도 무방하겠다. 번역학 문헌에서 번역학을 전공하는 학생들은 세미프로 번역사(seminprofessionelle Übersetzerin)라고 명명된다. 세미프로 번역사들이야 말로 외국어 출발텍스트의 이해에 어떤 어려움이 있는가를 관찰하고, 그들의 어려움에 대해 기술하는데 적당한 그룹이다. 이들의 어휘력은 아직은 한정적이고, 알고 있는 단어도 그 뜻을 다 알지 못하며, 하나 또는 두 개 정도의 의미소를 알고 있을 것이다. 세미프로들은 위의 예시와 관련해서 아마도 첫 번째나 두 번째 의미소를 알았을 것이다.

번역사들이 단어의 어떤 의미들을 아는가라는 질문은 심리언어학과 직결된다. 이해는 한편으로 단어에 따른 것으로, 이는 텍스트에 있는 흑과 백의 정보를 보는 상향식 정보처리과정이고, 다른 한편으로는 하향식 정보처리과정, 즉 우리 기억 속에서 활성화되는 해당 단어의 의미에 관한 지식에 따른다(이에 관해서는 Hörmann 1981, 124 참조). 가지고 있는 지식이 부족하여 문제가 생길때, 이해 과정(Verstehensvorgänge)의 본질은 더욱 더 분명해 진다. 우리가 선보인 예에서는 상향식 정보처리와 하향식 정보처리의 상호작용이 만족스럽게 진행되지 않았는데, 그 이유는 기억속에 해당하는 단어의 의미가 저장되어있지 않기 때문이다. 그 단어의 외형은 완전한 공백이 아니지만, 그 내용이 충분히 차지 않은 것이다.

그 안에 내용을 잘 "채우기"하는 데에는 세 가지 방법이 있다. 우리 예의 경우, 이해문제가 생긴 원인은 언어를 배우는 학생에게 내재된 머릿속 사전이 제한적이기 때문인데, 이는 전형적인 현상이다. 이런 제한성의 문제는 순간적인 문제일 수도 있다. 장기 기억속에 그 의미가 저장되어있기는 하나, 저장된 단어의 의미가 모국어에서처럼 쉽게 떠오르지 않는 경우이다. 언젠가 그 단어의 의미를 배운 적이 있지만, 기억해 낼 수 없는 경우를 뜻한다. 인지연구에서는 이러한 맥락에서 기억을 *장기기억과 작업기억*(Richkeit/Strohner 1993, 39)으로 구분하고 있다. 이는 장기기억에는 존재하나 작업기억으로 이전이 되지 않는 경우라고 설명할 수 있는데, 아마도 그 의미를 자주 사용하지 않아 자동화정도(Automatisierungsgrad)가 매우 낮았을 것이고, 그렇기 때문에 상향식 정보처리와 하향식 정보처리간의 상호작용이 최적으로 작동하지 않았을 것이라고 생각할 수 있다. 물론 장기기억에 해당하는 의미가 존재하지조차 않을 수도 있는데, 이는 그 단어의 의미를 전혀 익힌 바가 없다는 뜻이 된다. 이러한 경우에는 상호작용이 있을 수 없다.

이해문제를 해결할 수 있는 첫째 방법은 자료조사를 통해 내재된 머릿속사전을 확장하는 것이고, 달리 표현하자면 사전을 보고 앞서 보인 예에서 나타난 다의적인 의미에서 맥락과 관련해 가장 적당한 뜻 즉, 확산을 막는다(to stop from spreading)를 고르는 것이다. 사전 찾아보기는 자료조사의 여러 방법 중 하나일 뿐이다. 전문용어 데이타베이스, 병렬텍스트 이용, 인터넷을 통한 자료조사 등에 관한 내용을 본고에서는 따로 언급하지 않겠다. 이 예문과 관련된 상황에서는 모든 자료조사 방법을 불허했는데, 시험을 보는 동안 학생들은 사전을 사용할 수 없기 때문이다. 다행히도 겔머스하임에서는 이렇게 현실과 동떨어진 시험상황이 개선되었다.

두 번째 해결방법은 우리 장기 기억속에 저장된 세계지식과 전문지식을 활성화하는 것, 즉 작업기억으로 이러한 지식을 이전하는 것이다(Richkeit/Strohner 1993, 39, 86). 이러한 지식에는 전문 지식, 경험 및 체험에 의한 지식이 속한다. 앞의 예와 관련해서는 영국의 연합정책과 관련된 역사지식이 도움이 될 것이다. 영국은 독일의 편에 서지 않았으므로, 독일을 "an sich binden(우리편으로 묶다)"라고 번역할 수 없다. 특히 공부를 통해 얻은 전문지식과 자신의 고유 경험과 체험을 구별하는 것이 중요함을 여기서 분명하게 살펴볼 수 있다. 자신이 스스로 체험한 것은 듣고 읽은 것 보다 그 정보가 더 생생하다. 지금 약 60세로, 어린시절 2차 세계 대전을 직접 경험한 사람은 자신 고유의 경험을 통해서 그 맥락을 바로 알아, 이 부분을 이해를 하는 데 전혀 문제가 없었을 것이다. 상향식 정보처리와 하향식 정보처리사이의 상호작용은 자신 고유의 체험이 관련되면 더 잘 이루어질 것이다. 이러한 작용을 통해 아직 우리의 기억에 존재하지 않는 의미가 새로 생겨날 수 있다. 그렇다고 해서 이를 통해 우리가 객관적으로 단어의 의미를 새롭게 만들어 낸다는 뜻은 아니다. 이미 사전에 올라와 있는 *contain*이라는 단어의 여러 의미와 관련하여 그런 의미를 어떻게 찾아 가느냐의 그 과정이 우리에게 흥미로운 점이다.

우리 학생들은 물론 60세 이상의 노인이 아니고 대부분 20대 초반이다. 그러므로 그들은 이 텍스트를 이해할 때 자신의 고유 체험과 경험에 근거할 수 없다. 또한 사실적 지식과 관련해 학교의 역사수업을 정보의 원천으로 무조건 신뢰할 수만도 없다. 번역사의 능력 중 하나는 필요한 자료를 언제 어디서 찾을 수 있는지 알아야 한다는 점이다. 학생들이 자료조사를 할 수 있었더라면 좋았을 것이다. 바로 서술했던 것처럼 자료조사를 통해 지금까지 몰랐던 단어의 의미를 찾아낼 수 있기 때문이다. 시험 상황에서는 이러한 방법을 쓸 수 없었고, 물론 당시의 그런 상황은 만족스럽지 못했다.

그러나 다행스럽게도 세 번째 방법이 있는데, 이 방법은 시험상황이라 하더라도 학생들이 선택할 수 있는 길이었다. 이 방법은 어휘 또는 외국어지식과 관련된 것도 아니고, 제한적인 지식이나 또는 자료조사가 불가능한 상황에 매이지 않아 누구나 갈 수 있는 길이다. 그러나 이 길을 가기 위해서는 그 길을 볼 수 있는 눈을 가져야 하며 또한 제대로 된 신발을 신고 길을 나서야 한다. 번역을 가르치는 사람으로서 나는 학생들이 이 길을 갈 수 있도록 우리가 이정표를 만들어 주어야 한다고 생각하고, 그들이 제대로 된 장비를 갖추어 그 길을 갈 수 있도록 해야 한다고 생각한다. 여기서 말하고자 하는 세 번째 방법은 텍스트 분석을 통한 지식의 확장이다. 이것은 표 2에서 컴퓨터와 텍스트사이의 휘어진 화살표들로 표시되며, 번역사는 모니터에 있는 텍스트를 분석하는데, 이는 일종의 정신활동 과정이다. 컴퓨터에서 머리로 연결되는 선 하나는 분석한 내용을 우선 작업기억에 저장하는 것을 의미하며, 이는 왼쪽하단 텍스트상자를 상징한다.

contain이라는 단어는 텍스트의 여러 부분에서 다양하게 사용되었다. 그중에 중요한 부분은 다음과 같다: *prevent the emergence of a single dominant power on the continent of Europe, … rescued from one-power-dominations, … prevent the rise of a controlling power in Europe (유럽 대륙에서 하나의 지배 권력이 출현하는 것을 방지하기 위해…, 단독 권력의 지배에서 구출되었다, …유럽내 지배 권력의 등장을 막을)*. 이 부분에서 contain이라는 단어의 의미 중 *to stop something from spreading(무엇이 확산되거나 도망가는 것을 막다)*을 유도해낼 수 있었을 것이다. 번역학에서 텍스트분석이라는 주제는 이미 많이 연구된 바 있어(Snell-Hornby 특히 1998, 18, 44, 103번 텍스트), 이 점에 대한 설명은 암시적인 차원에만 그치겠다.

텍스트분석을 심리언어학의 모델에 편입해서 살펴본다면, 텍스트분석은 상향식 정보처리와 하향식 정보처리 과정 중 어떤 방식에 의한 것일까? 정확히 말해서 이 두 과정의 시발점이 되는 곳은 어디일까? 언어형식(sprachliche Formen)인가 또는 기억력인가? 우리는 밖으로 부터의 정보, 텍스트를 보게 되고, 이렇게 안으로 들어온 정보는 작업기억 내에 하향식 지식으로 구성되어 이 지식이 일종의 막(幕)과 같은 역할을 하여 이를 통해 문제의 여지가 있는 부분, 즉 원래의 상향식 정보자료(우리의 예에서는 contain)의 이해를 돕게 된다. 우리가 유념해야 할 점은 하향식 정보처리 과정은 일반 지식, 전문지식, 우리의 경험 및 체험이 저장된 장기기억에만 저장된 것이 아니라는 점이다. 하향식 정보처리 과정은 맥락을 통해 형성된 지식이 저장되어 있는 작업기억에서도 이루어 진다.

작업기억에 저장된 맥락에 관한 지식이 일단은 먼저 몇 초나 또는 몇 분 후에 장기기억으로 이전되었다가, 거기서 다시 작업기억으로 불려오는 것인지에 대한 질문을 해 볼 수 있겠다. 그러나 이는 기억력 연구 학자들이 관심가질 문제이다. 이 문제에 대한 답은 찾지 않고 넘어가겠다. 그 이유는 통번역과 관련한 문제해결을 위한 답을 찾는 데에는 상향식과 하향식 정보처리 과정이 서로 상호작용 하도록 하는 것이 더 중요한 문제이기 때문이다. 우리의 목적은 이해과정(Verstehensprozesse) 그 자체의 서술이 아니라, 이해와 관련한 이해과정의 서술이다.

이해부분과 관련해서 한 가지 더 부가적인 설명이 필요하다. 앞에서 언급한 바와 같이 번역사들은 출발어에는 있는 구성요소가 도착어에 없는 경우를 종종 겪게 된다. 이럴 때 창의성이 요구된다. 내가 설명한 바와 같이 이해라는 것은 잠재적인 창의적 과정이다. 창의적인 이해와 하향식 정보처리과정 사이에는 일정한 연관이 있다. 앞에 놓여있는 텍스트를 통해 우리의 상상이 발현되는데, 출발텍스트와는 달리 우리의 기억속에서 아직은 끝까지 표현되지 않아 표현을 달리할 수 있는 상상력을 활성화시킨다. 바로 이러한 과정을 통해서 창의적 번역이 생겨나게 된다. 번역을 할 때 기억 속에 저장된 것을 활성화하는 것이 전부가 아니라, 저장되어있는 내용을 언어로 실행해야 한다. 그리고 우리는 이것을 우리 자신만의 고유언어를 사용하여 새롭게 표현할 수도 있다.

실제로도 시험을 본 학생들 중에는 답안에 필요한 지식을 갖추거나, 텍스트를 제대로 분석하였거나, 직역이 아닌 창의적인 번역을 한 학생들이 있었다. 예를 들자면 “um die Vormachtstellung Frankreichs zu begrenzen(프랑스의 패권을 제한하기 위해서)” “um Frankreich in Schach zu halten(프랑스를 견제하기 위해)” 또는 “um Deutschlands Machtstreben Einhalt zu gebieten(권력을 향한 독일의 매진을 저지하기 위해서)” 등의 답안이 나왔다. 각각의 어떠한 사고 과정이 이렇게 창의적인 번역안을 내놓게 되었는지 다음 장에서 설명하겠다.

2. 장면과 틀

번역에서 생기는 문제를 해결하는 과정을 서술하는 데에는, 찰스 필모어가 개발한 장면과 틀 의미론(Fillmore 1976, 1977)이 상향식, 하향식 정보처리방식 이라는 개념으로 설명하는 것보다 훨씬 더 적당하다고 생각한다. (이 장과 관련해서는 Kußmaul 200a, 106-119, 2000b, 61-64 참조).

필모어에 의하면 우리가 텍스트에서 읽는 단어들은 “틀”이고 이 틀을 통해서 내적인 이미지나 또는 “장면”이 우리 기억 속에서 활성화된다고 한다. 물론 이러한 설명이 페르디낭 드 소쉬르(Ferdinand de Saussure)에서 연유하는 언어의 기호와 의미 사이의 구분과 다를 것이 없지 않느냐는 의의가 제기될 수 있겠다. 그러나 필모어는 “장면”이라는 은유를 통해 우리 기억력을 논의에 포함시켰고, 나는 바로 이 점이 중요하다고 생각한다. 의미라는 것은 언어체계 안에서만 생기는 것이 아니라 언어 사용자의 경험과 체험을 통해서도 생겨난다. 그 외에도 “장면”이라는 단어를 통해서 의미가 이미지와 관련이 있다는 것이 분명해 진다. 아르투어 쾨스틀러(Arthur Koestler)는 유명한 그의 저서 *신적인 영감(Der göttliche Funke)*에서 창의적인 사고는 주로 시각적 사고임을 확인한 바 있다(1966, 177-

186). 번역수업 중 번역문제를 성공적으로 해결해 좋은 번역안을 내놓는 과정에서 장면을 시각화(Visualisierung)하는 것이 매우 중요한 역할을 한다는 것을 경험한 바 있다. 시각화와 관련한 예를 들어 보겠다. 다음 텍스트는 8학기 학생을 대상으로 한 영-독 번역수업에서 사용되었다.

Robomoths
Insects are not nearly a biddable as dogs or horses. Although they can perform amazing feats of strength and dexterity on their own scale, that scale is so much smaller than humanity's that it is not surprising they have been overlooked. With rare exceptions, such as bees and silkworms, the insect world is a source of pests rather than of pets or pack animals.
In an age of miniaturization, however, a few researchers are wondering if more insects might be harnessed to be service of man. One is John Hildebrand, a neurobiologist at the University of Arizona. As part of a project [···] he and his colleagues have been working on the giant sphinx moth to creat a "biorobot" – an animal that can be controlled electronically by a human. They have designed a radio transmitter small enough to attach to a sphinx moth without impairing its ability to fly. (*The Economist*, March 4, 2000)

나방로봇
곤충들은 개나 말처럼 고분고분하지 않다. 곤충들은 그 크기에 맞게 힘도세고 재주도 좋아 놀라운 묘기를 보일 수 있으나, 그 크기가 인간보다는 훨씬 작아서 그 동안 간과해온 것이 그리 놀랄 일도 아니다. 벌이나 누에 등과 같은 드문 예외를 제외하고는 곤충의 세계는 애완동물이나 짐나르는 동물의 원천이 아니라 전염병의 근원이다.

그러나 소형화시대에서는 몇몇 학자들이 많은 곤충이 인간을 위해 일할 수 있도록 활용할 수 있지 않을까를 고민하고 있다. 그 중 한 사람이 애리조나 대학의 신경생물학자 존 힐데브란트이다. 프로젝트의 일부로 [···] 그와 그 동료들은 박각시나방을 "생채로봇"으로 만들어, 인간이 이를 컴퓨터로 통제할 수 있도록 연구하고 있다. 이들은 박각시나방에 장착해도 나방이 나는 데 지장이 없을 만한 소형 무선 송신기를 고안했다. (*이코노미스트*, 2000년 3월 4일자)

여기서 Miniaturization의 번역이 문제가 되었다. 학생들은 "미니어처화(Miniaturisierung)" 또는 "소형화(Verkleinerung)"라는 단어들이 지나치게 추상적이어서 내포된 내용이 무엇인지 독자들이 상상하기 어렵다는 이유로 만족하지 못했다. 나는 학생들에게 일상 생활에서 소형화와 관련된 예를 들어보기를 권했고, 라디오, 핸드폰, MP3, 카메라 등등 소형화 되어가는 기계들을 언급하였다. 한 학생이 "컴퓨터시대(Computerzeitalter)"라는 제안을 하였으나, 다른 학생들은 모니터의 경우 더 커지는 것이 추세라서 "매우 작다"라는 이미지가 이 단어에서는 분명하게 드러나지 않으므로 부적당하다고 평가했다. 그러다 갑자기 한 학생이 "Zeitalter der Mikrochips(마이크로칩의 시대)"라는 제안을 했다. 텍스트에서 무선 송신기가 언급되고, 그런 송신기에는 마이크로칩이 장착되므로, 학생들은 이 제안에 대해서 만족스러워 했다. 이러한 과정과 해결방안을 찾아가는 길을 아래 그림을 통해서(그림 3, 4) 설명하고자 한다.

〈그림 3〉

〈그림 4〉

그림 3과 4는 잘 알려져 있는 이미지, 즉 그림 3의 제목처럼 "예수의 탄생(Christi Geburt)"을 보여주고 있다. 이 그림의 제목은 소위 말해 그림에 "틀"을 부여하고, 실제로도 미술관에 가면 그림의 틀에 제목이 써있는 경우가 많다. 그림의 제목을 "소형화"라는 단어라 하고, 그 안에 작은 전자기계들의 이미지(장면)가 들어있는 그림을 "둘러싸고" 있다고 비교해보자.

위의 그림을 보았을 때, 그림에서 무엇을 보여주고 있는가 하고 물어보게 되면 "예수의 탄생"이라는 대답을 들을 것이다. 어린 아이가 물어본다면, 아마도 "예수의 탄생"이라는 말은 너무 어려워 또 라틴어 소유격(Christi)을 사용한 원제목을 이해하지 못할 수도 있다. 제목을 직접 말해도 의미하는 바를 상상하는 것이 어려울 것이다. 그렇다면 "여기 마리아가 예수님을 돌보고 있지? 그 뒤로는 요셉이 서있고 또 아기 앞에는 동방박사가 무릎을 꿇고 있어. 하늘에는 베들레헴의 별이 빛나고 있고"라고 그림의 디테일을 하나 둘씩 말하여 설명하는 것이 더 나을 것이다. 그림 4가 이것을 상징하고 있다. 학생들 역시 miniaturization의 의미와 관련된 구체적인 내용을 장면(그림)처럼 상상하며 라디오, 핸드폰, MP3 등등 하나 둘씩 언급하였다. 마이크로칩을 바로 언급하지는 않았지만 언급된 기기 안에 칩이 들어있다는 것을 우리 모두 잘 알고 있다. 번역수업을 하면서 이렇게 좋은 번역안을 찾아가는 과정을 종종 보게 되는 데, 이러한 방식을 "하나의 틀 안에서 장면요소를 취사선택하기"라고 부르기를 제안한다(Kußmaul 2000a, 158-165).

맨 처음 선보인 예 contain으로 다시 돌아가면, "um die Vormachtstellung Franchreichs zu begrenzen(프랑스의 패권을 제한하기 위해서)" 또는 "um Deutschlands Machtstreben Einhalt zu gebieten(권력을 향한 독일의 매진을 저지하기 위해서)" 등도 장면요소의 취사선택이라 서술할 수

있다. "권력"이라는 요소는 텍스트의 다른 문맥에서 나오고, "전쟁"이나 우리가 지식을 통해 알고 있는 "영토권주장" 등도 맥락에 들어있다.

방금 선보인 예를 분석함으로써 틀에서 장면으로 가는 길을 찾았다. 그 외에도 하나의 틀을 다른 틀로 바꾸는 "틀바꾸기"를 할 수도 있다 (Kußmaul 2000a, 152-154).

3. 틀바꾸기

다음 예는 수업에서 사용한 프로토콜에서 인용한 것이다. 번역전공 1, 2학기 학생들을 대상으로 한 번역수업에서 컴퓨터번역과 관련한 *이코노미스트지*의 기사를 번역하였다. 텍스트는 일본어-영어, 영어-일본어 기계번역 프로그램에 관한 내용이었다. 해당하는 텍스트는 다음과 같다:

> Having been designed from the start for use on a personal computer rather than a powerful workstation or even a mainframe, Tsunami and Typhoon use memory extremely efficiently. As a result, they are blindingly fast on the latest PCs/translating either way at speeds of more than 300 000 words an hour. Do they produce perfect translations at the click of a mouse? Not by a long shot. But they do come up with surprisingly good first drafts for expert translators to get their teeth into. One mistake that the early researchers made was to imagine that nothing than flawless automated machine translation would suffice. With more realistic expectations, machine translation is, at last, beginning to thrive. (*The Economist*, October 18, 1997)

> 처음부터 강력한 워크 스테이션이나 메인 프레임이 아닌 개인용 컴퓨터 사용을 위해 고안된 츠나미와 타이푼은 메모리를 굉장히 효율적으로 사용합니다. 그에 따라 이 프로그램들은 최신 PC에서 시간당 삼십만 단어 이상을 번역 할 정도로 엄청나게 빠릅니다. 이 프로그램은 마우스 클릭으로 완벽한 번역을 만들어 낼까요? 결코 그렇지는 않습니다. 하지만 이 프로그램들은 놀라울 정도로 좋아 전문 번역자들이 바로 달려들어 다듬

> 기만 하면 되는 초안을 만들어 내놓습니다. 초창기 연구자들의 실수는 오류없는 자동 기계 번역만이 만족스러운 것이라고 상상한 것이었습니다. 기대를 더 현실적으로 낮추면서 기계번역은 드디어 번창하기 시작합니다. (*이코노미스트*, 1997년 10월 18일자)

학생들은 get their teeth into(달려들다) 부분의 번역을 어려워했고, 프로토콜에서는 이 문제를 해결하는 과정을 관찰할 수 있었다. 우선 문제는 언어의 형식차원(표현차원)을 그대로 유지하여 번역하는 것이 불가능하다는 점이었다. 독일어에는 영어와 같은 숙어표현이 없다. 이는 언어 체계의 문제이므로, 표현을 바꾸는 것은 부득이하다. 학생 중 한 명이 *완전히 씹다(durchkauen)*라는 제안을 했다. 나는 학생들에게 위의 예와 관련된 어떤 장면을 상상해 보라고 제안을 하였으며, 특히 단락의 후반부, 즉 컴퓨터 프로그램에서 나온 결과물이 결점없는(flawless) 번역물이라는 기대를 해서는 안 된다는 부분에 대해 상기시켰다. 이와 관련해 나는 post-editing(후편집)이라는 단어를 언급하였다. 이에 대해 학생들은 "feilen(다듬다)", "letzter Schliff(최후 정제)"와 같은 안을 내놓았다. 그러나 다듬다나 최후 정제와 같은 뜻은 컴퓨터 번역이 꽤 잘 되었을 것라는 의미를 내포하게 되는데, 후편집 post-editing의 경우는 그렇지 않다는 이유로, 학생들은 이러한 제안들을 비판하였다. 다른 학생이 "최적화하다(optimieren)"라는 제안을 하였다. 특히 텍스트 최적화(Textoptimierung)라는 개념은 실제로 번역에서 전문용어로 사용하고 있으며 또한 부분적으로 문제가 있는 텍스트의 내용을 다듬는 것을 표현하고 있으니 찾고있는 뜻에 정확히 맞아 떨어진다며 이 제안을 받아들였다.

장면과 틀 의미론 방식으로 보자면, 여기서는 틀의 변경(re-framing)이 일어났다고 할 수 있다. 처음의 "틀"은 은유적인 표현(getting their teeth into)였고, 두 번째는 비은유적인 전문용어(최적화하다)이다. 이는 출발텍스트에서 변화를 주어 다른 번역안을 내 놓았으니 창의적인 번역이라고 평가할 수 있다. 은유적인 표현이 비은유적인 표현으로 바뀐 것이다. 이에 대해서 전문용어 자체가 그렇게 특별하게 창의적인 것도 아니고, 게다가 "전문 번역"의 세계에서 최적화라는 단어는 매우 일상적으로 쓰이는데다, 은유를 다른 은유로 바꾸어 표현하는 것이 더 창의적이라며 반박할 수 있을 것이다. 물론 아주 비상하게 은유적인 표현을 찾아낼 수 있다면, 그 안이 훨씬 더 창의적이겠으나 원작과 비교해서 많은 차이를 보이고 있기 때문에 이 번역안을 창의적이라고 평가해도 좋다고 생각한다.

그림 5는 틀바꾸기(Rahmenwechsel)를 삽화로 나타낸 것이다. 그림 2에서 본 것과 같은 여성이 다시 나오는 장면이다. 텍스트 최적화는 컴퓨터를 통해서 이루어지므로, 우리의 예와 잘 맞는 그림이라고 생각한다. 장면(그림)은 그대로이나, 그 틀이 바뀌었다.

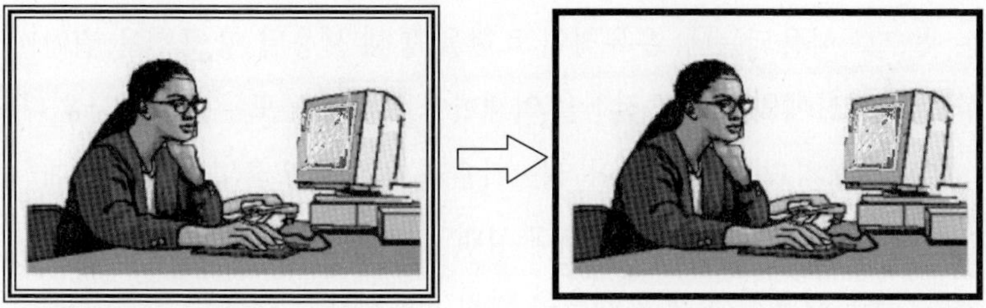

〈그림 5〉

왼쪽 그림의 틀은 getting their teeth into라는 은유적인 표현으로, 더 화려하다. 반면에 오른쪽 그림의 틀은 optimieren을 타나내는데, 이 표현은 단순한 전문용어로 은유적 표현이 아니다.

여기서 흥미로운 점은 번역안을 찾아가는 과정이다. 늘 그러하듯이 이 과정에서도 장면을 상상하는 것을 통해 이루어진다. 수업 중에 사물이나 표현을 구체적인 장면으로 상상하도록 하는 방법을 적용하면 좋은 아이디어를 찾아낼 수 있다(이와 관련해서는 Kupsch-Losereit 1997, 257f. 참조). 장면 상상을 통해서 해당하는 장면의 요소를 선택하여 달리 표현하는 것, 예를 들면 *번역자가 그 장면에 관한 작업을 하거나 또는 개선함을 통해서 가능하다* 라고 바꿔쓰기가 가능했겠지만, 우리의 경우에는 그러하지 않았다. 그 대신 한 장면을 표현하거나 그 틀을 제공할 수 있는 단어 하나를 지명하였다. 이를 통해 해당하는 장면의 모든 요소 또는 그 요소 이상을 포함하는 틀을 만들 수 있다. 이 과정은 틀 → 장면 → 다른 틀의 순서로 이루어진다.

첫 번째 예시문을 다시 한 번 살펴보면: contain France라는 표현은 "um Frankreich in Schach zu halten(프랑스를 견제하기 위해)"을 통해서 틀변경이 이루어졌다고 할 수 있다. Contain이라는 어휘소는 to stop something from spreading or escaping(무엇이 확산되거나 도망하는 것을 막다)이라는 뜻으로 사용되는데, 은유적인 표현을 통해 사용된 이 표현은 권력지향, 영토확장에의 욕구와 전쟁을 억제한다는 의미가 모두 내포되어 있다.

지금까지의 번역안을 찾아가는 기술을 살펴보면 출발텍스트의 해당 문장과 번역사이에 의미적인 연관성의 존재가 분명히 드러난다고 생각한다. 다음 장에서 소개될 내용은 얼핏 보기에는 연관성을 인식하는 것이 거의 불가능한 것처럼 보인다.

4. 로저 생크(Roger Schank)의 TOPs

1학년 번역수업에서 와인의 건강증진 효과에 대한 텍스트를 번역하도록 하였다 (이와 관련해서 Kußmaul 2000a, 133-136참조). 텍스트의 첫 머리는 다음과 같다:

"Oh, for a beaker of the warm South, / Full of the true, the blushful Hippocrene, / With beaded bubbles winking at the brim", sighed Keats. Chances are, he wasn't thinking about his arteries. But nearly two centuries later, the U.S. Department of Health and Human Services also took a long look at the poet's favourite intoxicant and came up with the first proalcohol message in the history of federal health policy. (*Newsweek*, February 5, 1996)

"오, 따스한 남국의 정취 서리고 / 진정한 진홍빛 히포크린 영천이 넘치는 한 잔 술 / 잔가에 방울방울 구슬진 거품 반짝이고"라고 키이츠는 탄성을 지른다. 아마도 그는 그의 동맥에 대해서는 생각하지 않았을 가능성이 크다. 그러나 두 세기가 지난 후, 미국 보건복지부에서 이 시인이 가장 좋아했던 이 술에 대해 오랫동안 연구했고 연방보건정책 역사에서는 최초로 친알코올 메시지를 들고 나왔다. (*뉴스위크*, 1996 2월 5일자)

수업 중에 제시한 번역 관련 요구사항은 다음과 같았다. "독일 잡지에 실릴 예정이라 생각하고 기사식 문체를 유지하시오. 텍스트를 독일 문화에 이입시키시오." 번역토론을 하면서 학생들은 키이츠(Keats)의 시를 그대로 인용하거나 또는 키이츠 시의 독일어 번역본을 그대로 재인용 하기 어렵다는 점을 바로 파악하였다. 키이츠라는 영국 시인이 독일 독자에게 잘 알려져 있지 않은데다, 인용문을 통해서 독자의 교육수준이나 사회적 지위가 텍스트 원저자의 수준과 유사하다는 점을 암시하기 때문에, 인용된 시가 누구의 어떤 시인지를 바로 알아내는 것이 인용문의 매력이기 때문이다. 학생 한 명이 "성서에 포도주와 관련한 어떤 문구가 있는 것 같은데…"라고 언급을 하였고, 우리는 뷔히만(Büchmann)의 격언집(Geflügelte Worte)에서 시편 104, 15 "Der Wein erfreut des Menschen Herz(포도주는 사람의 마음을 기쁘게 한다)"를 찾아내었다. 공동 번역작업의 결과는 다음과 같다.

"Der Wein erfreut des Menschen Herz", so heißt es schon in der Bibel. Vermutlich hat der Psalmist nicht an seine Arterien gedacht, aber heute, nach 2500 Jahren beschäftigen sich Mediziner mit dem seit jeher beliebten Getränk. In der Geschichte der Gesundheitspolitik der USA wurde zum ersten Mal etwas Positives über den Wein gesagt.

성경 시편에 "포도주는 사람의 마음을 기쁘게 한다"라는 문구가 있다. 이 시편의 저자는 자신의 동맥에는 신경을 별로 쓰지 않았을 것이다. 그러나 2500년이 지난 지금 의학자들은 고대부터 지금까지 사람들이 즐겨 마셔온 이 음료에 대해 연구를 하였다. 미국 보건정책 역사에서 최초로 포도주에 대해 긍정적인 연구 결과가 발표되었다.

이 번역을 인지적으로 어떻게 설명할 수 있을까? 인공지능과 관련해 기억의 구조를 연구하는 로저 생크(Roger Schank, 1999)[2]의 책에서 이러한 번역과정과 관련된 가설을 세워 확인해 볼 만한 모델이 소개되었다. 생크는 그의 저서에서 주제에 따른 조직꾸러미(Thematic Organisation Packets, TOPs)라는 개념을 도입하는데, 이는 다양한 사건을 생각을 통해 연결시키는 것이라고 설명한다. 생크는 사람이 지식을 저장하는 방법과, 다시 불러와 사용하는 기억의 학습방법에 대해 많은 관심을 가졌다. 사람의 기억은 매우 역동적인 특성을 갖는다. 번역을 하는 우리에게도 이러한 기억불러오기는 흥미로운 부분이다.

아주 상이한 영역에서 일어났을 수도 있는 사건과 체험들이 TOPs를 통해 서로 연결된다(Schank 1999, 145). 생크는 TOPs에 근거하는 우리 기억력의 능력을 언급하는데, 그 중 몇 가지를 아래에 소개한다.

2) 본고에서 로저 생크에 관한 참조내용을 최근 것으로 바꾸었다. 원래 참조했던 로저 생크의 책은 다음과 같다. *Dynamic Memory. A theory of reminding and learning in computers and people*, London/New York: Cmabridge University Press 1982.

1. 우리는 어떤 특정한 지점을 묘사(illustrate) 하는 이야기(Geschichte)를 기억한다.

2. 특정한 상황에서 “was Hänschen nicht lernt, lernt Hans nimmer mehr([꼬마 한스가 배우지 않은 것은, 어른 한스가 되어도 배우지 않는다]세살 버릇 여든까지 간다)” 또는 “Mache keine Gschäfte mit Freunden(친구와는 돈거래 하지 마라)”와 같은 속담이나 성어 등이 떠오른다.

3. 이야기를 달리 포장해도 그 원래의 이야기를 알아챘다.

이러한 기억이 가능한 이유는 우리 뇌 속에서 주제에 따른 조직꾸러미(TOPs)로 기억하기 때문이다. 세익스피어의 로미오와 줄리엣과 웨스트 사이드 스토리를 예로 들면 TOPs의 목표(GOAL)와 조건(CONDITIONS)이 공통적이다. 두 경우 모두 연인들의 하나됨이라는 목표를 추구하고 있고, 한 작품에서는 가족의 반대 또 다른 한편에서는 서로 다른 갱들의 반대라는 환경의 반대라는 조건이 있다(Schank 1999, 82-86, 140). 이렇듯 고도로 추상적인 TOPs를 통해서 다양한 이야기와 체험들은 서로 연결이 된다. 많은 연애사들이 이러한 TOPs를 가지고 있고 TOPs의 목표와 조건의 구체화를 덜하면, 여러 사람들로 구성된 한 그룹은 새로움을 추구하고자 하는 목표를 가진 반면에 다른 그룹이 이를 방해하는 것 또한 비슷한 이야기에 해당될 수 있다.

나는 TOPs를 통해 출발어와 도착텍스트 사이의 연관성을 설명하고, 번역을 평가하고 또 번역안을 찾아가는 정신적 노정을 서술해 줄 수 있는 일종의 샘플을 만들 수 있을 것이라 보고, 바로 이 점에서 번역과 관련한 적용가능성을 보고있다. 이 점을 그림 6을 통해 보여주고자 한다. 이 그림에서 출발어와 도착텍스트의 틀을 서로 달리 표현했는데, 이는 기본적으로 장면도 다르다는 것을 구체화한다.

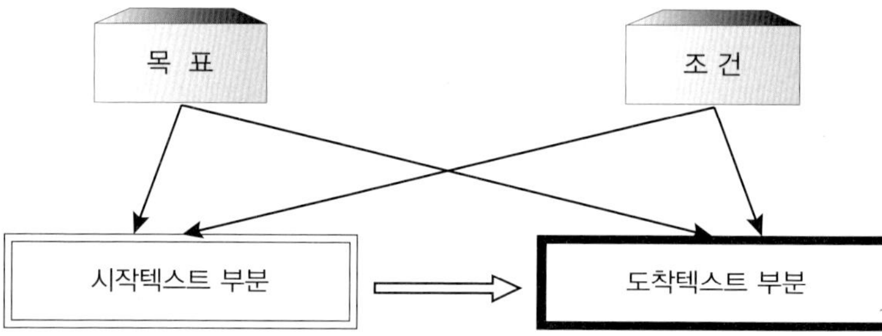

〈그림 6〉

번역예시문을 다시 한번 살펴보자. 어느 특정 장면을 암시한 키이츠의 시가 이제는 많은 사람들이 기억하는 성경의 한 문구에 대한 기억을 떠올리게 한다. 이는 뇌의 능력과 관련된 생크의 리스트 중 두 번째에 해당한다. 출발텍스트와 번역의 목표가 유사한데, 이것이 연결 TOPs이다. 여기서 말하는 목표란 포도주는 기쁨을 주는 음료라는 것을 보여주는 것이다. 인용문의 구체적 내용, 포도주는 그게 언제가 되었든 우리를 행복하게 한다의 측면에서 보았을때, TOP의 조건은 무관하다. 만약 인용문의 의사소통적 기능을 고려하고자 한다면, 여기에 다른 TOP의 조건 즉, 인용문은 독자가 위에서 언급된 유사성이라는 감정을 얻을 수 있도록 유도해야 한다와 같은 조건을 사용할 수도 있겠다.

적절한 인용문을 찾을 때, TOP의 목표를 고려하는 것이 매우 중요하다. "진리는 포도주안에"라는 인용문을 사용한다면, 비록 주제는 포도주라 할지라도 TOP의 목표가 원문과 같지 않다. 이 TOP에 해당하는 다른 번역안들의 경우도 출발텍스트와 같은 사고의 맥락을 가진다. 한 학생은 유스티누스 케르너(Justinus Kerner)의 유랑가 첫 부분 "빛나는 포도주를 마시고 계속 건강하네…(Wohlauf noch getrunken den funkelnden Wein)" 라는 소절을 번역에 사용하였다. 그래도 성경구 인용을 더 선호하는데, 그 이유는 성경구 인용문을 원문텍스트와 비교하였을 때 매력적인 유사성을 보이기 때문이다. 마음(Herz)은 이 문구에서 감정과 관련된 의미로만 이해할 것이 아니라 원문 텍스트의 원래 주제인 심장이라는 신체기구와 직접 관련되는 의미로 읽을 수 있고, 매일 포도주 한 잔씩 음용하면 심장관련 질환으로부터 보호를 받을 수 있다는 내용도 텍스트를 계속 읽다 보면 나오기 때문에 더 적절하다고 판단하는 것이다.

학생들이 최종으로 채택한 번역안과 관련하여 그들이 "기쁨을 선사하는 것"이라는 TOP 목표를 통해 기억 속에서 어떤 특정한 인용문을 불러왔다고 주장하지는 않겠다. 학생들의 기억 속에는 무언가 아주 희미한 것이 남아있어서, 결국 조사를 통해 구체적인 번역안을 찾도록 하였다. 번역안을 조사를 통해서 찾았는지 또는 기억을 불러와서 찾았는지가 중요한 것은 아니다. 위에서도 살펴보았지만 어휘 지식이나 또는 일반 상식은 조사를 통해 확장할 수 있다. 나는 지식의 요소들을 서로 연결할 수 있는 잠재적 구조가 더 결정적이라고 생각한다.

스코포스이론가들과 기능주의학자들은 어쩌면 이렇게 말할지도 모르겠다. "이미 오래 전부터 다 알고 주장하던 사실 아닙니까. 그런 텍스트의 일부분에서는 그 기능이나 스코포스가 무엇인지 생각해 보고, 그것을 도착텍스트에 실현시키는 것과 같은 겁니다."

"스코포스"와 "목표(Ziel)"라는 개념은 실제 유사어처럼 들린다. 생크의 가설이 스코포스이론가들과 기능주의학파들이 움직이고 있는 탐사의 길을 제공한다고 받아들일 수 있을 것이다. 또 TOP을 번역을 평가하는 보조수단으로 사용하도록 고려해 볼 수도 있겠다. TOP을 통해서 번역텍스트가 출발텍스트와 연결이 된다면 그 둘 사이에는 다소 차이를 보이더라도 의미적 연관성을 가지게 된다. 이렇게 되면 번역은 "하늘에서 뚝 떨어지는" 것처럼 완전히 동떨어지지는 않을 것이다. 라이스/페어메어가 스코포스 이론에서 언급한 것처럼 출발어와 도착텍스트 사이 응집성을 유지한다는 의미에서의 충실함이 생기는 것이다(Reiß/Vermeer 1984, 114f.). 예문과 관련해 언급한 바 있는 "진실은 포도주 속에(In vino veritas)"라는 표현은 "포도주"라는 주제는 유지되었음에도 불구하고 TOP의 목표가 맞지 않기 때문에 부적절하다고 평가할 수 있다. 위의 TOP의 목표를 설정해보자면 "인식"이라고 구체화할 수 있겠다.

5. 글을 마치며

본고에서는 번역안을 찾는 과정을 설명하는 데 적용 가능한 인지언어학의 몇 가지 모델과 개념들을 소개하였다. 물론 이들은 가설의 성격이 강하다. 수업에서 사용한 텍스트와 번역의 예를 제시함으로 각각의 문제를 해결하는 순서를 확인하였으나 이러한 순서의 과정들은 가정을 통해서만 접근할 수 있다. 이 경우 좀 더 구체적인 관찰에는 소리내어 생각하기가 좋은 방법이 될 수 있다.

지면관계상 인지언어학의 모델 전체를 소개할 수는 없었고, 몇 가지 모델만을 선별하여 간단히 설명하였다. 다른 모델과 관련해서는, 저자의 다른 저술(Kußmaul 2000a, passim)을 확인하기 바란다. 틀과 장면이라는 개념을 기본으로 하면, 하나의 틀을 한 장면 또는 예시한 바와 같이 장면의 몇 가지 요소로 바꾸거나, 또는 하나의 틀을 다른 틀로 바꿀 수 있을 뿐 아니라, 또 다른 방법 두 가지가 가능하다. 한 장면을 하나의 틀을 통해 또는 한 장면을 경우에 따라서 변경된 다른 장면을 통해서 재생할 수 있다.

틀과 장면은 소위말해 광범위한 견본과도 같다. 또 다른 인지모델을 적용하게 되면, 이 견본의 내부에 다양하고, 더욱 구체적인 과정들을 관찰하고 설명할 수 있다. 또한 생크의 MOPs(기억조직꾸러미, Memory Organisation Packets), 로날드 랑아커(Ronald Langacker)의 포커스(Fokus), 전정-배경-배열(Figur-Grund-Gliederung, Figure-ground-aligment) 등의 개념, 및 조지 레이코프의 연쇄화(Verkettung, chaining)등도 많은 설명력을 지닌다고 생각한다(마찬가지로 Kußmaul 2000a, passim 참조하기 바란다.).

인지언어학적인 모델은 문제를 해결하는 과정 즉, 번역안을 찾는 과정을 설명하는 좋은 수단이다. 본고에서 제시한 예시문들은 실제 번역수업에서 얻은 예들이다. 간단히 암시만 하였으나, 번역안을 찾아가는 길은 대부분 번역수업에서 학생들과 대화를 통해 이루어 졌고, 경우에 따라서는 의도적으로 특정 방향으로 인도했다. 인지모델을 사용하는 것이 번역수업뿐 아니라 전문 번역작업에서도 번역안을 찾는 데 좋은 수단으로 사용될 수 있음을 시사한다.

나는 번역안을 찾는 데 있어 창의성이 중요하게 작용할 수 있다는 점을 암시하였다. 그러한 과정을 인지적으로 통찰할 수 있도록 함으로써, 창의성이 갖는 신비적인 원광(Nimbus)을 거둬드리게 되었다. 잘 된 일이다. 이로써 창조적 사고를 통찰하고, 어쩌면 교육까지 할 수 있게 되었기 때문이다.

[2004]

번역사 교육에 대한 사회 구성주의자의 접근: 이론에서 실제로 권한이양 (돈 키렐리, 2000) 서평

이 책은 내가 아는 바로는 번역교육과 방법론과 관련해 처음으로 출판된 단행본이며, 대학에서의 번역수업을 준엄히 평가하는 책이기도 하다. "키렐리는 이상주의자이다", "수십 년간 수업을 잘 해오고 있는데, 바꿔야 하는 이유가 뭐지?", "그런 수업은 시간낭비일 뿐이다", "선생으로서 나의 위치는 어디인가?", "드디어 내가 오랫동안 생각해 오던 것을 누군가 정리해서 말하고 있구나!" "나도 한번 적용해 봐야지" 등 이 책을 읽고 난 후의 다양한 소감이 예상된다. 한 가지 분명한 점은 사람들이 이 책을 무관심하게 넘기지는 않으리라는 점이다. 내 반응이 어땠는지는 이 서평을 읽어보면 분명해지리라고 생각한다.

키렐리는 이 책에서 강사가 진리는 아닐지라도 지식을 소유하고, 학생들에게 그런 지식을 직접 전달하는 식의 전통적인 수업 및 학습 방식을 비판하고 있다. 이러한 방식은 "전달(Übertragung, transmission, 21

쪽)"이라는 개념으로 특징지을 수 있다. 키렐리가 전파하는 방식은 협력(Zusammenarbeit, collaboration, co-operation 36ff.)이 그 특징이며, 학습은 고유의 경험을 통해서 이루어진다. 이 방식에서 핵심적인 개념은 변화(Veränderung, transformation 21쪽)이다. 책의 3장까지는 기본 이론과 개념이 잘 서술되어 있고, 이론과 관련된 대표적인 학자로는 존 듀이(John Dewey), 레브 비고츠키(Lev Vygotsky), 쟝 피아제(Jean Piaget), 조지 레이코프를 들 수 있다. 키렐리의 접근 방식에서는 세계가 특정한 의미를 지닌 것이 아니라, 우리가 세계에 의미를 부여하며, 의미라는 것이 우리의 경험을 통해 발전된다는 심리학적-철학적 근간이 매우 중요하다. 바로 이런 의미에서 구성주의(constructivism)를 이해할 수 있다. 이와는 반대로 전통적인 입장에서는 지식이란 객관적인 것으로 소위 하나의 용기(用器) 안에 담아 단순히 전달할 수 있는 것으로 보고 있다(21쪽, 49ff.)

키렐리는 이러한 전통적인 사고방식을 신랄하고 격렬하게 꼬집어 반박하고 있다. 예를 들면, 한 텍스트에 대해서 유일하게 옳은 한 가지 해석이라는 것은 없다는 것이다(63쪽). 마치 해체주의(Dekonstruktivismus)의 주장처럼 들리지만, 그런 의미는 아니다. 키렐리의 학습모델에서는 텍스트의 해석을 함께 찾아나간다. 이러한 급진적인 방식에 놀랄 필요는 없다고 생각한다. 그 사고의 기저는 옳다고 생각한다. 그렇다고 해서 텍스트 하나에 대한 모든 해석을 전부 인정해야 한다는 것을 의미하는 것은 아니다. 나도 수업에서 학생들과의 토론을 통해, 어떤 해석은 더 타당하고, 덜 타당할 수 있다는 것을 알고 있으며, 키렐리의 말을 빌자면 토론, 즉 "공동 작업"을 통해 더 타당한 해석으로 의견을 모을 수 있다는 것을 체험하였다.

이 책에서는 이론을 설명한 부분의 마지막 장에 원칙을 잘 정리해 놓은 목록이 있어(65-74쪽), 키렐리의 방식을 한눈에 알아 볼 수 있게 되어 있다. 예를 들면 실제 번역의뢰가 된 텍스트를 수업에 사용하는 것이 좋고, 그런 텍스트의 해당상황을 잘 설정해야 한다. 강사는 자신의 번역안을 내놓게 될 경우, 학생들이 그를 유일한 정답형 번역안이라 생각하기 쉬우니, 그 안을 내놓아서는 안 될 것이다. 내 경험에 비추어 볼 때 나 역시 이러한 원칙에 찬성한다. 원칙을 지속적으로 지켜가면, 학생들은 자신감을 갖게되고 책임감을 가지며 전문번역가로서의 능력을 키우게 될 것이다.

그 다음 장에서는 앞에서 소개한 모든 점들이 구체화되는 흥미로운 개별연구가 소개되는 데, 이때 저자의 열정을 글에서도 느낄 수 있다. 먼저 이 장에서는 학생들이 협력해서 학습하는 방식과 전문번역의 세계를 알아갈 수 있는 번역기초수업에 관해 서술하고 있다. 이러한 과정에서 강사는 "무대 위의 현자"로서가 아니라 "한 쪽으로 물러선 안내자"의 역할을 하게된다(79쪽). 수업계획도 학생들이 스스로 만들고, 수업에 참여한 학생들의 성적 또한 학생들이 직접 평가하게 된다. "한 쪽으로 물러선 안내자"는 시간이 지날수록 점점 더 옆으로 빠지게 된다. 그러나 키렐리의 방식에서도 강사가 처음에는 토론 중에 방향을 조정하는 역할도 하는데, 이 방식은 소크라테스가 질문을 통해 인식하도록하는 원칙에 따른 것이라고 설명하고 있다(88-92쪽). 이를 위해서는 강사의 탁월한 요령이 필요한데, 강사가 쉽게 전통적인 행동방식으로 다시 돌아가 학생들에게 자신의 생각을 암시하지 않도록 조심해야 하기 때문인데, 키렐리는 그런 요령을 가졌다.

두 번째로 소개된 개별 연구는 고학년 학생들을 대상으로 한 번역수업에 관한 것이다. 실제로 번역이 의뢰된 텍스트가 번역수업에 사용되었다. 학생들이 그룹을 나누어 토론할 때 그 내용을 녹화하고, 구성주의적 방식을 확인하기 위해 녹화내용을 분석하는 실험을 하였다. 중요한 측면들이 관찰결과에서 드러났다. 예를 들면 그룹내 역동성과 각자의 역할과 관련된 행동양식(즉, 조직자 유형, 비서의 유형, 악마의 변호인 유형, 광대 유형), 여기에 독일어를 모국어로 하는 학생들도 참여하였고, 키렐리의 실험에서 특징적으로 나타난 학생들의 참여열정, 책임감과 자신감, 함께하는 편안한 작업분위기와 학생들의 적극적인 참여 등을 관찰결과에서 살펴볼 수 있었다(116쪽). 모국어가 둘인 학생들은 텍스트를 비평하는 역할을 맡았는데, 이때 구성주의적 접근 방법에서 자신의 역할을 어떻게 이해하고, 또 그에 따라 적절히 행동하는가가 얼마나 중요한 지를 확인할 수 있었다. 비평가 또는 강사가 지나치게 권위적일 경우 수업의 성공은 보장되지 않는다(118쪽). 창의성 번역수업을 했던 나는 이러한 관찰내용에 모두 동의한다. 특히 강사가 비권위적일 때 전문번역에서 아주 중요한 요소인 스스로 책임질 줄 아는 능력과 자신감을 진작시킬 수 있음이 매우 중요하다고 생각한다.

전문가를 양성하는 수업에서는 당연히 전자 보조도구가 필요하다(7장). 구성주의적 접근에서는 각각의 능력을 키울 수 있도록 지식을 전달할 수는 없다. 그래서 키렐리는 텍스트 편집, 인터넷 조사, 전문용어 데이타베이스 이용 등을 수업에 자연스럽게 통합하였다. 대학의 기본 설비가 시대에 뒤처지는 경우가 많기 때문에, 번역연습 수업에서는 개인용 컴퓨터 사용이 가능한 컴퓨터실에서 관련된 능력을 습득할 수 있는 학습보조 프로그램을 연결하여 수업을 하고 있다. 컴퓨터는 번역 시 보조수단으로 실제 번역과제에 통합된다. 키렐리는 웹사이트 번역을 번역수업에 통합하자는 제안을 한다(136쪽).

8장은 번역사의 능력와 관련된 장이다. 전통적으로는 이런 능력은 시험을 통해서 확인된다. 키렐리는 그러한 시험이 마치 객관적인 듯 하지만 실제는 그렇지 않으며, 그 순간에 대한 정보만을 주어, 실제로 학생들의 능력과 역량을 평가하고 신뢰할 만한 방식으로는 부적절하다고 보고 있다. 이러한 이유에서 결과물 중심으로 평가하는 것이 아니라, 오랜 시간 동안의 협력과정을 중점으로 평가할 것을 제안한다. 물론 이를 위해서는 강사가 학생들과 그들의 개별적인 번역안에 대해 자세히 이야기를 나누어야 하고, 평가할 때는 최종 번역본을 평가하거나, 학생들이 작품집, 포트폴리오를 제출하고 이를 전체 성과로 평가하는 방법이 있다. 키렐리는 자신 스스로를 평가하는 능력을 전문성에 해당하는 기준으로 보고, 또 이를 매우 중요하게 여긴다. 이러한 모든 제안과 관련해서는 물론 많은 토론이 필요하다. 이런 제안을 실현하는 데에는 그동안 전통적으로 행해왔던 익숙한 관행으로 인한 어려움보다, 학교기관이라는 조직에 의한 장애가 더 클 것이다. 학교에서는 시험과 관련한 학칙이 모두 정해져 있기 때문이다. 때문에 이러한 학칙들이 먼저 변해야 한다. 대학의 행정 담당자들이나 교육부의 관계자 등 행정차원에서 변화를 이끌 수 있는 사람들이 키렐리의 책을 먼저 읽어야 한다고 생각한다.

번역을 전공하고자하는 학생이 번역에 필요한 언어를 잘 구사한다면, 이는 매우 이상적인 상황이다. 그러나 전공자들이 중고등학교에서 스페인어, 이태리어, 네델란드어, 중국어 등을 제2 또는 제3외국어로 습득하지 못했으나 전공으로 삼을 경우, 대부분의 독일 통번역 양성기관에서는 먼저 언어교육을 하게된다. 이런 맥락에서 볼 때 키렐리가 9장에서 소개하고 있는 자연적 외국어 습득법(자연접근법, natural approach)은 매우 흥미롭다. 이는 초중고등학교에서 외국어를 가르치기 위해 개발된 "의사소통식 방법"과 공유되는 점이 많은데, 이 방식은 학교에서는 많이 적용되었으나, 저자가 이 책에서 보여준 바와 같이 이상하게도 대학에서는 적용되지 않고 있다. 키렐리는 라트비아어와 스페인어 개별연구를 통해서 자연접근법이 어떻게 적용되는지를 구체적으로 설명하고 있다.

저자는 교수법에 중점을 둔 자신의 책에서 머지않아 많은 주목을 받게 될 수도 있는 주제를 다루었다. 초중등 교사들은 이미 오래 전부터 방법론이나 교수법 관련 교육을 많이 받아왔다. 그러나 내가 아는 바로 고등교육을 담당하는 사람들에게는 그런 교육이 거의 없다. 우리는 번역학 전공교육에서 이 미개척 분야에 들어가 교육자를 위한 교육을 이끌어갈 수도 있을 것이다. 이를 위해 키렐리의 책이 좋은 토대가 될 수도 있을 것이다. 이책은 지금 번역을 가르치는 사람이라면 누구나 읽어볼만한 가치가 있는 책이다. 누구나 저자의 생각에 동의를 하지는 않겠지만, 많은 사람들이 깊이 생각해 볼 수 있는 계기가 되기를 희망한다. 내 서평의 결론은 키렐리가 매우 혁신적인 책을 썼다는 점이고, 마지막으로 사람들이 이 책을 읽고 "나도 한번 시도해봐야겠다!"라는 반응을 보이기를 바란다.

[2004]

저자약력

1939	10월 22일 독일 슈트트가르트 출생
1959	대학입학자격시험(슈트트가르트 칼스 김나지움)
1959 ~ 1965	독일 튀빙엔대학, 뮌헨대학, 영국 뉴캐슬대학에서 영문학, 독문학
1965	김나지움교사 학술자격시험
1966 ~ 1967	교생실습 (슈트트가르트)
1967	김나지음교사 교수자격시험
1967 ~ 1968	쇤도르프 김나지움 교생(바덴-뷔르템부르크 주)
1968 ~ 1971	DAAD-강사 (영국, 브리스톨 대학)
1971	*브레히트와 1580-1630사이 영국 중세 드라마*로 박사학위 취득 (브리스톨 대학)
1971 ~ 2005	요한네스 구텐베르크 대학(마인츠대학), 겔머스하임 캠퍼스에서 강의
1971년 이후	단행본 및 학술지기고 등을 통한 활발한 저술활동. 독일의 통번역학에서 주요역할을 하는 기능주의학파의 학자.
1984년부터	전세계 곳곳에서 DAAD-단기 강사직, 독일문화원 세미나, 워크샵, 발표 및 박사논문 지도 등 활발한 활동(요르단, 인도, 태국, 그리스, 중국, 체코, 영국, 터키, 덴마크, 리투아니아, 스페인, 핀란드, 브라질, 노르웨이, 핀란드, 스웨덴, 알제리 등)
1992 ~ 1995	유럽 번역학 학회 창립이사 *(European Society for Translation Studies, EST)*

1995 부터 *Studien zur Translation* 시리즈 간행서 고문 (Mary Snell-Hornby, Tübingen: Stauffenburg Verlag)

2000부터 국제학술연구그룹 EXPERTISE (번역전문가의 행동연구) 회원

2002부터 유럽연합 위원회가 의뢰한 사회학 설문조사인 유럽사회조사 (European Social Survey, ESS) 번역고문, 설문조사, 의견 및 분석센터 (ZUMA, Mannheim) 자유연구원

2008부터 이스탄불대학 통번역학 학술지 학술고문

저술목록

단행본

1974 *Bertolt Brecht und das englische Drama der Renaissance (Britische und irische Studien zur Literatur Nr. 2),* Bern/Frankfurt am Main: Lang.

1982 (mit Hans G. Hönig): *Strategie der Übersetzung. Ein Lehr- und Arbeitsbuch,* Tübingen: Narr, 1. Auflage 1982, 6. Auflage 2003.

1995 *Training the Translator,* Amsterdam: John Benjamins.

2000 *Kreatives Übersetzen,* Tübingen: Stauffenburg 2000, 2. Auflage 2007.

2007 *Verstehen und Übersetzen,* Tübingen: Gunter Narr.

편집

1980 *Sprechakttheorie. Ein Reader,* Wiesbaden: Athenaion.

1998 (mit Mary Snell-Hornby/Hans G. Hönig/Peter A. Schmitt): *Handbuch Translation,* Tübingen: Stauffenburg, 2. Auflage 1999.

Darin Autor der Artikel "Semantik", " Stilistik", (mit Hans Hönig): "Einblicke in mentale Prozesse beim Übersetzen", "Kreativität", "Philologische Texte", "Textauswahlkriterien: Allgemeinsprachliche Texte"

소논문

1974 "Die Bedeutung von Texttypen, Normentsprechungen und Normabweichungen für das Übersetzen". In: Lebende Sprachen 3/1974, 88–92.

"Good-bye, my love, good-bye! Zur Übersetzung kontextdeterminierter Ausdrücke". In: *Linguistische Berichte* 31/1974, 47–53.

"Übersetzungsbezogene Analyse eines Textabschnitts aus Lawrence Durell, Stiff Upper Lip". In: Wilss, Wolfram/Gisela Thome (Hrsg.): *Aspekte der theoretischen sprachenpaarbezogenen und angewandten Übersetzungswissenschaft II,* Heidelberg: Groos, 107–123.

1975 "Übersetzung und Ideologie: Bertolt Brecht als Übersetzer". In: *Der Übersetzer* 8/1975, 2–3.

1977 (mit Gustav Blanke): "Politics and politician in American English". In: *Lebende Sprachen* 1/1977, 8–12.

"Englische Modalverben und Sprechakte". In: *Neusprachliche Mitteilungen* 4/1977, 202–207.

"Auffordern im Englischen". In: *Kongressberichte der 8. Jahrestagung der Gesellschaft für Angewandte Linguistik* GAL, Stuttgart: Hochschulverlag, 57–66.

1978 "Kommunikationskonventionen in Textsorten am Beispiel deutscher und englischer geisteswissenschaftlicher Abhandlungen". In: *Lebende Sprachen* 2/1978, 54–58.

"In fact, actually, anyway …: Indikatoren von Sprechakten im informellen gesprochenen Englisch". In: *Die Neueren Sprachen* 3/4, 1978, 357–369.

1980 "Der Sprechakt als Übersetzungseinheit". In: Kühlwein, Wolfgang/Albert

Raasch (Hrsg.): *Sprache und Verstehen,* Band II. Tübingen: Narr, 35–42.

1982 (mit Sigrid Kupsch-Losereit): "Stilistische Entscheidungen im Rahmen der Übersetzungstheorie". In: Kühlwein, Wolfgang/Albert Raasch (Hrsg.): *Stil: Komponenten, Wirkungen,* Tübingen: Narr, 93–98.

(mit Sigrid Kupsch-Losereit): "Stilistik und Übersetzen". In: *Lebende Sprachen* 3/1982, 101–104.

1984 "Wie genau soll eine Übersetzung sein? Wie können wir Studierenden bei ihren semantischen Entscheidungen helfen?". In: Wilss, Wolfram/Gisela Thome (Hrsg.): *Die Theorie des Übersetzens und ihr Aufschlusswert für eine Übersetzungs- und Dolmetschdidaktik,* Tübingen: Narr, 52–60.

"1984 – endlich Kunst statt Kolportage". In: *Lebende Sprachen* 4/1984, 145–147.

1985 "The degree of semantic precision in translation". In: *babel* 1/1985, 12–19.

1986 "Übersetzen als Entscheidungsprozess. Die Rolle der Fehleranalyse in der Übersetzungsdidaktik". In: Snell-Hornby, Mary (Hrsg.): *Übersetzungswissenschaft. Eine Neuorientierung,* Tübingen: Francke, 206–229.

"How much linguistics does a translator need?" In: *TextConText* 4/1986, 272–281.

1987 "Übersetzen – aber nicht ins Blaue hinein". In: Albrecht, Jörn u. a. (Hrsg.): *Translation und interkulturelle Kommunikation,* Frankfurt am Main: Lang, 27–36.

"Pragmatik und Übersetzungstheorie". In: Ehnert, Rolf/Walter Schleyer (Hrsg.): *Übersetzen im Fremdsprachenunterricht. Beiträge zur Übersetzungswissenschaft - Annäherungen an eine Übersetzungsdidaktik (Materialien Deutsch als Fremdsprache Bd. 26*), Regensburg, 25–32.

"Ein neuer Vorschlag: Die Herübersetzung gehört in den Deutschunterricht" (Kurzfassung). In: Spillner, Bernd (Hrsg.): *Perspektiven der Angewandten Linguistik. Arbeitsfelder. Forum Angewandte Linguistik*, Band 12. Tübingen: Narr, 78–79.

1988 "Ein neuer Vorschlag: Die Herübersetzung gehört in den Deutschunterricht". In: *Der Deutschunterricht* 4/1988, 83–89.

1989 "Interferenzen im Übersetzungsprozess – Diagnose und Therapie". In: Schmidt, Heide (Hrsg.): *Interferenz in der Translation*, Leipzig: Verlag Enzyklopädie, 19–28.

"Kontext und einsprachiges Wörterbuch in der Übersetzerausbildung". In: *Paintbrush. A Journal of Poetry, Translation and Letters*, Ed. Ben Bennani, Northeast Missouri State University, Vol. XVI, August 1989, 107–120.

"Linguistische Analyse und Übersetzungskritik von Wolfgang Borcherts 'An diesem Dienstag'". In: *Bulletin* CILA, 49/1989, 38–50.

"Toward an Empirical Investigation of the Translation Process: Translating a Passage from S. I. Hayakawa, *Symbol, Status and personality*". In: Bardeleben,Renate von (Hrsg.): *Wege Amerikanischer Kultur. Aufsätze zu Ehren von Gustav H. Blanke*, Frankfurt am Main: Lang, 369–380.

1990 "Die Übersetzung von Sprechakten in Textsorten". In: *Der Deutschunterricht*, Jg. 42, Heft 1/1990, 17–22.

"Instruktionen in deutschen und englischen Bedienungsanleitungen". In: Arntz, Rainer/Gisela Thome (Hrsg.): *Übersetzungswissenschaft. Ergebnisse und Perspektiven. Festschrift für Wolfram Wilss zum 65. Geburtstag*, Tübingen: Narr, 369–379.

1991 "Creativity in the translation process". In: Leuven-Zwart, Kitty M. van/ Ton Naaijkens (Hrsg.): *Translation Studies: The State of the Art. Proceedings of the 1st James S. Holmes Symposium on Translation Studies*, Amsterdam: Rodopi, 91–102.

1992 “Die Rolle der Kultur in der Übersetzungswissenschaft und in der Übersetzerausbildung”. In: Schwend, Joachim/Susanne Hagemann/Hermann Völkel (Hrsg.): *Literatur im Kontext – Literature in Context. Festschrift für Horst Drescher*, Frankfurt am Main: Lang, 479–494.

1993 “Empirische Grundlagen einer Übersetzungsdidaktik: Kreativität im Übersetzungsprozess”.In: Holz-Mänttäri, Justa/Cristiane Nord (Hrsg.): *Traducere Navem. Festschrift für Katharina Reiß zum 70. Geburtstag (StudiaTranslatologica, Ser. A, Vol. 3)*, Tampere, 275–286.

“Semantic models and cross-cultural transfer”. In: *Folia Translatologica: International series of Translation Studies, Faculty of Arts, Charles University, Prague*, Vol.2/1993, 145–158.

1994 “Semantic models and translating”. In: Target 6, 1/1994, 1–14.

“Möglichkeiten einer empirisch begründeten Übersetzungsdidaktik”. In: Snell-Hornby, Mary/Franz Pöchhacker/Klaus Kaindl (Hrsg.): *Translation Studies. An Interdiscipline*, Amsterdam: John Benjamins, 377–386.

1995 “Zur Relevanz einiger Semantikmodelle für die Übersetzung”. In: Salnikow, Nikolai (Hrsg.): *Sprachtransfer - Kulturtransfer*, Frankfurt am Main: Lang, 31–48.

(mit Sonja Tirkkonen Condit): “Think-Aloud Protocol Analysis in Translation Studies”. In: TTR *(Traduction Terminologie Rédaction)*, Vol. VIII, 1/1995, 177–199.

1996 “Die Bedeutung des Verstehensprozesses für das Übersetzen”. In: Lauer, Angelika/Heidrun Gerzymisch-Arbogast/Johann Haller/Erich Steiner (Hrsg.): *Übersetzungswissenschaft im Umbruch. Festschrift für Wolfram*

Wilss zum 70. Geburtstag, Tübingen: Narr, 229–238.

1997 "Text-type conventions and translating". In: Trosborg, Anna: *Text Typology and Translation*, Amsterdam: John Benjamins, 67–83.

"Comprehension processes and translation: A think-aloud protocol (TAP) study". In Snell-Hornby, Mary/Zuzana Jetmarová/Klaus Kaindl (Hrsg.): Amsterdam: John Benjamins, 239–248.

"Empirische Untersuchungen mentaler Prozesse bei der Translation – ein kritischer Forschungsbericht". In: Drescher, Horst W. (Hrsg.): *Transfer –Übersetzen, Dolmetschen, Interkulturalität*, Franfurt am Main: Lang, 225–142.

"Die Rolle der Psycholinguistik und der Kreativitätsforschung bei der Untersuchung des Übersetzungsprozesses". In: Fleischmann, Eberhard/ Wladimir Kutz/ Peter A. Schmitt (Hrsg.): *Translationsdidaktik*, Tübingen: Narr, 605–611.

1998 "Functional Approaches in Translations Studies in Germany". In: Ilha do Desterro, 25–38.

"Die Erforschung von Übersetzungsprozessen: Resultate und Desiderate". In: *Lebende Sprachen* 2/1998, 49–53.

"Funktionale Ansätze in der deutschen Übersetzungswissenschaft". In: *Jahrbuch Deutsch als Fremdsprache*, Band 24/1998, 203–215.

1999 "Die Übersetzung als kreatives Produkt". In: Gil, Alberto/Johann Haller/ Erich Steiner/Heidrun Gerzymisch-Arbogast (Hrsg.): *Modelle der Translation*, Frankfurt am Main: Lang, 177–189.

2000 "Gedankensprünge beim Übersetzen". In: Kadric, Mira/Klaus Kaindl/ Franz Pöchhacker (Hrsg.): *Translationswissenschaft. Festschrift für Mary Snell-Hornby zum 60. Geburtstag*, Tübingen: Stauffenburg, 305–317.

"Types of creative translating". In: Chesterman, Andrew/Natividad Gallardo/Yves Gambier (Hrsg.) (2000): *Translation in Context. Selected Contributions from the EST Congress, Granada 1998*, Amsterdam/Philadelphia:John Benjamins, 117–126.

"A cognitive framework for looking at creative mental processes". In: Olohan, Maeve (Hrsg.): *Intercultural Faultlines. Research Models in Translation Studies I. Textual and Cognitive Aspects*, Manchester: St. Jerome, 57–72.

2003 "Der Professionalität auf der Spur". In: Nord, Britta/Peter A. Schmitt (Hrsg.): *Traducta Navis. Festschrift zum 60. Geburtstag von Christiane Nord*, Tübingen: Stauffenburg, 131–149.

2004 "Creativiteit tijdens het vertaalproces". In: Naaijens, Ton/Cees Kostre/Henri Bloemen/Caroline Meijer (Hrsg.): *Denken over vertalen. Tekstboek vertaalwetenschap*, Utrecht: Uitgeverij Vantilt, 263–273. (Übersetzung von "Creativity in the translation process" [1991])

"Übersetzen, Verstehen und Kognitionslinguistik". In: Colliander, Peter/Doris Hansen/Ingeborg Zint-Dyhr (Hrsg.): *Linguistische Aspekte der Übersetzungswissenschaft*,.Tübingen: Julius Groos, 183–199.

"Translation als kreativer Prozess – ein kognitionslinguistischer Erklärungsversuch". In: Zybatow, Lew N. (Hrsg.): *Translation in der globalen Welt und Neue Wege in der Sprach- und Übersetzerausbildung. Innsbrukker Ringvorlesungen zur Translationswissenschaft II*, Frankfurt am Main: Lang, 93–116.

"Entwicklung miterlebt". In: Pöckl, Wolfgang (Hrsg.): *Übersetzungswissenschaft, Dolmetschwissenschaft. Wege in eine neue Disziplin*, Wien: Edition Präsens, 221–226.

"Die Übersetzung geisteswissenschaftlicher Texte aus sprachwissenschaftlicher Perspektive". In: Kittel, Harald/Armin Paul Frank/Norbert Greiner/Theo Hermans/Werner Koller/José Lambert/Fritz Paul (Hrsg.): *Übersetzung. Translation. Traduction. Ein internationales Handbuch zur Übersetzungsforschung*, 1. Teilband. Berlin, New York: Walter de Gruyter, 636–641.

2005 "Translation through visualisation". In: *META Processus er Cheminements en Traduction et Interprétation, Processes and Pathways in Translation and Interpretation*, Vol. 50, 2/2005, 378–391.

2007 "Risikomanagement beim Übersetzen". In: Wotjak, Gerd (Hrsg.): *Quo Vadis Translatologie? Ein halbes Jahrhundert universitäre Ausbildung von Dolmetschern und Übersetzern in Leipzig*, Berlin: Frank und Timme, 235–253.

"Can we teach creative translating?" In: Jääskeläinen, Riitta/Tiina Puurtinen (†)/Hilkka Stotesbury (Hrsg.): *Text, Processes, and Corpora: Research Inspired by Sonja Tirkkonen-Condit*, Joensuu: Joensuun yliopistopaino, 25–41.

"Entwicklungen in der Übersetzungswissenschaft". In: Roche, Jörg/Jörg Wormer (Hrsg.): *Transkulturalität im europäisch-islamischen Dialog*, Berlin: LIT Verlag Dr. W. Hopf, 107–121.

서평

1984 **Snell-Hornby, Mary:** *Verbdescriptivity in German and English. A contrastive study in semantic fields*, (Anglistische Forschungen 158), Heidelberg: Carl Winter Universitätsverlag, 1983. In: *Mitteilungsblatt für Dolmetscher und Übersetzer* September/Oktober 1984, 21–22.

1986 **Reiß, Katharina/Hans J. Vermeer:** *Grundlegung einer allgemeinen Translationstheorie (Linguistische Arbeiten 147)*, Tübingen: Max Niemeyer 1984. In: *Mitteilungsblatt für Dolmetscher und Übersetzer* Januar/Februar 1986, 25.

1990 **Snell-Hornby, Mary:** *Translation Studies: an integrated approach*, Amsterdam: John Benjamins, 1988. In: *TextconText* 1/1990, 72–73.

1995 **Sager, Juan:** *Language Engineering and Translation: Consequences of Automation* (Benjamins Translation Library, Vol. 1), Amsterdam / Philadelphia:John Benjamins, 1993. In: The Translator Vol. 1, Nr. 1/1995.

1998 **Wilss, Wolfram:** *Übersetzungsunterricht. Eine Einführung*, Narr Studienbücher, Tübingen: Narr, 1996. In: *Zeitschrift für Anglistik und Amerikanistik (ZAA)*, XLVI. Jahrgang 1998, Heft 2, 176–177.

1999 **Toury, Gideon:** *Descriptive Translation Studies and Beyond*, Amsterdam: John Benjamins, 1995. In: *Multilingua* 18–1/1999, 115–117.

2001 **Kautz, Ulrich:** *Handbuch Didaktik des Übersetzens und Dolmetschens*, München: Iudicium, 2000. In: *Lebende Sprachen* 3/2001, 142–143.

Witte, Heidrun: *Die Kulturkompetenz des Translators. Begriffliche Grundlegung und Didaktisierung. Studien zur Translation*, Band 9. Tübingen: Stauffenburg, 2000. In: *Target* 13/2001, 383–386.

2002 **Kenny, Dorothy:** *Lexis and Creativity in Translation. A Corpus-based Study*, Manchester: St. Jerome, 2001. In: *Logos and Language* Vol. III, 1/2002.

2003 **Norberg, Ulf:** *Übersetzen mit doppeltem Skopos. Eine empirische Prozess- und Produktstudie* (Acta Universitatis Upsaliensis. Studia Germanistica Upsaliensia 42). Uppsala, 2003. In: *Studia Neophilologica* 75/2003, 217–218.

2004 **Kiraly, Don:** *A Social Constructivist Approach to Translator Education: Empowerment from Theory to Practice*, Manchester: St. Jerome, 2000. In: *Lebende Sprachen* 4/2004, 189–190.

참고문헌

Ammann, Margret/Hans J. Vermeer (1990): *Entwurf eines Curriculums für einen-Studiengang Translatologie und Translatorik*, Heidelberg: Institut für Übersetzen und Dolmetschen.

Arbeitskreis Transforum (2006): *Übersetzen und Dolmetschen: Berufsbilder im-Wandel*, Reutlingen: Doculine Verlags-GmbH.

Aristoteles (1934): *Hauptwerke, ausgewählt*, übersetzt und eingeleitet von Wilhelm-Nestle. Leipzig: Kröner.

Arntz, Reiner/Heribert Picht (^{2}1991): *Einführung in die Terminologiearbeit*, Hildesheim: Olms.

Austin, John L. (1972): *Zur Theorie der Sprechakte*, dt. Bearbeitung von E. von Savigny. Stuttgart: Reclam.

Barclay, J. Richard u. a. (1974): "Comprehension and Semantic Flexibility". In: *Journal of Verbal Learning and Verbal Behaviour* 13/1974, 471–481.

Bergström, R. Matti (1988): "Communication and Translation from the Point of View of Brain Function". In: Holz-Mänttäri, Justa (Hrsg.) (1988): *Translationstheorie – Grundlagen und Standorte*, Tampere: Tampereen Yliopisto, 23–38.

Bühler, Hildegund (1984): "Textlinguistische Aspekte der Übersetzungsdidaktik". In: Wilss/Thome (Hrsg.) (1984), 250–259.

Bühler, Karl (1965): *Sprachtheorie*, Stuttgart: Gustav Fischer, 1. Auflage Jena 1934.

Catford, John C. (1965): *A Linguistic Theory of Translation. An Essay in Applied Linguistics*, London: Oxford University Press.

Clark, Charles (1966): *Brainstorming*, dt. Übers. von Bernd Wimmer. München: verlag moderne industrie.

Crystal, David/Derek Davy (1969): *Investigating English Style*, London: Longman.

Diehl, Erika (1984): "Psycholinguistik und Dolmetschpraxis. Ein Versuch der Vermittlung." In: Wilss/Thome (Hrsg.) (1984), 289–297.

Diller, Hans-Jürgen/Joachim Kornelius (1978): *Linguistische Probleme der Übersetzung*, Tübingen: Niemeyer.

Drescher, Horst W. (1987): "Dickens's Reputation in Germany. Some Remarks on Early Translations of His Novels". In: Albrecht, Jörn u. a. (Hrsg.) (1987): *Translationund interkulturelle Kommunikation*, FAS, Reihe A, 8. Frankfurt am Main: Lang, 307–314.

Filipec, J. (1973): "Der Äquivalenzbegriff und das Problem der Übersetzbarkeit". In: Neubert, Albrecht/Otto Kade (Hrsg.) (1973): *Neue Beiträge zu Grundfragender Übersetzungswissenschaft*, Leipzig: Verlag Enzyklopädie, 81–87.

Fillmore, Charles J. (1976): "Frame Semantics and the Nature of Language". In: Harnad, Steven u. a. (Hrsg.) (1976): *Origins and Evolution of Language and Speech. Annals of the New York Academy of Sciences*, Vol. 280. New York: Academy of Sciences, 20–32.

Fillmore, Charles J. (1977): "Scenes-and-Frames Semantics". In: Zampolli, Antonio (Hrsg.) (1977): *Linguistic Structures Processing*, Amsterdam: N. Holland, 55–88.

Fraser, Bruce (1975): "Hedged Performatives". In: Cole, Peter/Jerry L. Morgan (Hrsg.) (1975): *Speech Acts. Vol. 3 of Syntax and Semantics*, New York: Academic Literaturverzeichnis 168 Press, 187–210. [Deutsche Übers. von Paul Kußmaul in: Kußmaul (1980), 151–172.]

Frumkina, Revekka M. (1973): "Die Anwendung statistischer Methoden in der Sprachforschung". In: Alexejew, Pavel M./Valentin M. Kalinin/Rajmond G. Piotrowski (Hrsg.) (1973): *Sprachstatistik*, München, Salzburg: Fink,

272–298.

Galtung, Johan (1985): "Struktur, Kultur und intellektueller Stil. Ein vergleichender Essay über sachsonische, teutonische, gallische und nipponische Wissenschaft". In: Wierlacher, Alois (Hrsg.) (1985): *Das Fremde und das Eigene. Prolegomena zu einer interkulturellen Germanistik*, München: Iudicium-Verlag, 151–193.

Getzels, Jacob W. (1975): "Creativity. Prospects and Issues". In: Taylor, Irving A./ Jacob W. Getzels (Hrsg.) (1975): *Perspectives in Creativity*, Chicago: Aldine Publ. Company, 326–344.

Göhring, Heinz (1976): "Interkulturelle Kommunikationsfähigkeit". In: Weber, Horst (Hrsg.) (1976): *Landeskunde im Fremdsprachenunterricht*, München: Kösel, 183–193.

Grice, H. Paul (1975): "Logic and Conversation". In: Cole, Peter/Jerry L. Morgan (Hrsg.) (1975), *Speech Acts. Vol. 3 of Syntax and Semantics*, New York: Academic Press, 109–126. [Deutsche Übers. von Paul Kußmaul in: Kußmaul (1980), 109-126.]

Guilford, Joy P. (1975): "Creativity. A Quarter Century of Progress". In: Taylor/Getzels (Hrsg.) (1975), 37–59.

Hall, Edward T. (1972a): "A System for the Notation of Proxemic Behaviour". In: Laver, John/Sandy Hutcheson (Hrsg.) (1972): *Communication in Face to Face Interaction*, Harmondsworth: Penguin, 247–273.

Hall, Edward T. (1972b): "Silent Assumptions in Social Communication". In: Laver, John/Sandy Hutcheson (Hrsg.) (1972), *Communication in Face to Face Interaction*, Harmondsworth: Penguin, 274-288.

Halliday, Michael A. K. (1964): "The Linguistic Study of Literary Texts". In: Lunt, Horace (Hrsg.) (1964): *Proceedings of the Ninth International Congress of Linguists. Cambridge, Mass., August 27–31, 1962*, Den Haag: Mouton, 301–316.

Handwerker, Brigitte (1988): "Wortbedeutung und Textverstehen". In: Arntz, Reiner (Hrsg.) (1988): *Textlinguistik und Fachsprache*, Hildesheim: Olms, 333–347.

Holmes, James (1988): *Translated! Papers on Literary Translation and Translation Studies*, Amsterdam: Rodopi.

Holz-Mänttäri, Justa (1984a): *Translatorisches Handeln. Theorie und Methode*, Helsinki: Suomalainen Tiedeakatemia.

Holz-Mänttäri, Justa (1984b): "Sichtbarmachung und Beurteilung translatorischer Leistungen bei der Ausbildung von Berufstranslatoren". In: Wilss/Thome (Hrsg.) (1984), 176–185.

Holz-Mänttäri, Justa (1986): "Translatorisches Handeln. Theoretisch fundierte Berufsprofile". In: Snell-Hornby (Hrsg.) (1986a), 348–374.

Hönig, Hans G. (1986): "Übersetzen zwischen Reflex und Reflexion: Ein Modell der übersetzungsrelevanten Textanalyse". In: Snell-Hornby (Hrsg.) (1986a), 230–251.

Hönig, Hans G. (1988): "Übersetzen lernt man nicht durch Übersetzen". *In: Fremdsprachen lehren und lernen* 17/1988, 154–167.

Hönig, Hans G. (1990): "Sagen, was man nicht weiß – wissen was man nicht sagt. Überlegungen zur übersetzerischen Intuition". In: Arntz, Rainer/Gisela Thome (Hrsg.) (1990): *Übersetzungswissenschaft. Ergebnisse und Perspektiven. Festschrift für Wolfram Wilss zum 65.Geburtstag*, Tübingen: Narr, 152–161

Hönig, Hans G. (1993): "Vom Selbstbewusstsein des Übersetzers". In: Holz-Manttäri, Justa/Christiane Nord (Hrsg.) (1993): *Traducere Navem. Festschrift für KatharinaReiß zum 70. Geburtstag*, (Studia Translatologica, Ser. A, Vol 3). Tampere: Universitätsbibliothek, 77–90.

Hönig, Hans G./Paul Kußmaul (1982): *Strategie der Übersetzung. Ein Lehr- und-Arbeitsbuch*, 6. Auflage 2003, Tübingen: Narr.

Hörmann, Hans (1976): *Meinen und Verstehen. Grundzüge einer psychologischen-Semantik*, Frankfurt am Main: Suhrkamp.

Hörmann, Hans (1981): *Einführung in die Psycholinguistik*, Darmstadt: Wissenschaftliche Buchgesellschaft.

House, Juliane (1977): *A Model for Translation Quality Assessment*, Tübingen: Narr.

House, Juliane (1988): "Talking to oneself or thinking with others". In: *Fremdspra-*

chen lehren und lernen, 1988, 84–98.

Hymes, Dell (1964): "World View and Grammatical Categories". In: Hymes, Dell (Hrsg.) (1964): *Language in Culture and Society. A Reader in Linguistics and Anthropology*, New York: Harper and Row, 115–120.

Irmen, F. (1971): "Das Problem der Textarten in übersetzungsrelevanter Sicht". In: *IRAL-Sonderband*, Heidelberg: Groos, 49–55.

Iser, Wolfgang (^{2}1984): *Der Akt des Lesens*, München: Fink, 1. Auflage 1976.

Joerges, Bernward (1977): "Wissenschaftliche Kreativität. Empirische und wissenschaftliche Hinweise". In: Schneider, Johann/Marianne Schneider-Düker (Hrsg.) (1977):*Interpretationen der Wirklichkeit. Ernst Boesch zum 60. Geburtstag*, Saarbrücken: Breitenbach, 143–182.

Jumpelt, Rudolf W. (1961): *Die Übersetzung naturwissenschaftlicher und technischer Literatur*, Berlin: Langenscheidt.

Kade, Otto (1968): *Zufall und Gesetzmäßigkeit in der Übersetzung*, Beiheft zur Zeitschrift Fremdsprachen 1. Leipzig: Enzyklopädie.

Kapp, Volker (Hrsg.) (1974a): *Übersetzer und Dolmetscher. Theoretische Grundlagen, Ausbildung, Berufspraxis*, Heidelberg: Quelle & Meyer.

Kapp, Volker (1974b): "Die literarische Übersetzung zwischen Landeskunde und Übersetzungskritik". In: Kapp, Volker (Hrsg.) (1974a), 134–146.

Katz, Jerrold/Jerry Fodor (1963): "The structure of a semantic theory". In: *Language* 39/1963, 170–210.

Kiraly, Donald Charles (1990): *Toward a systematic approach to translation skills-instruction*, Ann Arbor: U. M. I.

Knapp-Potthoff, Annelie (1987): "Strategien interkultureller Kommunikation". In: Albrecht, Jörn u. a. (Hrsg.) (1987): *Translation und interkulturelle Kommunikation*, FAS, Reihe A, 8. Frankfurt am Main: Lang, 423–438.

Köestler, Arthur (1966): *Der göttliche Funke. Der schöpferische Akt in Kunst und Wissenschaft*, Bern/München/Wien: Scherz.

Koller, Werner (1973): "Zu Stand und Problemen der Übersetzungskritik II". In: *Lebende Sprachen* 2/1973, 54–59.

Koller, Werner (1978): "Äquivalenz in kontrastiver Linguistik und Übersetzungswissenschaft". In: Grähs, Lillebill/Gustav Korlén/Bertil Malmberg (Hrsg.) (1978): *Theory and Practice of Translation*, Bern: Lang.

Koller, Werner (1979): *Einführung in die Übersetzungswissenschaft*, Heidelberg: Quelle & Meyer.

Königs, Frank G. (1987): "Was beim Übersetzen passiert. Theoretische Aspekte, empirische Befunde und praktische Konsequenzen". In: *Die Neueren Sprachen* 86, 2/1987, 93–215.

Krings, Hans-Peter (1986): *Was in den Köpfen von Übersetzern vorgeht. Eine empirische Untersuchung zur Struktur des Übersetzungsprozesses an fortgeschrittenen Französischlernern*, Tübingen: Narr.

Kupsch-Losereit, Sigrid (1986): "Scheint eine schöne Sonne? oder: Was ist ein Übersetzungsfehler?" In: *Lebende Sprachen* XXXI. Jg. 1/1986, 12–16.

Kupsch-Losereit, Sigrid (1988): "Die Übersetzung als soziale Praxis". In: *Fremdsprachen lehren und lernen* 17/1988, 28–40.

Kupsch-Losereit, Sigrid (1990): "Sprachlich konzeptuelle Verarbeitung von Kulturdifferenz in der Übersetzung". In: *Lebende Sprachen* 4/1990, 152–155.

Kupsch-Losereit, Sigrid (1997): "Übersetzen als transkultureller Verstehens- und Produktionsprozess". In: Snell-Hornby, Mary/Zuzana Jetmarová/Klaus Kaindl (Hrsg.) (1997): *Translation as Intercultural Communication. Selected Papers from the EST Congress – Prague 1995*, Amsterdam/Philadelphia: John Benjamins, 249–260.

Kußmaul, Paul (1977): "Auffordern im Englischen". In: *Kongressberichte der 8. Jahrestagung der Gesellschaft für Angewandte Linguistik GAL e.V. Mainz 1977*, Stuttgart: Hochschul-Verlag, 57–66.

Kußmaul, Paul (1978): "Kommunikationskonventionen in Textsorten am Beispiel deutscher und englischer geisteswissenschaftlicher Abhandlungen". In: *Lebende Sprachen* 2/1978, 54–58.

Kußmaul, Paul (Hrsg.) (1980): *Sprechakttheorie. Ein Reader*, Wiesbaden: Athenaion.

Kußmaul, Paul (1985): "The Degree of Semantic Precision in Translation". In: *Babel* 32, 1/1985, 12–19.

Kußmaul, Paul (1986): "Übersetzen als Entscheidungsprozess. Die Rolle der Fehleranalyse in der Übersetzungsdidaktik". In: Snell-Hornby, Mary (Hrsg.) (1986a), 206–229.

Kußmaul, Paul (1987a): "Pragmatik und Übersetzungstheorie". In: Ehnert, Rolf/ Walter Schleyer (Hrsg.) (1987): *Übersetzen im Fremdsprachenunterricht. Beiträge zur Übersetzungswissenschaft. Annäherungen an eine Übersetzungsdidaktik*, Materialien Deutsch als Fremdsprache 26. Regensburg: AKDaF, 25–32.

Kußmaul, Paul (1987b): "Übersetzen – aber nicht ins Blaue hinein". In: Albrecht, Jörn (Hrsg.) (1987): *Translation und interkulturelle Kommunikation*, FAS, Reihe A, 8. Frankfurt am Main: Lang, 27–36.

Kußmaul, Paul (1989a): "Interferenzen im Übersetzungsprozess. Diagnose und Therapie". In: Schmidt, Heide (Hrsg.) (1989): *Interferenz in der Translation*, Leipzig: Verlag Enzyklopädie, 19–28.

Kußmaul, Paul (1989b): "Toward an empirical Investigation of the translation process. Translating a passage from S. I. Hayakawa, Symbol, Status and Personality". In: Bardeleben, Renate (Hrsg.) (1989): *Wege amerikanischer Kultur. Ways and Byways of American Culture. Aufsätze zu Ehren von Gustav H. Blanke*, Frankfurt am Main: Lang, 369–380.

Kußmaul, Paul (1990): "Die Übersetzung von Sprechakten in Textsorten". In: *Der-Deutschunterricht* 42, 1/1990, 17–22.

Kußmaul, Paul (1991): "Creativity in the translation process". In: Leuven-Zwart, Kitty M. van/Ton Naaijkens (Hrsg.) (1991): *Translation Studies. The State of the Art. Proceedings of the 1st James S. Holmes Symposium on Translation Studies*, Amsterdam: Rodopi, 91–102.

Kußmaul, Paul (1995): *Training the Translator*, Amsterdam/Philadelphia: John Benjamins.

Kußmaul, Paul (2000a): *Kreatives Übersetzen*, Tübingen: Stauffenburg, 2. Auflage 2007.

Kußmaul, Paul (2000b): "A cognitive Framework for Looking at Creative Mental Processes". In: Olohan, Maeve (Hrsg.) (2000): *Intercultural Faultlines. Research Models in Translation Studies I. Textual and Cognitive Aspects*,

Manchester: St Jerome, 57–71.

Kußmaul, Paul (2007): *Verstehen und Übersetzen. Ein Lehr- und Arbeitsbuch*, Tübingen: Gunter Narr. Lado, Robert (1976): "Vergleich zweier Kulturen – wie?". In: Weber, Horst (Hrsg.) (1976): *Landeskunde im Fremdsprachenunterricht, München: Kösel*, 57–71.

Lakoff, George (1987): *Women, Fire and Dangerous Things*. *What Categories Reveal about the Mind*, Chicago: University of Chicago Press.

Lämmert, Eberhard (1955): *Bauformen des Erzählens*, Stuttgart.

Landau, Erika (1969): *Psychologie der Kreativität*, München: E. Reinhardt.

Leech, Geoffrey (1974): *Semantics*, Harmondsworth: Penguin Books.

Leisi, Ernst ([5]1969): *Das heutige Englisch*, Heidelberg: C. Winter.

Lyons, John (1971): *Introduction to Theoretical Linguistics*, Cambridge: University-Press.

Neubert, Albrecht/Otto Kade (Hrsg.) (1973): *Neue Beiträge zu Grundfragen der-Übersetzungswissenschaft*, Leipzig: Verlag Enzyklopädie.

Neubert, Albrecht (1973): "Invarianz und Pragmatik". In: Neubert/Kade (Hrsg.) (1973), 13–25.

Neubert, Albrecht (1984): "Text-bound Translation Teaching". In: Wilss/Thome (Hrsg.) (1984), 61–70.

Neubert, Albrecht (1986): "Translatorische Relativität". In: Snell-Hornby (Hrsg.) (1986a), 85–105.

Neubert, Albrecht (1988): "Top-down-Prozeduren beim translatorischen Informationstransfer". In: Jäger, Gert/Albrecht Neubert (Hrsg.) (1988): *Semantik, Kognition und Äquivalenz*, Leipzig: Verlag Enzyklopädie, 18–30.

Nida, Eugene A. (1964a): *Toward a Science of Translating with special Reference to Principles and Procedures Involved in Bible translating*, Leiden: Brill.

Nida, Eugene A. (1964b): "Linguistics and Ethnology". In: Hymes, Dell (Hrsg.) (1964): *Language in Culture and Society. A Reader in Linguistics and Anthropology*, New York: Harper and Row, 90–100.

Nida, Eugene A./Charles Taber (1969): *The Theory and Practice of Translation*, Leiden: Brill.

Nida, Eugene A. (1974): "Semantic Structure and Translating". In: Wilss, Wolfram/ Gisela Thome (Hrsg.) (1974): *Aspekte der theoretischen, sprachenpaarbezogenenund angewandten Übersetzungswissenschaft II*, Heidelberg: Groos, 33–63.

Nida, Eugene A. (1975): *Componential Analysis of Meaning. An Introduction to Semantic Structures*, Den Haag/Paris: Brill. Literaturverzeichnis 172

Preiser, Siegfried (1976): *Kreativitätsforschung*, Darmstadt: Wissenschaftliche Buchgesellschaft.

Reiners, Ludvig ([3]1959): *Stilkunst. Ein Lehrbuch deutscher Prosa*, München: Beck.

Reiß, Katharina (1971): *Möglichkeiten und Grenzen der Übersetzungskritik. Kategorien und Kriterien für eine sachgerechte Beurteilung von Übersetzungen*, München: Hueber.

Reiß, Katharina (1976): *Texttyp und Übersetzungsmethode. Der operative Text*, Kronberg/Ts.: Scriptor, 3. Auflage 1993, Heidelberg: Groos.

Reiß, Katharina (1980): "Zeichen oder Anzeichen? Probleme der AS-Textanalyse im Blick auf die Übersetzung". In: Wilss, Wolfram (Hrsg.) (1980): *Semiotik und Übersetzen*, Tübingen: Narr, 84-98.

Reiß, Katharina (1984a): "Adäquatheit und Äquivalenz". In: Wilss/Thome (Hrsg.) (1984), 80–89.

Reiß, Katharina (1984b): "Methodische Fragen der übersetzungsrelevanten Textanalyse. Die Reichweite der Lasswell-Formel". In: *Lebende Sprachen* 1/1984, 7–10.

Reiß, Katharina/Hans J. Vermeer (1984): *Grundlegung einer allgemeinen Translationstheorie*, Tübingen: Niemeyer.

Rickheit, Gert/Hans Strohner (1993): *Grundlagen der kognitiven Sprachverarbeitung. Modelle, Methoden, Ergebnisse*, Tübingen: Francke.

Robins, Robert Henry ([5]1968): *General Linguistics*, London: Longman.

Rosch, Eleanor (1973): "Natural categories". In: *Cognitive Psychology* 4/1973, 328–350.

Schank, Roger C. (1999): *Dynamic Memory Revisited*, Cambridge/New York: Cambridge University Press.

Schmidt, Siegfried. J. (1968): "Alltagssprache und Gedichtsprache". In: *Poetica* 2/1968, 285–303.

Schmidt, Siegfried J. (1973): *Texttheorie*, München: Fink.

Schmitt, Peter A. (1985): "Interkulturelle Kommunikationsprobleme in multinationalen Konzernen". In: *Lebende Sprachen* 1/1985, 1–9.

Schmitt, Peter A. (1986): "Die ‚Eindeutigkeit' von Fachtexten: Bemerkungen zu einer Fiktion". In: Snell-Hornby (1986a), 252–282.

Schmitt, Peter A. (1998): "Technische Arbeitsmittel". In: Snell-Hornby u. a. (1998), 186–199.

Schottländer, Rudolf (1972): "Paradoxien der Kreativität". In: *Zeitschrift für philosophische Forschung* XXVI, 2/1972, 153–170.

Schröder, Hartmut (1987): "Hedging and its Linguistic Realizations in German, English, and Finnish Philosophical Texts: A Case Study". In: *Erikoiskielet ja käännösteoria*. VAKKI-*seminaari* VII, 1/1987, 47–57.

Searle, John R. (1969): *Speech Acts. An Essay in the Philosophy of Language*, Cambridge: University Press.

Searle, John R. (1975): "Indirect Speech Acts". In: Cole, Peter/Jerry L. Morgan (Hrsg.) (1975): *Speech Acts. Vol. 3 of Syntax and Semantics*, New York: Academic Press, 59–82. [Deutsche Übers. von Paul Kußmaul in: Kußmaul (1980), 127–150.]

Searle, John R. (1976): "A classification of illocutionary acts". In: Language in Society 5/1976, 1–23. [Deutsche Übers. von Paul Kußmaul in: Kußmaul (1980), 82–108.]

Seibicke, Wilfried (1969): *Wie schreibt man gutes Deutsch. Eine Stilfibel*, Mannheim: Duden Taschenbücher.

Seleskovitch, Danica (1976): "Interpretation. A Psychological Approach to Translating". In: Brislin, Richard W. (Hrsg.) (1976): *Translation. Application and Research*, New York: Gardner Press, 92–115.

Smith, Veronica/Christine Klein-Braley (1985): *In Other Words. Arbeitsbuch Übersetzung*, München: Hueber.

Snell-Hornby, Mary (1985): "Translation as a means of integrating language teaching and linguistics". In: Titford, Christopher/Adolf E. Hieke (Hrsg.) (1985): *Translation in Foreign Language Teaching and Testing*, Tübingen: Narr, 21–28.

Snell-Hornby (Hrsg.) (1986a): *Übersetzungswissenschaft. Eine Neuorientierung*, Tübingen: Francke, 2. Auflage 1994.

Snell-Hornby, Mary (1986b): "Übersetzen, Sprache, Kultur". In: Snell-Hornby (Hrsg.) (1986a), 9–29.

Snell-Hornby, Mary (1988): *Translation Studies*. An Integrated Approach, Amsterdam: John Benjamins.

Snell-Hornby, Mary (1989): "Andere Länder, andere Sitten. Zum Problem der kulturbedingten Interferenz in der Translation". In: Schmidt, Heide (Hrsg.) (1989): *Interferenz in der Translation, Leipzig*: Enzyklopädie, 135–143.

Snell-Hornby, Mary/Hans G. Hönig/Paul Kussmaul/Peter A. Schmitt (Hrsg.) zit als Snell-Hornby u. a. (1998): *Handbuch Translation*, 2. Auflage 1999, Tübingen: Stauffenburg.

Stanley-Jones, Douglas (1970): *Kybernetics of Mind and Brain*, Springfield/Illinois: Thomas.

Stanzel, Franz (1955): *Die typischen Erzählsituationen im Roman, dargestellt an Tom Jones, Moby Dick, The Ambassadors, Ulysses u. a.*, Wien/Stuttgart: Braumüller.

Stein, Dieter (1980): "Korrespondenz in kontrastiver Lexik". In: *Linguistik und Didaktik* 2/1980, 160–167.

Stellbrink, Hans Jürgen (1983): "Die Aufgaben eines Fremdsprachendienstes beim Abschluss von fremdsprachigen Verträgen", Vortrag gehalten auf dem Symposiumder Internationalen Vereinigung Sprache und Wirtschaft St. Gallen, 28./29.10.1983 (unveröffentlicht).

Stellbrink, Hans-Jürgen (1986): "Effizienz, Produktivität, Leistung und Status in einem Fremdsprachendienst der Industrie". In: *Mitteilungsblatt für Dolmetscher und Übersetzer* Januar/Februar 1986, 1–5.

Taylor, Irving A. (1975): "A Retrospective View of Creativity Investigation". In: Taylor/ Getzels (Hrsg.) (1975), 1–34.

Taylor, Irving A./Jacob W. Getzels (Hrsg.) (1975): *Perspectives in Creativity*, Chicago: Aldine Publ. Company.

Thiel, Gisela (1974): "Ansätze zu einer Methodologie der übersetzungsrelevanten Textanalyse". In: Kapp (Hrsg.) (1974a), 174–185.

Toury, Gideon (1980): "The Translator as a Nonconformist-to-be, or: How to Train-Translators so as to Violate Translational Norms". In: Poulsen, Sven-Olaf/ Wolfram Wilss (Hrsg.) (1980): *Angewandte Übersetzungswissenschaft*, .rhus: Wirtschaftsuniversität, 180–194.

Ulmann, Gisela (1968): *Kreativität. Neue amerikanische Ansätze zur Erweiterung-des Intelligenzkonzepts*, Weinheim: Beltz.

Vannerern, Mia/Mary Snell-Hornby (1986): "Die Szene hinter dem Text: 'scenes-andframes semantics' in der Übersetzung". In: Snell-Hornby (Hrsg.) (1986a), 184–205. Literaturverzeichnis 174

Vermeer, Hans J. (1980): "Die Sprachwissenschaften und das Übersetzen". In: *Mitteilungsblatt für Dolmetscher und Übersetzer* November/Dezember 1980, 1–3.

Vermeer, Hans J. (1982): "Translation als Informationsangebot". In: *Lebende Sprachen* 3/1982, 97–101.

Vermeer, Hans J. (1983): *Aufsätze zur Translationstheorie*, Heidelberg: Selbstverlag.

Vermeer, Hans J. (1984): "Textkohärenz in Übersetzungstheorie und -didaktik". In: Wilss/Thome (Hrsg.) (1984), 46-51.

Vermeer, Hans J. (1986a): *Voraussetzungen für eine Translationstheorie. Einige Kapitel Kultur- und Sprachtheorie*, Heidelberg: Selbstverlag.

Vermeer, Hans J. (1986b): "Übersetzen als Kultureller Transfer". In: Snell-Hornby (Hrsg.) (1986a), 30–53.

Vinay, Jean-Paul/Jean Darbelnet (^{4}1968): *Stylistique comparée du français et del'anglais. Methode de traduction*, Paris: Didier.

Wahrig, Gerhard (1973): *Anleitung zur grammatisch-semantischen Beschreibung lexikalischer Einheiten*, Tübingen: Niemeyer. Weinrich, Harald (1961): "Semantik der Metapher". In: Folia Linguistica 1/1967, 3–17.

Whorf, Benjamin Lee (1964): "A Linguistic Consideration of Thinking in Primitive

Communities". In: Hymes, Dell (Hrsg.) (1964): *Language in Culture and Society. A Reader in Linguistics and Anthropology*, New York: Harper and Row, 129–141.

Wilss, Wolfram (1977a): *Übersetzungswissenschaft. Probleme und Methoden*, Stuttgart: Klett.

Wilss, Wolfram (1977b): "Textanalyse und Übersetzen". In: Bender, Karl H./Klaus Berger/Mario Wandruszka (Hrsg.) (1977): *Imago Linguae. Beiträge zu Sprache, Deutung und Übersetzen. Festschrift zum 60. Geburtstag von Fritz Paepcke*, München: Fink, 625–651.

Wilss, Wolfram (1982): *The Science of Translation. Problems and Methods*, Tübingen: Narr.

Wilss, Wolfram (1988): *Kognition und Übersetzen. Zur Theorie und Praxis der-menschlichen und der maschinellen Übersetzung*, Tübingen: Narr.

Wilss, Wolfram (1996): *Übersetzungsunterricht. Eine Einführung; begriffliche-Grundlagen und methodische Orientierungen*, Tübingen: Narr.

Wilss, Wolfram (2004): "Übersetzen als wissensbasierte Tätigkeit. Ein Beitrag zur Übersetzungslinguistik". In: Colliander, Peter/Doris Hansen/Ingeborg Zint-Dyhr (Hrsg.) (2004): *Linguistische Aspekte der Übersetzungswissenschaft*, Tübingen: Groos, 225–245.

Wilss, Wolfram/Gisela Thome (Hrsg.) (1984): *Die Theorie des Übersetzens und ihrAufschlusswert für die Übersetzungs- und Dolmetschdidaktik*, Tübingen: Narr.

용어 찾아보기

ㄱ

ㄴ

ㄷ

ㅁ

ㅈ

인명 찾아보기

ㄱ

ㄴ

ㄷ

ㄹ

ㅁ

ㅂ

ㅅ

번역 쉽지 않다!

초판 인쇄 | 2012년 6월 05일
초판 발행 | 2012년 6월 12일
지은이 | Paul Kußmaul
옮긴이 | 김남희
발행인 | 박 철
기 획 | 권원순 Director, University Press
편 집 | 탁경구 Executive Knowledge Contents Creator
편집진행 | 신선호 Chief e-Contents Creator
편집진행 | 정재원 Chief Contents Creator
마케팅 | 김태문 Chief Marketing Creator
발행처 | 한국외국어대학교 출판부
130-791 서울특별시 동대문구 이문로 107
전화: 02-2173-2495~7
팩스: 02-2173-3363
홈페이지: http://press.hufs.ac.kr
전자우편: press@hufs.ac.kr
출판등록 | 제6-6호(1969. 4. 30)
편집 · 디자인 | (주)이환디앤비(02-2254-4301)
인쇄 · 제본 | SM C&P(02-468-6100)

ISBN 978-89-7464-738-4 93750 정가 14,000원
*잘못된 책은 교환하여 드립니다.